升级精华版

节税工程

邱庆剑 著

人民东方出版传媒

东方出版社

让企业家在阳光下生活

一直以来，民营企业家所面临的税收环境都是比较差的。下面这张图，形象地展示了民营企业家所面临的财税环境——被黑方块重重包围，每一个黑方块都是一种税收风险。企业家们举步维艰。

节税工程				李太守治岷江水 邱庆剑节天下税
孩子炫富	同行举报	股东反目	员工不满	境外置业
老婆高调	群众仇富	**四面楚歌**	上下游牵连	境外存款
老板吹牛	大数据查税	**十面埋伏** **哀鸿遍野**	同行税负对比	高调捐款
婚外纠葛	客户举报	报表扫描	老板生活品质与纳税对照	家中被盗

成都汇财道企业管理咨询有限公司

001

近些年，国家税收监管越来越严格，但相当一部分民营企业还在依靠两个"看家本领"来降低税收：一是非法购买发票冲抵成本（属于虚开发票），二是隐瞒收入少交税（属于逃税）。

因此，坊间流传一句话：民营企业家，不是在监狱里面，就是在去监狱的路上。

"那我在哪里呢？"

每当我给企业家讲课时，一提到这个问题，下面很多同学就会回答："在监狱门口！"

是的，我"守"在监狱门口，把那些往监狱里冲的企业家拦下来，把那些一条腿已跨进去的人"捞"出来。

当然，我靠的是纯专业手段——节税工程。

10年前我创造节税工程，是因为看到太多企业家为了降低税收成本而利用各种把自己送上绝路的逃税手段。我想帮助他们，让他们在阳光下自由自在地生活。

2009年，我离开一家大型民营企业，进入一家大型外资公司。就在当年，这家外资企业遭受了巨大的税收麻烦，我也牵涉其中。在万般痛苦中，我在2009年9月创造了节税工程。

2009年，第一家大型企业节税工程落地。

2010年，《节税工程——颠覆传统纳税筹划》（以下简称《节税工程》）正式出版。

2012年，《节税工程》成为多所大学的选修教材。我在外面讲课时，常常有学员说："老师，我在大学里就读了你的书。"作为一个写作者，其虚荣心满足不外乎有那么一些认可的读者。

2013年，我放下手中的其他事业，决定专注于节税工程落地。

2014年，我成立成都汇财道企业管理咨询有限公司，带领团队来落地节税工程，结束了单兵作战的历史。

2015 年，为了更好地落地节税工程，我又创造了"财税顶层设计"，并开设相应的课程。

2017 年，与节税工程紧密相关的"全员财政"诞生，并开设相关课程。

2018 年，我累计为 3800 多家企业提供了节税工程服务，利用合法、合理、安全的手段，帮助企业降低税收成本，让 3800 多位企业家走上了财税规范的道路。

2019 年 12 月，我们的"财税顶层设计"课程累计开课达 49 期，数百家企业到成都学习，并感受到都江堰的伟大哲学思想。节税工程也迎来了 10 岁生日！

10 年走来，充满艰辛。尤其在 2010 年出版《节税工程》时，那时还没有人提"节税"，"税务筹划"还是主流，我本人及《节税工程》一书，受到多位税务咨询人士的批评。倍感欣慰的是，企业家给我投了肯定票，让节税工程有机会帮助无数企业家受益。

这些年，盗版的《节税工程》很多，这些盗版书差错百出、害人不浅。一直以来，都有出版社的朋友建议我再版《节税工程》。但因长期忙于给企业家落地服务，没有时间来修订。最终促使我坐下来修订这本书的，是在 2018 年全国一下子冒出好多山寨"节税工程""砖家"，他们号称"节税工程第一人""节税工程大师""节税工程专家"，他们收了企业的钱，却不能为企业落地，结果很多企业家投诉到我这里来——他们以为这些人是我的同事！

我是一个对金钱没有太多追求的人，在这之前，我已经有两次退休经历了。第一次退休隐居青城山，但需要财税帮助的企业家太多，他们把我从山里拖了出来。第二次退休后计划周游世界，但山寨"节税工程"横行，逼我重出江湖！

自 2010 年《节税工程》出版以来，我一直没有时间写书，大量新创的节税工程方法和工具，都还在我的脑中，那些山寨的"砖家"自然无法掌握。今天修订出版《节税工程》，一是为节税工程正名，二是奉献 10 年来的最新研究成果。

2010 年出版《节税工程》时，基于内容显得单薄，请一位朋友写了"下编 企业节税措施速查"，本次全部删除。我的同学白敬平女士当年帮我写作了"第二单元 节税工程实务操作"中的第四章，本次修订后保留。本次出版，增加了很多内容，也增加了一些全新的案例，同时，增加了我们在做财税咨询过程中的工作底稿、工具和方案模版，极大地提升了本书的实用性。在体例上，改为"第一单元"、"第二单元"、"第三单元"和"第四单元"。

我现在已经打消了提前退休的念头，余生的目标是"让天下企业家，不再为财税烦恼"。我以"节税工程"为核心创造的"财税顶层设计"，系统性地解决顶层设计、资本、开源、节流、节税和安全问题，我将一直把这项服务做下去。

节税工程实施难吗？

这是很多财税人员和企业老板问过我的问题。

如果从方法实操性方面来说，节税工程非常容易实施；如果从人员配合角度来说，节税工程实施有一定的难度。什么意思？即方法可行，但人是关键。既然名为"工程"，必然有其复杂性，复杂就会让一些人觉得麻烦。成立时间较长的企业，通常都会有各种问题，要系统性解决这些问题肯定就有难度，如果实施人员怕麻烦，落地效果自然就会打折扣。比如，某某医药有限公司，存在下面一系列问题：

——实际存货与账务系统不相符。账大于实的金额达 2000 多万元，有较大的税务风险。

——税务账（即外账）虚列较大金额的往来款项，久悬不动，超过3年有被税务调查的风险。

——存货的进项发票提前抵扣，存在延迟缴纳增值税的问题。

——为规避社保缴费基数过高的问题，虚列配送员的工资并用现金发放以补足实际员工少列工资部分，但配送员未购社保。

——存在较大的中间费用，需要配送员提供合规票据领取，降低了行业竞争力。

——房屋建筑物仅土地入账，建造成本未入账，如果未来房产要转让，存在巨额的土地增值税。

——仓库管理方面，单据未及时录入系统，造成财务统计数据因时间性差异不准确。比如货物已入仓库，但未及时录入退货单。

用专业人士的眼光来看，这些问题背后都有重大的税收问题。我们到该公司现场调研后出具了节税工程方案，企业方相当满意。方案出来后，我们有12个月的后续辅导落地，前面4个月，企业方在每月服务确认表中也表示了满意。在服务的第6个月，企业重大风险在我们的帮助下已经消除了，但是因为换了财务人员，新接手的财务人员怕麻烦，老板受财务人员影响突然表示不满意，找各种理由拒绝继续落地。

所以，人是关键，老板又是关键中的关键。只要决心有了，凭我们的专业能力，没有落不了地的。

我们修订出版这本10周年纪念版《节税工程》，除了传授新方法外，一定程度上也是想向广大财税人员和企业老板表明，节税工程方法并不难。我们相信，这本书可以帮助到更多的企业家和财税从业人员。在此，真诚地感谢一直以来帮助我的朋友，特别感谢一直以来支持我的企业家们！与《节税工程》相辅相成的另一本书《财税顶层设计》也正在写作过程中，敬请期待。

我要告诉亲爱的读者：这些年来，我在讲课过程中总结了很多节税工程新的方法体系，限于精力一直未能形成文字，也未能写进本书中。同时，限于认知能力，书中可能存在一些错误，敬请读者朋友指正。如果读过此书感到意犹未尽，欢迎到我的课堂上与我零距离交流。

邱庆剑

2019 年 12 月 19 日

目　录

第四单元　财税顶层设计及节税工程案例展示

第一单元

节税工程方法体系

第一章
拜水都江堰，问税邱庆剑

节税工程的诞生过程，是极其痛苦的。

2009 年，我离开了就职数年的一家大型民营企业，进入一家外资公司。刚到不久，我就发现该公司面临巨大的税收矛盾：一边是企业要生存，另一边是国家法规要遵从。在当时的环境下，这一矛盾难以调和，因为上游发票取得量极少，税负太重，企业难以生存，于是铤而走险违法逃税，如果遵从法规纳税，企业就可能死亡。而且，传统的税务筹划或者"合理避税"均无法解决企业所面临的矛盾，我必须找到一条新的出路：既符合国家法规，又让企业降低税负生存下来。

出路还没有找到，税务问题就暴露了！在走投无路之际，我躲到了都江堰景区，受治水哲学启发，创造了节税工程。

我曾在《避税 2：唯一安全的方法》中，以"郑仪"的名义讲述了节税工程的诞生。在此，我将以第一人称讲述其中的重要环节，以便读者加深对这一全新的节税体系的理解。

一、拜水都江堰

1. 登上玉垒山

从成都到都江堰，走高速路就半个小时的车程。那天，我到达都江堰时，赶早市的菜贩们都还没有下班。

我已经来过多次了，但每次都是走马观花，我不是一个乐山乐水的人，不爱旅游，也从来不喜欢仔细地观赏风景。但这次，目的和以往不同，我要仔仔细细看清楚。把车停在停车场，然后步行上山，直奔我认为观看都江堰工程的最佳地点—— 玉垒山。

爬上玉垒山时，整个都江堰水利工程尽收眼底。

两千多年前，岷江从海拔数千米的地方冲下来，来到海拔不足750米的地方，失去了山峰的束缚，立即撒起野来，像一头狂暴的巨龙，肆无忌惮地吞噬着平原上的生命，也像一个巨人的大巴掌，在平原上轻轻一抹，原本绿色的平原就满目苍黄。

是李冰，缚住了巨龙；是李冰，驯服了巨人。

看着静卧两千多年的分水堤，看着岷江水在鱼嘴处乖乖地分流，我感叹之余，不禁问道："李冰的灵感来自哪里呢？他为什么要选择这个位置建水利工程呢？他是如何想到把岷江一分为二的呢？"

大禹的父亲鲧的治水策略是"堵"，走的是"兵来将挡，水来土掩"的思路，修堤坝把水拦住，无奈水太狂野，怎么拦也拦不住，鲧治水失败了。但他不甘心，他从天上偷来一种叫"息壤"的泥土，这种泥土可以自行生长，水越多，它就长得越高，但息壤还没派上用场，天帝就发怒了，把鲧处死了。鲧临死前告诉儿子，一定要治理好洪水。

大禹的治水策略是"导"，治水顺水性，四两拨千斤，你这条狂野的水龙不是想向前冲吗？我让你冲得更快一些。大禹带领人们扩宽河道，改造弯道，把水龙更快速地送入大海。

李冰的策略，既不是"堵"，也不是"导"，而是"分"，把一条巨大的水龙一刀劈为两半。

不过，我关心的是节税。四川遭受水灾，李冰治理了。此时此刻，我所在的企业遭受税负问题，又该如何治理呢？李冰啊，快告诉我吧，我该如何为企业节税啊？

我离开玉垒山，行走在栈道上，任晨风吹乱自己的头发，一遍一遍念叨着李冰的名字。

2. 都江堰水利工程

都江堰创建于公元前 256 年左右，距今已有 2270 多年的悠久历史。

都江堰工程包括鱼嘴、飞沙堰和宝瓶口三个主要组成部分。

鱼嘴是在岷江江心修筑的分水堤坝，形似大鱼卧伏江中，它把岷江分为内江和外江，内江用于灌溉，外江用于排洪。神奇的是，枯水期鱼嘴自动将岷江 60% 的水引入内江，40% 的水排入外江；洪水时又自动将 60% 的水排入外江，40% 的水引入内江。

飞沙堰是在分水堤坝中后段修建的泄洪道。都江堰建于岷江弯道处，江水至都江堰，含沙量少的表层水流向凹岸，含沙量大的底层水流向凸岸，在凸岸顶托下，洪水冲下来的沙石大部分从外江排走。进入内江的少部分沙石，利用伸向江心的虎头岩的支引、宝瓶口的节制和"离堆"的顶托，将大部分沙石从飞沙堰、人字堤旁的溢洪道排入外江，使宝瓶口引水口和灌区干流免遭泥沙淤塞。

宝瓶口是内江的进水口，形似瓶颈，除了引水，还控制进水流量，既保证了灌溉用水，又防止了过量洪水涌入内江灌区，造成灾害。都江堰能自动调节进入灌区的水量，使成都平原"水旱从人"，成为天府粮仓。

世界古老的著名水利工程中，古巴比伦王国建于幼发拉底河上的纳尔—汉谟拉比渠和古罗马的人工渠道都早已荒废，只有都江堰独步千古，永续利用，长盛不衰。如今，灌溉面积达到66.87万公顷，同时，为四川50多个大、中城市和数百家工矿企业提供了工业和生活用水，成为世界最佳水资源利用的典范。

伟大的都江堰啊，我如何才能从你身上获取灵感呢？

我母亲是一个喜欢讲民间故事的人。我很小的时候，就天天听着母亲讲述望娘滩的凄婉故事：穷家孩子聂龙割草时，拾得一颗宝珠，这颗宝珠放进米缸米满，放进钱袋钱满，他和母亲用这些米和钱接济乡民。地主恶霸知道了，带人来抢夺宝珠，聂龙不给，一口把宝珠吞进了肚里。吞下宝珠后，聂龙变得干渴难当，只好趴在岷江边上不停地喝水。母亲把他的脚抓住，不让他掉下去。在喝水过程中，聂龙变成了一条龙，只有母亲抓着的一只脚没有变成龙爪。龙必须生活在水里，聂龙不得不泣别母亲。在狂风暴雨中，聂龙一呼一声雷，一望一个滩，留下二十四个望娘滩。

我出生的山区，有一条宽大的被称作"人民渠"的水渠绕山而过。枯水季节，我和伙伴们打着赤脚，在渠里飞奔；丰水季节，我和伙伴们光着屁股在渠里游泳，我们被湍急的渠水冲得飞速前进，不时被巨浪淹没。

那时，我知道望娘滩在都江堰，知道"人民渠"里的水来自都江堰。也是从那时起，我对都江堰产生了无限的神往，但第一次目睹都江堰的风采，是在二十多岁到成都之后。

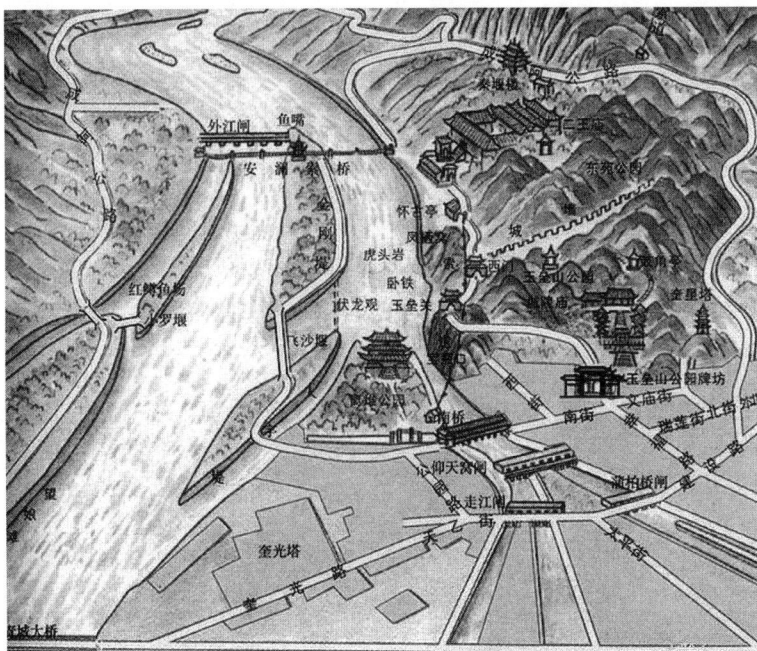

二、问税邱庆剑

1. 分企治税

企业的经营流程，不也是一条河流吗？我边走边想。治水找最关键的地方，治税也要找最关键的地方啊。我思考着何处是企业治税的关键，思来想去，应该是"税负高点"。

企业的税收，不是财务人员算出来的，而是在经营过程中形成的。企业税收不是在销售环节形成的，而是在多个环节形成的。在这些环节当中，有的地方形成得多，是"税负高点"；有的地方形成得少，是"税负低点"。

粗略地说，企业是"采购—生产—销售—再采购……"这样一个周而复始的流程，很常见的税负高点常常出在采购环节。对一般纳税人企业来说，如果进项发票取得不足，采购就会成为税负高点。采购、生产、销售三大环节中，又可以分为若干个小环节，这些小环节的税务高低也不一样。

在税负最高点下手！

怎么下手呢？

都江堰水利工程有一个重要思想，那就是"分"——"中流作堰，分水而治"。

分江而治水患，为什么不可以分企治税呢？对！把一个企业分为两个企业，甚至多个企业！历史不能重演，人的激动心情却如同复印一样重复着。两千多年前李冰挥毫绘出水利图，两千多年后，我掏出包里的笔记本和笔，写下了几个苍劲有力的大字："分企治税"。

分企如何能够实现治税呢？我陷入沉思。流转税和所得税两大主税的基数，是企业的产能，分企达到调节产能的目的，也就调节了税收。想到这里，我又加了几个字，从而有了下面一句话：

"分企治税，调节产能。"

分企治税，不是简单地把一个企业分为两个或多个企业，而是分为不同大小的企业。大小是什么意思呢？一是资产规模大小，二是不同的企业组织形式，比如一般纳税人和小规模纳税人，有限责任公司和个体经营户。

不同规模的企业，不同组织形式的企业，其税负是不一样的，彼此存在落差——称之为"税负落差"吧。想到这里，我渐渐觉得找到一定的思路了。

我掏出笔记本，又写下八个苍劲有力的大字：

"形式多样，大小并存。"

2. 遇湾截角，逢正抽心

行走间，不知不觉来到了二王庙前。拾级而上，往二王庙而去时，我看到了那精辟的对联："遇湾截角，逢正抽心。"

因为游人有一种观点，如果闭目走过去能摸到那个"心"字，就会带来好运，因此，那个"心"字已经被摸褪色，成为白色的了。我却认为，那个"心"本来就是白色的，象征着清白、清正和廉明。

"遇湾截角"指的是河道有拐弯的地方，一定要根据需要进行修整裁剪，以便让江水流淌得更顺利一些，不会损毁堤坝。"逢正抽心"是指遇到顺直的河段或河道岔沟很多时，应当把河床中间部位掏深一些，达到主流集中的目的，使江水"安流顺轨"，避免泛流毁岸、淹毁农田。通俗地讲，就是把弯的地方拉直，把直的地方挖得更深。

"百丈堤"就是遇湾截角的典范。它位于岷江右岸（观者面向上游的右手边），上起观音岩，下至内江河口上游，因长百丈而名。它用竹笼装卵石筑成，其作用是使鱼嘴上游岷江右边的凹岸变成直岸，使江水顺流，以利鱼嘴分水和排沙。洪水期，使主流指向外江，减轻洪水对鱼嘴的冲力；枯水期，使主流指向内江，内江取水量可得到保证。

每次看到这副对联，我都怦然心动。不过，这一次，我心动的不是这八个字中包含的深刻的人生哲理，而是它们启发了我节税的道理。

企业有"税负高点"，这些高点可以视为"角"，将之裁掉，税负不是就降低了吗？企业同时有"税负低点"。这些低点可以视为"正"，要尽可能掏深，让节税潜力被发掘出来！

我在笔记本上记下了：

"遇湾截角，逢正抽心。"

看着自己写下的这一行字，我进一步对"截"字进行了分析，这个"截"不是简单的"截掉"，而是包含着多层含义：

第一，把一个"角"截下来，丢弃。

第二，把一个"角"截下来，让它独立，继续发挥作用，如离堆。

第三，具有"裁剪"之意，像裁衣服的师傅一样，裁出花样来（比如人字堤）。

第四，假设别人已经给我们截好了一个"角"，我们拿过来（比如虎头岩）拼在自己的企业上，使之成为我们的一个"角"——用在企业上，则相当于收购企业。

如果说都江堰用金刚堤"分水"属于战略层面的考虑的话，那么"截角"就是战术层面的考虑，战术总是无处不在的。企业节税也一样，"截"将是应用最为广泛的战术。

3. 深淘滩，低作堰

在"遇湾截角，逢正抽心"那副对联不远处，与正对着石级的那面墙相接的右边墙上，有六个大字："深淘滩，低作堰"。

这六个字，我已经见过多次了，每次看到，我脑海中闪过的不过是"把河道挖深点，把堤堰高度垒到适当位置"。但这次，我思考着如何从这条经典治水名言中找到治税的方法。

因为是创新，所以不可能事前详细规划。修建都江堰的八年时间，是不断完善的八年时间。"遇湾截角，逢正抽心""深淘滩，低作堰"等治水思想，也是在实践中总结出来的，而不是一开始就在这些思想的指导下进行施工。

岷江来自山上，一路裹挟着大量的泥沙。分水堤修好了，岷江被一分为二。但不久后，内江就几乎被泥沙填满了，宝瓶口被堵得严严实实。看来，仅靠飞沙堰和溢洪道，并不能完全解决问题，还得靠人力。

为此，李冰父子制定了人力淘沙的策略，内江河段，定期挖淘。但淘到什么程度才合适呢？太浅不行，太深就挖成深潭了。经过多次论证和数年实践，他们确定了最适当的深度，并在那个深度埋下横卧的铁柱（最初是石马，后来改为卧铁），每年淘沙时，挖到铁柱，就不再往下挖。这个铁柱就是我们现在说的"卧铁"。

飞沙堰的高度，也是经过多年摸索出来的。当时的飞沙堰，是用装着石头的竹笼垒的，调节高度很方便。现在弄成了水泥的，是因为高度已经确定好了。

飞沙堰能否起到排沙的作用，和水量有很大的关系。当水量小时，水都溢不出去，沙更是"飞"不起来，就淤积在河道中了。飞沙堰同时也调节着水量，让多余的水流入外江，使宝瓶口的水位始终保持在安全范围当中。这就是"低作堰"的由来。下图是飞沙堰实景图。

黄河为什么成为"天上河"？那是因为河床淤积后，河床变浅，河水外溢，治理者就采取"水高一尺堤高一米"的思路，加高河堤。当河床再次变浅时，再加高……结果成了恶性循环，河越来越高。如果黄河治理借鉴"深淘低作"的思路，也许就不会悬在空中了。而都江堰如果采取了黄河的治理思路，今天的四川盆地也许就不是天府之国，而是一个大的湖泊了，四川人民也不会生生不息，而是成了考古队发掘的对象了！

如何把"深淘滩，低作堰"应用到企业节税上来呢？

我看着自己的笔记本，看着上面写的"分企治税，调节产能"

等文字，想到了以下三点：

第一，在分企而治、存在多个经济实体的情况下，"深淘滩"就是要充分挖掘旗下每一个企业的节税潜力。

第二，要像让江水"安流顺轨"一样，理顺每一家企业的税务关系。

第三，也是很重要的一点，要像在内江和外江之间设置飞沙堰一样，设计一个可以转移产能、转移利润，从而转移税收的"渠道"。

上面三点，为"将一个企业分为多个大小不同的企业"找到了理由，找到了动力，更找到了回报。"分企"是手段，"转移"是目的！

老板的钱袋就像宝瓶口，既要确保安全，又要装入足够多的利润。那么，就得调度税收。我越想越激动，又在笔记本上写下：

"飞沙扬金，转移利润。"

4. 岁必一修

我收好笔记本，继续往上走，很快就来到了二王庙门口。回望岷江，都江堰工程尽收眼底。

望着滚滚江水，我心中漾起一股沧桑的感觉。伟大啊，历时两千多年，仍然无人可超越！而且，这里是川西地震带所在地，2008年"5·12"地震也未能让它受到太大损坏。

我知道，这项伟大的工程之所以一直璀璨夺目，在于两千多年来人们一直坚持着一个重要的管理制度，那就是——"岁必一修"。

据文献记载，在三国时期，诸葛亮设置了专门的"堰官"，并征调一支1200人的队伍，常年负责疏通河道，修筑堤坝，形成定制。在诸葛亮之前，虽然没有设置专门的官员和队伍，但每年的修缮却一直坚持着，包括加固堤坝、掏挖河床等工作。

岁必一修，不是简单地把泥沙挖出来，找一个方便的地方堆起来。有专家考证，这种"岁必一修"有着很科学的要求，泥沙堆放有指定的地方，还通过种植树木等防止沙土流失。在取材方面，也就地取卵石和竹木。在今天看来，这种修缮非常符合环境保护和经济原则。

从事多年财务工作的我知道，每年企业都有一个"税关"要过：5—6月份。这两个月，企业需要做汇算，税务人员也可能来"指导工作"。主动交税比被查补缴税要好得多，主动缴，是多少缴多少；查补缴，不仅有滞纳金——每天按滞纳金额的万分之五收取——还可能有罚款。

要避免被查补，就需要"岁必一修"，提前完善账目，查找可能遗漏的税款。"修"的时间应该在年度报表上交税务局之前完成，因为报表一旦上交了，想修改调整都不方便了。所得税汇算方面，重点关注各项税款是否计算够，各种费用是否超标，各种成本结转是否合理，有没有少确认的收入；增值税方面，重点关注收入确认，尤其是挂的预收账款，是否挂得太久了，如果挂得太久，要么确认收入，要么"以新换旧"，滚动挂账。当然，所得税、增值税都涉及各类会计凭证是否真实合法。

除了账目、报表、凭证的"修缮"，还需要对税务"生态环境"进行"修缮"。要多和税务局交流沟通，要及时掌握税收政策的变化。有很多企业，对税务征管人员避而远之，税务征管人员也懒得帮助他们，结果常常吃不透政策，多缴税或无意中陷入逃税局面。

我脑中浮现着先民岁岁修缮堤坝的景象，心中无比激动。我拿起笔记本，又写下一行字：

"岁必一修，维护环境。"

5. 节税工程

我看了一遍自己在笔记本上写的字，已然无法抑制内心的激动。原来治水和治税，有着这么多相通的地方啊！根据都江堰治水原理，可以创造一套治税方法出来嘛！

这套治税方法，应该叫什么方法呢？

叫避税？显然不合适。避税是利用法律的空白，走"非违法"的路子降低纳税额。而我这套方法，从"分企治税"来看，就是大手笔的动作，是从企业顶层设计角度来降低纳税额的。

叫逃税？当然更不合适。逃税是违法的，而我这套方法，显然是合法的。

叫什么好呢？忽然，我脑子里闪过一个念头：都江堰是一项水利工程，我何不叫我的方法为节税工程呢？

对，就叫节税工程！

我这个工程，该有哪些主要内容呢？我一边思考，一边重新整理自己刚才写的文字。

第一，必须有全局意识，要像李冰面对岷江一样面对企业，眼光不要受限于细枝末节，这样才能有大手笔的节税成绩产生。但大手笔，也不能离开细节的完善和精益求精，否则存在漏洞，让税务人员误以为企业在逃税。

想到这里，我又写下了一行字：

"大处着手，小处完善——大小并进，节税为本。"

第二，要在企业数目和组织形式上做文章，将一个企业分为两个甚至更多的企业，并且多种企业组织形式并存，从而达到转移产能，以及在不同企业之间形成税务落差。即

"内江外江，化整为零——企业越多，简单易行。"
　　"大江小江，形式并存——制造落差，高低分明。"
　　"鱼嘴劈江，四六分水——左右倒手，调节产能。"

　　第三，在多个企业之间，要制造调节利润和税收的机制，比如科学地制定关联企业之间的转让价格，从而让税收在股东们乐意的企业去缴纳，从而达到税额最小化的目的。即

　　"深淘低作，飞沙扬金——价格调节，转移利润。"

　　第四，要对企业经营流程加以完善，在不影响综合利益的前提下，对该调整的地方进行调整。在这里，要把握关键，从最能节税的地方下手，就像李冰选择最容易驯服岷江的地方下手治水一样。关于这一点，我前面就已经想到了。即

　　"遇湾截角，逢正抽心——流程再造，管理提升。"

　　第五，要每年对纳税情况进行梳理，并保持和税务征管部门及工作人员的良好"环境"。即

　　"岁必一修，维护环境——关系融洽，一路绿灯。"

　　对上面这些要点加以归纳，就是下面这七行字，我自己称之为"节税工程基本思想"：

大处着手，小处完善——大小并进，节税为本。

内江外江，化整为零——企业越多，简单易行。

大江小江，形式并存——制造落差，高低分明。

鱼嘴劈江，四六分水——左右倒手，调节产能。

深淘低作，飞沙扬金——价格调节，转移利润。

遇湾截角，逢正抽心——流程再造，管理提升。

岁必一修，维护环境——关系融洽，一路绿灯。

看着自己总结的七行字，我有点得意，心中感叹道："穿越时空，膜拜李冰——治水治税，一脉相承。"得意之际，我又把这句话加在了那七行的后面。

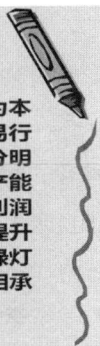

基于这套节税工程基本思想，我花半年时间解决了所在企业的税

务问题：消除风险、内外两账合一，税收大幅度降低。

后来，我又不断为其他企业提供节税工程服务，积累了很多案例，创造了一百多种方法，不仅出版了《节税工程》一书，还开设了"总裁财税兵法""财税顶层设计""全员财政"等课程，受到企业家们的空前好评。

6. 回顾总结

2019年，回顾当年因为税收麻烦躲避到都江堰创造节税工程的历程，我写下一首打油诗：

"节税工程"诞生记

犹记当年税收乱，避险思过都江堰。
绝处逢生李冰助，治水哲学巧转换。
一分二调三截角，五大平台巧转换。
休听他人吹牛皮，节税只找邱庆剑。

这些年，每次在讲述都江堰和节税工程这段历程时，我也会用两首打油诗来表达，现摘录于此，以加深读者的理解：

李太守治水哲学

只有一条江，四川水汪汪。
江分内外边，落差是关键。
关键起作用，还靠飞沙堰。
飞沙若不够，再建宝瓶口。

邱庆剑治税哲学

钱装一口袋，税官天天来。
口袋分两家，两家有落差。
落差有收益，还得靠关系。
关系行不通，模式来补充。

这里的"关系"，指的是业务关系。"模式"指的是业务模式、商业模式的转换。

第二章

节税工程：全新的方法体系

一、节税途径的演变

税收是国家为了实现其职能，凭借政治权力，按照法律规定，强制性地取得财政收入的一种形式。它具有强制性、无偿性和固定性。纳税人从诞生那一天起，便不可避免地要纳税，直至这个纳税主体消亡。

纳税是纳税人的一项成本，它是纳税人履行纳税义务时所支付的和潜在支付的各种资源的价值。降低纳税成本，是纳税人的一种内在需求、一种利益驱动，合法地降低纳税成本，也是纳税人的一项基本权利。

有需求就有行为，节税是伴随税收诞生而诞生的一种降低纳税成本的行为。从这一行为的演变过程看，大致经历了偷税、避税、纳税筹划、节税工程几个阶段。

1. 偷税

偷税是指纳税人在纳税义务已经发生并且能够确定的情形下，采取虚拟、谎报、隐瞒、伪造等手段，达到少缴或不纳税款的行为。

根据《税收征管法》规定，偷税的手段主要有以下几种：一是伪造（设立虚假的账簿、记账凭证）、变造（对账簿、记账凭证进行挖补、涂改等）、隐匿和擅自销毁账簿、记账凭证；二是在账簿上多列支出（以冲抵或减少实际收入）或者不列、少列收入；三是不按照规定办理纳税申报，经税务机关通知申报仍然拒不申报；四是进行虚假的纳税申报，即在纳税申报过程中制造虚假情况，比如：不如实填写或者提供纳税申报表、财务会计报表及其他的纳税资料等。对偷税行为，税务机关一经发现，应当追缴其不缴或者少缴的税款和滞纳金，并依照征管法的有关规定追究其相应的法律责任。构成偷税罪的，应当依法追究刑事责任。

2. 避税

避税一直饱受争议，在我国法律中没有明确的概念表述，也没有对其地位进行明确的肯定或否定。企业界和理论界有两种观点：一种认为避税就是钻法律的空子，只要法律没有明确反对的就可以大胆地实施；另一种观点认为避税就是纳税筹划。

1906年，英国人首先提出"合理避税"概念。这一概念得到了广大企业和经济工作者的认同。这一概念将避税与偷税明确区分开来了，因此很多人都强调其"非违法"，也就是说这个行为虽然说不上合法，但也说不上违法，是"非违法"，是"合理"的。

根据众多著作的论述，我们可以给避税下这样一个定义：所谓避税，就是纳税人在熟悉掌握相关税收法规的基础之上，在不直接触犯税法的前提下，利用税法等有关法律的差异、疏忽、模糊之处，通过对企业治理结构、经营活动、融资活动、投资活动等涉税事项进行精心安排，达到规避或减轻税负的行为。

避税是钻法律的空子，导致国家税收收入减少，显然是政府所不提倡的，从避税诞生那一天起，"反避税"也就诞生了。总的来说，全世界都反对避税，2018年以来，避税行为已经成为全世界共同打击的对象。

3. 纳税筹划

纳税筹划是指通过对纳税业务进行有针对性的规划，设计一套完整的纳税操作方案，以达到节税的目的。

从实践来看，纳税筹划主要包括四个方面的行为：一是采取合法的手段进行节税筹划，二是采取非违法的手段避税，三是采取关联交易等手段实现税收转嫁，四是规范整理纳税人财务核算，以实现涉税零风险。

纳税筹划是合理合法的，这是它区别于偷税和避税最显著的特征。它不仅在形式上是合法的，也顺应税法立法部门的意图，是受保护和鼓励的行为。相对于避税而言，纳税筹划具有相当大的优越性，它可以降低纳税成本，实现企业利益最大化，同时由于纳税筹划是对税法的深入理解并顺应立法意图，可以直接或间接地取得宏观经济效益与社会效益，比如国家为了抑制某一产品的过度供应，就会加大该产品的税负，企业针对这一情况进行筹划，就是少生产这种产品，企业少纳税的同时，国家也实现了税收的杠杆调控作用。

4. 节税工程

"节税工程"这一概念是首先由我本人提出来并在企业界予以实践的。实施节税工程是节税途径演变的第四个阶段。经过10年的传播和实践，节税工程已经被众多税务专家和企业家推崇为企业节税的最高形式。

关于节税工程的定义，我们在下文还将讲述，这里先用表格形式对比一下上述四个阶段或者说四个节税方式（表1-1）：

表1-1　节税发展四阶段对比

项目	偷税	避税	纳税筹划	节税工程
合法性	违法	非违法	合法	合法
实施时点	纳税义务发生后	纳税义务发生中	纳税义务发生前	纳税义务发生前、中、后
收效	高风险，并可能高损失	获取短期收益	获取长期的较高收益	获取长期的巨大收益
	获取税收收益	获取税收收益	获取税收收益	获取税收收益和综合收益
	对微观有利	对微观有利	对微观有利	对微观有利
	对宏观无利	对宏观无利	对宏观有利	对宏观有利
政府态度	打击,严惩	反避税	保护和鼓励	保护和鼓励
节税额	可能巨大	较小	较大	巨大
未来趋势	前景不好	前景不好	前景有限	大势所趋

二、节税工程

1. 什么是节税工程

由于是一个新生事物，节税工程尚无通行的定义。我们最初的定义是这样的：节税工程指的是企业为了实现大幅度节税的目的，所实施的以企业生命周期、企业经营流程闭合环为两大基石的，以科学选择企业组织形式和控制方式，在区域上和产业上合理布局生产资源和生产能力，整合及再造企业经营流程为三大手段的系统工程。

在这一定义中，强调了大幅度节税，强调了不仅仅以财务为基础，而是以企业生命周期和经营流程为基础。同时，以"工程"二字来强调该行为所涉及的面宽面广面深，强调该行为的浩大，它已经远远超出了财务系统，而且所使用的知识和技能也远远超出了财务知识，不是财务系统人员所能独自完成的。

前些年，我被媒体誉为"节税工程第一人"，我带领的团队多次创造过"一句话节税千万"的奇迹。传统的纳税筹划着眼于局部（或者是着眼于与财务有关的数个经营流程环节），筹划的税额往往是有限的，而节税工程站在企业战略高度来展开，节税额相当可观。可以这样比喻：实施纳税筹划，是拿着显微镜在工作；实施节税工程则是先拿望远镜工作，再拿显微镜工作。

经过几年的研究，我们重新定义了节税工程：

> 节税工程是节税的最高形式，它是根据都江堰治水原理，结合企业经营流程和税务实践创造的，从企业战略、商业模式和业务流程层面生发的一套创新型的节税解决方案。

2. 节税工程与纳税筹划的关系

节税工程不等同于纳税筹划。这一概念的提出，目的并不在于刻意创造一个新生事物，而在于这一事物本身就存在，现在明确提出来，让它的价值凸显出来，让更多的人熟悉和掌握它，从而为企业利益最大化做出贡献。

归纳起来，节税工程和纳税筹划有以下不同点：

（1）高度不同。节税工程是站在企业战略高度，从企业地域和产业布局、治理结构、股权结构、生命周期、经营流程等大的方面着手，以降低税负为切入点，实施的一系列全局性规划行为。纳税筹划是站在企业财务管理层次，从企业物流、资金流方面着手，逐个环节寻找降低税负的突破口所实施的局部性的筹划行为。这里的全局性和局部性都是相对而言的。和避税比起来，纳税筹划具有综合性，而和节税工程比起来，纳税筹划却又显然是局部的行为。

（2）出发点不同。节税工程的出发点是企业利益最大化，降低税负仅仅是它的一个切入点，当税负和企业利益最大化产生冲突时，节税工程将选择有利于企业利益最大化的行为。纳税筹划的出发点就是降低税负，这一出发点可能与企业整体经营发生冲突，有时表面上税负是降低了，但可操作性很低，甚至与企业利益最大化背道而驰。比如某企业从经营角度来说，应该在原料地设生产基地，假如从税收角度上看，原料地税负偏高，这时，狭隘的纳税筹划专家就会建议到税负低的地方建生产基地，很显然，这种筹划是没有价值的。

（3）方法不同。节税工程的方法或者说手段是在把握企业生命周期和企业经营流程基础上的"科学选择企业组织形式和控制方式"、"在地域上和产业上合理布局生产资源和生产能力"、"整合及再造企业经营流程"。这些方法，都是企业经营管理层面的，属于管理方法。纳税筹划的方法则是从财务管理中衍生出来的，这些方法主要包括价格转移、税率选择、税基调控、分拆业务或合并业务等。

（4）责任部门不同。节税工程和纳税筹划都是以财务部门为核心，但责任部门却是不同的。纳税筹划的责任部门是财务部门，因为筹划的方法、信息、资源、权力等都集中于财务部门，由其担责理所当然。但节税工程由于是跨部门、跨系统甚至跨越若干个关联企业的行为，仅仅财务部门来实施根本无法奏效，它需要多个部门配合、需要整合多种资源和人才，也涉及给予较高层次的行政权力，因此，这项工作的责任部门除了财务部门外，还包括采购部门、生产部门、销售部门等所有业务部门。

（5）对实施人员行政层次要求不同。纳税筹划因为所涉及部门较少，所涉及的面相对较窄，往往财务部经理就可以担纲完成。节税工程因为涉及部门较多，涉及面很宽，财务部经理在行政级别上，很难调动相关资源和人才，这就需要更高行政级别的人员来担纲，比如副总经理、总经理等。如果是涉及多个关联企业，担纲人员还必须是集团公司或控股母公司的高层管理者。我们常常这样通俗地说：做纳税筹划，你找财务经理就可以；做节税工程，你得找到老板。

（6）对实施人员专业素质要求不同。纳税筹划对实施人员的专业素质要求相对较低，实施人员掌握财务知识、税收知识，再了解一些经营管理知识就足够了。节税工程是跨专业的行为，实施人员要求是复合型人才，除了财务税收知识外，还需要熟练掌握企业战略、顶层设计、经营管理方面的知识和技能，这些是节税工程"两大基石"和"三大手段"所涉及的知识和技能。这类复合型人才事实上比较少，除了向社会引进外，最主要的获取途径是内部强化培养。

（7）效果不同。纳税筹划在降低税负方面，往往是相当有限的，有时耗费很大的人力和财力，所筹划下来的节税额，远远小于偷税行为所实现的"节税"额。正是这种差距，导致很多企业宁愿冒险去偷税，也不愿意聘请纳税筹划专家。节税工程的成效非常显著，它所获取的节税额，绝不低于偷税所带来的"节税"额，甚至远远高于偷税的"节税"额，而且，它是合理合法的，是政府鼓励和支持的。尤其重要的是，实施节税工程事实上是对企业整个经营管理进行整理和提升，在获取税收收益的同时，获取综合管理收益。

（8）未来发展趋势不同。纳税筹划节税额相对较小，最终将被节税工程所取代。另外，纳税筹划中的很多方法，其实是对避税方法的继承，这是政府"反避税"的对象，随着反避税的深入，纳税筹划的空间和范围将会越来越小。近年来我们税法改革，内资外资企业统一所得税、区域优惠弱化、关联交易纳税特别调整加强等，一方面是经济发展的需要，另一方面也是针对纳税筹划中的避税行为而推出的。税法修订权是在国家手里，打着筹划幌子实施避税和偷税的"专家"们节节败退是理所当然的事情。

（9）实施时间不同。纳税筹划本身应该是一种事前的规划，但从现实中来看，很多企业在事前并不会想到筹划，往往是出了问题才想到求助于税收专家。而事后的筹划，常常难以奏效。节税工程也要求事前规划，但在事中依然要根据经营的实际情况不断修正和调整方案。即使企业在事前没有想到实施节税工程，在事中来补救也是有效的，毕竟节税工程所调动的资源和人力是纳税筹划无法比拟的。

（10）风险不同。由于节税工程的复杂性和艰难性，常常存在"跨前一步是偷税"的情形（关于这个问题，我们在后面的章节中还将详细讲述）。因此，节税工程本身没有风险，但在实施过程中，实施人员容易跨入高风险领域。纳税筹划通常不存在这样的问题，因为其简单，要么顺利运用，要么就弃而不用。

（11）法规不同。纳税筹划主要依靠税收法规，节税工程首先是利用公司法赋予企业家的经营自主权，其次才是利用税收法规来降低税负和风险。

有一个显而易见的事实：纳税筹划在我们国家流行几十年了，可这几十年里，企业偷税却越来越普遍，"两本账"越"筹划"越多，说明纳税筹划未能从根本上解决企业的问题。

那么，节税工程和纳税筹划的联系在哪里？作为节税途径演变的第四个阶段，节税工程的方法与纳税筹划的方法存在联系，纳税筹划所使用的基本方法和节税工程的辅助技法基本上是类似的，也就是说节税工程在基于"两大基石""三大手段"的前提下，依然要使用基于税基、税率和优惠政策的一系列方法，包括税基调节法、税率选择法和创造优惠法。

从上面的这些分析中，以及 10 年实践来看，"节税工程"概念和理论体系的提出，带来了节税行为的革命性变化。最重要的是，节税工程将造就一大批真正的管理专家（而不仅仅是财务专家和税务专家），那些只知道站在财务角度、狭隘地理解节税的所谓专家，将失去生存的土壤。

三、节税工程的根本指导思想

有一种有趣的现象，走进书店，翻开十本纳税筹划方面的书，十本内容都基本上一样。这真是一种极度的悲哀。当我们翻看这些书，再听听那些所谓专家的讲课和实践时，我们会更为悲哀地发现：纳税筹划已经沦落为一种技术活，一种"体力劳动"，而不再是管理技能。

问题的根本在于纳税筹划是就方法而论方法，已经没有理论高度和思想内涵。

节税工程的根本指导思想是："远离法规或靠近法规。"

什么叫远离法规呢？远离法规不是违背法规，更不是抛弃法规。远离法规指的是如果法规是这么规定的，就创造条件，让你的经营行为不受这条规定的限制。

比如，《中华人民共和国企业所得税法实施条例》第二十三条第一款规定："以分期收款方式销售货物的，按照合同约定的收款日期确认收入的实现。"收入一旦确认，税收义务就已经产生。如果我们在合同中对收款日期约定进行规划，就可以推迟收入确认时间，从而推迟税收义务的产生。这就是远离法规。

什么又是靠近法规呢？就是如果税收的规定对企业有利，就创造条件，让你的经营行为符合这个有利规定的范畴。

比如，《中华人民共和国城镇土地使用税暂行条例》规定了免缴土地使用税的情形：国家机关、人民团体、军队自用的土地；由国家财政部门拨付事业经费的单位自用的土地；宗教寺庙、公园、名胜古迹自用的土地；市政街道、广场、绿化地带等公共用地；直接用于农、林、牧、渔业的生产用地；经批准开山填海整治的土地和改造的废弃土地，从使用的月份起免缴土地使用税5年至10年；由财政部另行规定免税的能源、交通、水利设施用地和其他用地。有一个企业是经营休闲娱乐和度假，该场所占地面积相当大，其中包括很多绿地、人工湖等。如果全额缴纳土地使用税，那负担是很重的。于是，该企业的股东又去注册了两家公司，一家经营花木，一家经营水产养殖，再将绿地过户给花木公司，将人工湖过户给养殖公司，如此一来，就有大量土地属于"直接用于农、林、牧、渔业"，具备了免缴土地使用税的条件。但三家公司外部形象还是一个休闲娱乐和度假场所，不影响其经营。

节税工程提倡的是实现企业利益最大化，而不是单纯追求税负最低。因此，我们在实施"远离法规或靠近法规"这一思想的同时，必须和企业利益最大化保持一致。当我们的节税工程与经营整体利益相冲突时，就应该调整我们的思路。

从节税工程的根本指导思想上我们也可以看出，熟练掌握税收政策法规，是实施节税工程的基本保证，但同时要学习企业经营管理知识，尤其要熟知企业经营流程。为此，我们提倡企业各系统、各环节、各层次的管理人员，都应该学习必要的财务和税收知识，并学习管理知识，这样才能有效地配合节税工程的推进。

第三章
节税工程的"两大基石"与"三大手段"

一、节税工程方法论

方法论，指的是人们认识世界、改造世界的一般方法，是人们用什么样的方式、方法来观察事物和处理问题。

笛卡儿是法国数学家、科学家和哲学家，"怀疑一切""我思故我在"这些耳熟能详的名言，就是出自于他的著作。他对于世界最大的贡献，当数他的《方法论》。他在这一著作中提出的解决问题的步骤影响深远，这个步骤分为四步：第一步，怀疑一切，不接受自己不清楚的所谓真理；第二步，将要研究的复杂问题，尽量分解为多个比较简单的小问题，一个一个地分开解决；第三步，将这些小问题从简单到复杂排列，先从容易解决的问题着手；第四步，将所有问题解决后，再综合起来检验，看是否完全，是否将问题彻底解决了。

根据方法论的经典理论，我提出节税工程的方法论，以便广大企业管理工作者能够更容易掌握这一节税行为。节税工程的方法论，或者说节税工程实施的一般方法，是"从大处着手，从小处完善"。

1. 从大处着手

从大处着手，就是要求我们要有全局观和前瞻性。虽然是节税行为，但眼光不能仅仅局限于直接涉税的几个环节。

这里的"大处"指的是什么呢？就是我们的"两大基石"和"三大手段"，可以简称为"二加三"。当我们接受企业委托实施节税工程，或者我们自己所在企业需要实施节税工程时，我们首先分析企业生命周期、目前的经营特点、纳税方面的特点，然后梳理经营流程，看哪些方面与节税要求相一致，哪些不一致，同时也可以在中间找到突破口；接下来，就是拿三大手段来一一对照，看哪些方面存在节税潜力，或者说有创造节税的条件和可能。

通常来说，我们落实了"从大处着手"，一般就能够找到巨额节税的突破口和方法了。

2. 从小处完善

降低税收，其操作过程是一项风险较高的行为，稍有不慎就可能陷入偷税的泥潭。另外，税法一直处于不断完善的过程，每年都有大量新法规出台，加之企业经营本身的复杂性，致使节税也是一项极其复杂的工作，如果不从小处完善，很可能留下漏洞，这些漏洞就可能导致非主观偷税的存在。

从小处完善，主要包括几个方面：一是将相关税收法规，逐条与我们的节税行为核对，看我们的节税行为是否合法；二是逐个梳理经营行为，看是否有遗漏；三是将整个节税工程中的行为整合起来，看是否与企业整体经营利益相冲突。

我们可以打个比喻，以说明节税工程的方法论：从大处着手就是一座高楼从选址、土建到清水房落成；从小处完善则是对已落成的高楼进行装修，使之漂亮并适合居家或办公。

二、节税工程的"两大基石"

传统的纳税筹划是以企业会计准则、财务核算方法、税收法规为基石的，在很多时候，筹划专家通过对经营行为进行规划和变通，以达到节税的目的。节税工程当然也离不开企业会计准则、财务核算方法、税收法规等，但节税工程是基于企业生命周期和企业经营流程闭合环来实现"从大处着手"的。

1. 企业生命周期

（1）企业生命周期理论

包括企业在内的任何一个组织，都是一个生命体，有其诞生、成长、成熟、衰退和消亡过程。美国管理学家爱迪思（I. Adizes）在其经典著作《企业生命周期》中，形象地用一个人的生命史来比喻企业的生命周期，将企业生命周期分为孕育期、婴儿期、学步期、青春期、盛年期、稳定期、贵族期、官僚化早期、官僚期、死亡。

爱迪思之后，不少管理学家完善和升华了他的理论。现在理论界对企业生命周期的划分更为简洁，通常划分为四个阶段（现在还没有统一的表述，但意思基本上是一致的）：创业期、成长期、成熟期和衰退期。当然，并不是所有企业都中规中矩地经历这四个阶段，中途夭折的企业很多，衰退之后再生的企业也很多，归纳起来，大致有三种类型：

1）普通型。周期运行顺序是：创业期—成长期—成熟期—衰退期。普通型变化最为常见，60% 左右的企业属于这种变化，没有大起大落。

2）起落型。周期运行顺序是：创业期—成长期—衰退期—成熟期。起落型变化比较复杂，不易掌握，属于盛极而衰，大起大落的类型。这类变化企业的比例约占 20%。

3）晦暗型。周期运行顺序是：创业期—衰退期—成长期—成熟期。这类变化的企业与上述两类变化相比，一开始就陷入困境，当摆脱这困境之后，才开始成长。这类企业的比例约占 20%。

当然，现实中的企业情形远远不止上述三种类型，除了"创业期"位于最前端外，后面三个阶段没有固定的次序，三个阶段排列组合，将会产生相当多相当复杂的企业生命历程。

（2）为什么将企业生命周期作为节税工程的基石之一

当一个企业消亡，其税收义务丧失，节税工程也相应地消失了。因此，我们针对节税工程对企业生命周期各阶段的概念做一些调整，我们调整后的企业生命周期四个阶段表述为：创业期、成长期、扩张期和战略转移期。其中"扩张期"对应传统理论中的"成熟期"，当企业处于成熟阶段，具备一定规模和实力之后，才可能扩张，而只有扩张才会产生更多的节税需求。"战略转移期"对应"衰退期"，但又不完全等同于"衰退期"。企业衰落，甚至消亡，可以视为经营者投资的转移，关掉这家企业，投身到新的企业或行业是转移。另外，企业收缩业务，从多元化走向专业化也属于转移，但不是衰退，所以用"转移"一词来表述更为合理。

企业在生命的不同阶段，其实力不一样，社会责任不一样，经营者所采取的战略、管理方法、纳税能力和意愿也是不一样的，具体见表 1-2。

表 1-2　企业生命周期特点

项目	创业期	成长期	扩张期	战略转移期
经济实力	弱	较弱	强	较强
社会责任	弱	较弱	强	较强
战略特色	发展型战略	发展型战略	稳定型战略	紧缩型战略
管理特色	简单粗放	逐步规范	规范甚至繁杂	繁杂并趋于混乱
纳税意愿	弱	较弱	强	较强
涉税风险	高或低	较高	高	较强

事实上，纳税意愿也是社会责任感的一种具体表现，这一意愿是随着企业经济实力的起伏而起伏的。这相当好理解，当企业实力较弱，现金流相当困难，挣扎于生死线上时，自然纳税意愿就较弱，当企业实力强大起来，现金状况良好，经营者不会去冒税收方面的风险了，而更愿意通过高额纳税来提升企业和企业家的形象。

涉税风险和纳税意愿并不一定能保持一致。一般来说，企业实力越壮大，它所面临的涉税风险可能越大。在创业期，企业实力较弱，涉税风险高通常是因为经营者主观上偷税意识较强烈，倘若经营者主观上不偷税，风险就低，因为企业规模较小，非主观漏税额不可能太大。当企业经济实力壮大后，企业缴纳税收的绝对额较高，如果经营者主观上要偷税，就是大额偷税，风险当然很高；如果经营者主观上不偷税，但非主观的漏税额度也常常很大，风险也是很高的。

节税工程除了考虑企业纳税意愿外，更多地要考虑企业涉税风险。通过节税工程的实施，使企业涉税风险为零，且又能够降低税收成本。通过这样的分析，我们就不难看出把企业生命周期作为节税工程两大基石之一的原因了。从我们数年的实践来看，也只有基于对企业所处生命周期的阶段，以及该阶段的经营特点和税收特点准确把握，才能够站在企业战略的高度来实施节税工程。

2. 企业经营流程闭合环

（1）企业经营流程

通俗地说，企业经营流程就是企业经营管理行为的过程。资金在企业中由货币形态转化为实物形态，再由实物形态转化为货币形态，然后再转化为实物形态……如此周而复始。这种转化是人的行为来促进的。企业经营和管理就是一个又一个行为，这些行为经过不同的节点和路线，构成了一个又一个流程；一个又一个流程连接在一起，就构成了企业经营的全部过程。在经营流程中，人是次要的，标准化的流程才是最重要的，当标准完善并固定下来之后，换了任何一个人，企业都可以优良地运转下去。

（2）经营流程闭合环理论

货币资金从采购环节变成实物，经过生产加工，再在销售环节由实物变成货币，这就是一个流程闭合环。一个一个闭合环环环相扣，就是企业的持续经营和发展。

企业经营流程各个环节并不是孤立的，任何一个环节，都受到其他环节的影响，这一影响包括推动和制约。问题常常是在某一个环节显露出来，但是，如果仅仅从这个孤立的环节去解决问题，通常很难达到理想的效果。比如，生产环节某一天出了一个问题：停工待料一天。这个问题表面上是生产环节出现的，看起来是生产环节的责任，但如果我们从整个流程闭合环去分析它，就会发现有很多环节存在问题，有很多环节的负责人应该承担责任：

——采购环节未及时下单购料；

——财务部门未及时为采购部门准备资金；

——销售部门回款不力，导致财务部门预算失效；

——品质不过关，导致销售部门收不到钱；

——质检部门工作不力，导致品质不过关；

——研发部门关于品质检验的标准文件有问题，导致品检工作难以开展；

——研发部门标准文件有问题，是因为市场部反馈的信息不准确；

......

大家都有责任，那怎么解决呢？这时，就需要企业高层管理者担纲，调动整个流程闭合环各环节的资源和力量，共同来解决这个问题。我们正是基于这种认识，在咨询界提出了"闭合环咨询法"（图1-1）。以经营流程和企业生命周期为导向，贯穿全部经营环节和企业整个发展史，形成辅导闭合环，以此发现和解决企业经营过程中的所有问题。对于问题型企业，这种方法可以让企业"脱胎换骨"；对于成长型企业，这种方法可以帮助企业"突飞猛进"；对于平台徘徊期企业，这种方法可以让企业"更上一层楼"。

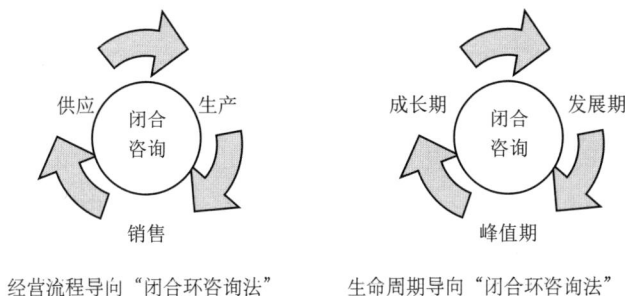

经营流程导向"闭合环咨询法"　　　生命周期导向"闭合环咨询法"

图1-1　闭合环咨询法

（3）为什么将企业经营流程闭合环作为节税工程的基石之一

从上面的分析，我们看到，企业任何一个经营环节出现的问题，都和其他环节有关。税收问题也是一样的。

我们在实践中遇到这么一个案例：

某大型企业财务部经理有一件十分苦恼的事情，每个月增值税进项发票都无法按计划取得，企业少抵扣了进项税，白白地多缴了增值税。这位财务经理所采取的措施是控制采购环节，凡是不提供增值税发票的，一律不付款。

这一措施一出台，就遇到很大的阻力：采购部门说不付钱材料拿不回来，生产部门说材料进不来产品就生产不出来，销售部门说没有产品我们当然完不成销售任务。这三个系统的负责人一齐向老板报告财务系统在"蛮干"，老板一气之下，把财务经理叫去狠狠地批评一通，要求废除不提供增值税发票就不付款的规定。

这个案例中的财务经理之所以失败，就是因为他没有从经营流程闭合环的角度去想办法和解决问题，而是采取了很多管理者都会采取的措施——简单地扼制自己的上流环节。事实上，这是一个财务和采购互动，同时取得生产、销售环节支持的事情。

在我们接受委托之后，我们对相关因素进行分析，召集了一次由各个系统负责人和具体执行人员参加的会议。在会议上，我们首先给他们算了一笔税收账，然后分解责任，让每一个系统认识到索取增值税发票不仅仅是财务部门的事情，也是大家的事情，是关系到企业整体利益的事情。在会上，生产和销售部门对财务的要求表示了理解和支持，表示如果是因为索取发票影响了生产进而影响销售，他们不向财务部门和采购部门追究责任。经过讨论，最后达成的解决方案如下：

第一，采购部门完善预算体系，为财务部门提供准确的资金需求计划；

第二，采购部门在签合同时，就签订有关索取发票的内容，财务部门合理安排资金确保按合同规定时限支付资金，采购部门在付款时索取增值税发票。

供应商出于税收方面的考虑，在没收到货款时，常常不开发票，以达到不确认销售收入的目的。如果支付了货款，就没有不开发票的理由了。一个看似采购部门的事情，最后还是得由采购部门和财务部门共同来解决。

企业中任何一个问题，都是牵一发而动全身的。系统性地解决节税问题，就离不开对整个流程闭合环的解剖和分析，这是我们把流程闭合环作为节税工程两大基石之一的原因。

三、节税工程的"三大手段"

节税工程的"三大手段"，涉及企业经营的多个方面，而且很多涉及战略层面的问题，比如治理结构涉及股权设置，地域布局涉及资源与市场整合，产业布局涉及投资者的投资倾向。这种高度，已经远远超出了财务和税收的范畴，实施节税工程的人员，不仅要眼界开阔，还要敢于大胆构想。

下面，我们逐一介绍这三大手段。

1. 科学地选择企业组织形式和控制方式

（1）企业组织形式

企业组织形式有多种划分标准，我们这里从涉税角度来进行形式的划分。在新所得税法出台之前，内资和外资是重要的划分标准，但新所得税法出台之后，内资企业和外资企业所得税税率保持一致了，因此我们不再考虑内资和外资问题。

1）按企业责任划分

从责任角度划分，我们可以将企业划分为个体工商户、个人独资公司、有限合伙企业、合伙企业和有限责任公司几种形式。

我们为什么这样划分呢？原因在于不同企业形式的税负是不一样的。

税法规定个体工商户的生产经营所得和个人对企事业单位的承包经营、承租经营所得，适用 5%～35% 的五级超额累进税率。个人独资企业投资者的投资所得，比照个体工商户的生产、经营所得征收个人所得税。合伙企业是指依照《合伙企业法》在中国境内设立的，由各合伙人订立合伙协议，共同出资、合伙经营、共享收益、共担风险，并对合伙企业债务承担无限连带责任的营利性组织。在合伙企业中合伙损益由合伙人依照合伙协议约定的比例分配和分担。对有限合伙企业和合伙企业已经停止征收企业所得税，各合伙人的投资所得，比照个体工商户的生产、经营所得征收个人所得税。由此看来，个体工商户、个人独资企业、合伙企业所得税税负是一样的。

有限责任公司的税负却明显区别于前三种企业。有限责任公司是由两个以上股东共同出资，每个股东以其认缴的出资额对公司承担有限责任，公司以其全部资产对其债务承担责任。作为投资者的个人股东以其出资额占企业实收资本的比例获取相应的股权收入。作为企业法人，企业的利润应缴纳企业所得税。当投资者从企业分得股利时，按股息、红利所得缴纳 20% 的个人所得税。这样，投资者取得的股利所得就承担了双重税负。

很显然，采取不同责任形式的税负是不一样的。节税工程在选择企业责任形式时，一定首先对税负进行测算。当然，在考虑税负的同时，还要考虑责任风险，有限责任公司承担有限责任，无限责任公司承担无限责任，从长远发展看当然选择有限责任公司形式更好，选择无限责任形式，通常只是企业发展初期的一种规划，或者是在企业生命周期其他阶段作为一种并存的企业形式。

除了上述主体，还有非营利机构（比如非营利医院、学校）、社会团体，它们的税收也是落差的。

2）按规模划分

我们按规模来划分企业，是基于税收的差异。企业所得税基本税率为税前利润的25%。但针对小微企业，国家出台了阶段性优惠政策。

根据《财政部 税务总局关于实施小微企业普惠性税收减免政策的通知》（财税〔2019〕13号）、《国家税务总局关于实施小型微利企业普惠性所得税减免政策有关问题的公告》（国家税务总局公告2019年第2号）规定：自2019年1月1日至2021年12月31日，对小型微利企业年应纳税所得额不超过100万元的部分，减按25%计入应纳税所得额，按20%的税率缴纳企业所得税；对年应纳税所得额超过100万元但不超过300万元的部分，减按50%计入应纳税所得额，按20%的税率缴纳企业所得税。

计算出来，小微企业的企业所得税税负率分别是5%和10%。

上述小型微利企业是指从事国家非限制和禁止行业，且同时符合年度应纳税所得额不超过300万元、从业人数不超过300人、资产总额不超过5000万元等三个条件的企业。

从业人数，包括与企业建立劳动关系的职工人数和企业接受的劳务派遣用工人数。所称从业人数和资产总额指标，应按企业全年的季度平均值确定。具体计算公式如下：

季度平均值＝（季初值＋季末值）÷2

全年季度平均值＝全年各季度平均值之和 ÷4

年度中间开业或者终止经营活动的，以其实际经营期作为一个纳税年度确定上述相关指标。

选择不同规模的企业形式，税负是不一样的。可能有读者要问：企业规模不是我们能够选择的啊。的确，企业小时，要"选择"大规模不可能，但企业大时，选择小规模却是可能的，比如将一个较大规模的企业从法律意义上拆分为几个"小型微利企业"总是可能的，比如连锁企业就很好分拆。

对于小型企业，还有一种纳税方式上的选择：核定征收和查账征收。核定征收就是税务部门给企业核定每月纳多少税，或者核定利润率，将核定利润作为计税基础。查账征收就是建立完善的财务账目，按实际营业收入和相应的税率计算缴纳税款。

在节税工程的方法体系中，有"俄罗斯套娃法"和"一母多子法"，就是采取了化整为零，让企业享受小微税收政策。"俄罗斯套娃法"是企业中包含小企业，比如一家五星级酒店，它里面的茶楼、餐饮、住宿、会议都是可以独立为法人企业的。"一母多子法"是一个大企业"带领"一群独立的小企业，一群独立的小企业享受小微税收政策。

3）一般纳税人和小规模纳税人

就增值税而言，我们要重点考虑一般纳税人和小规模纳税人两种形式的选择。因为税负存在差异。

财政部 税务总局 海关总署公告 2019 年第 39 号《关于深化增值税改革有关政策的公告》对增值税税率进行了调整：

一、增值税一般纳税人（以下称纳税人）发生增值税应税销售行为或者进口货物，原适用 16% 税率的，税率调整为 13%；原适用 10% 税率的，税率调整为 9%。

二、纳税人购进农产品，原适用 10% 扣除率的，扣除率调整为 9%。纳税人购进用于生产或者委托加工 13% 税率货物的农产品，按照 10% 的扣除率计算进项税额。

三、原适用 16% 税率且出口退税率为 16% 的出口货物劳务，出口退税率调整为 13%；原适用 10% 税率且出口退税率为 10% 的出口货物、跨境应税行为，出口退税率调整为 9%。

至此，增值税一般纳税的税率是 13%、9%、6%。而增值税小规模纳税人税率仍然为 3%。《财政部 税务总局关于实施小微企业普惠性税收减免政策的通知》（财税〔2019〕13 号）又对小规模纳税人进一步优惠："对月销售额 10 万元以下（含本数）的增值税小规模纳税人，免征增值税。"

很多人认为一般纳税人的税负比小规模纳税人税负低，其实并不尽然。如果一般纳税人企业的供应商大多是小规模纳税人，这个企业无法从上游企业取得增值税进项发票的话，那么它的增值税税负可能远远高于小规模纳税人。因此，选择哪一种形式，也是需要进行事前测算的。

4）多种形式的企业并存

节税工程是跨系统甚至跨企业的节税行为，当企业形式越多越复杂，节税工程实施的空间也就越大。因此，除非是创业初期资金非常有限，我们都建议投资者成立多个企业，不同企业采取不同的形式，从而形成税负落差，为税负转嫁创造条件。2009 年，《特别纳税调整实施办法》出台后，这种利用税负落差转嫁税负变得更为困难，稍不注意就可能与法规相抵触，但基本的思路还是可以继续运用。

我们可以形象地用两个杯子来表示不同形式企业之间的税负。如图 1-2 所示将两个不同的企业比作两个不同的杯子，假如从 A 杯里倒出水时，税务部门收取 25% 的税，而从 B 杯里倒出水时，税务部门收取 15% 的税，那么，我们主观上就会想一个符合税收法规的方法让 B 杯尽量多装水，让 A 杯尽量少装水。这里的水就代表产品，倒水代表产品销售，装水代表产能分配。产能分配不同于收入转移，收入转移是避税，是打击的对象，而产能分配是合法的，企业投资者有权安排各个企业产能的多少。产能分配，是公司法赋予企业主的经营自主权。

那么，如何分配产能呢？一种方法是 B 杯多投入生产场地和设施，另一种方法是 B 杯购材料委托 A 加工，产品加工好之后再通过 B 杯卖出去。

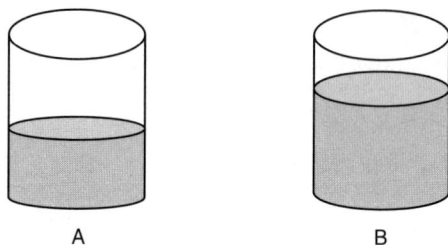

图 1-2　税负落差

（2）控制方式

我们这里说的控制方式，指的是股东以产权为纽带对自己所投资的企业采取什么样的控制方式，不是单个企业内部的控制方式。单个企业内部采取何种控制方式，只是管理手段不同而已，与节税工程关系并不密切。

我们在这里主要从两个方面去讨论控制方式，一是是否注册集团公司，二是控股还是不控股。

1）是否注册集团公司

成立集团公司的条件有四个：一是企业集团的母公司(核心企业)注册资本在 5000 万元人民币以上，并至少拥有 5 家子公司；二是母公司(核心企业)和其子公司的注册资本总和在 1 亿元人民币以上；三是企业集团的母公司(核心企业)应登记为有限责任公司或股份有限公司，全民所有制企业可以作为核心企业组建企业集团，但注册资金应在 1 亿元人民币以上；四是集团成员单位均具有法人资格。

在现实当中，有很多企业具备注册集团公司的条件，却没有注册集团，而是以"虚拟集团"的方式进行管理，财务部门站在一个从法律意义上并不存在的虚拟集团角度合并报表，并将报表报送给股东。

比如，有五个相互独立的企业，都是同一个老板投资的，条件符合注册集团公司，老板没有去注册一个集团公司，但他要求财务部每月向他提供五个公司的合并报表。于是，从财务角度，就必须有一个虚拟的集团公司，五个子公司向上合并报表，如图 1-3 所示。

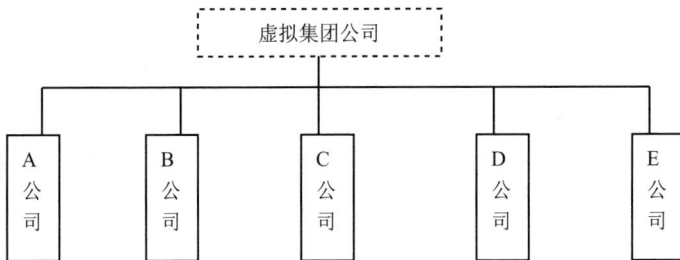

图 1-3　虚拟集团控制形式

同时，我们也注意到，现实中很多老板，为了显示自己有实力，以便更好地开拓市场、更好地做生意，明明不具备集团公司的条件，也号称集团公司。这个时候，财务常常也需要设一个虚拟集团，以此为核心合并报表。

是否注册集团公司，除了对企业的管理控制方式不同外，对税收也有很大的影响。

《中华人民共和国企业所得税法》规定，"居民企业在中国境内设立不具有法人资格的营业机构的，应当汇总计算并缴纳企业所得税"。事实上，很多集团公司结构为母子公司结构，母公司和子公司都是独立的法人，不能汇总缴纳所得税，成立集团公司的税收意义已经不大了。

此外，中华人民共和国国家税务总局国税发〔2009〕2号《特别纳税调整实施办法》第九条对企业关联交易也有明确的规定，这些规定甚至称得上"相当严格"，其中列举的八种关联类型基本上涵盖了所有可能存在的关联关系，传统的避税和纳税筹划在这方面基本上没有多少实施空间了。而且，当关联关系存在时，纳税人员的人力成本也会大大增加，《特别纳税调整实施办法》第十三条规定，"企业应根据所得税法实施条例第一百一十四条的规定，按纳税年度准备、保存、并按税务机关要求提供其关联交易的同期资料"，这些资料相当繁杂。在配合税务机关进行关联交易的纳税调整，以及配合反避税调查过程中，也将付出很高的人力成本。

鉴于此，我们认为，从节税工程角度考虑，在不影响经营的前提下，不注册集团公司，而以虚拟集团模式管理是较好的选择。

2）控股与不控股

股权控制是一种非常重要的控制方式。这是在企业诞生之前，应该考虑的节税行为。这里要考虑股东身份选择和股份比例选择，是以自然人股东出现，还是以法人股东出现，是控股还是不控股。

如果以法人股东身份出现，当股份达到一定比例时，就需要合并报表，按照权益法进行核算。这种关联关系一方面加大了经营风险，当一个企业出现大问题，另一个企业可能受到牵连，另一方面更容易引起税务监管部门的关注。而以自然人股东出现，一方面不需要合并报表，另一方面关联关系更为隐蔽。有的读者可能会说，这样做会影响企业长远发展，比如将来想运作上市怎么办？如果将来要运作上市，可以实施并购行为，以股权收购等方式将被投资企业"装入"事实上的母公司，并且是根据需要来"装"，可操作空间非常巨大，做业绩题材也丰富。

再看是否控股问题。

《国家税务总局关于完善关联申报和同期资料管理有关事项的公告》（国家税务总局公告 2016 年第 42 号）对关联关系的认定，主要就考虑了股份比例，具体如下：

二、企业与其他企业、组织或者个人具有下列关系之一的，构成本公告所称关联关系：

（一）一方直接或者间接持有另一方的股份总和达到 25% 以上；双方直接或者间接同为第三方所持有的股份达到 25% 以上。

如果一方通过中间方对另一方间接持有股份，只要其对中间方持股比例达到 25% 以上，则其对另一方的持股比例按照中间方对另一方的持股比例计算。

两个以上具有夫妻、直系血亲、兄弟姐妹以及其他抚养、赡养关系的自然人共同持股同一企业，在判定关联关系时持股比例合并计算。

（二）双方存在持股关系或者同为第三方持股，虽持股比例未达到本条第（一）项规定，但双方之间借贷资金总额占任一方实收资本比例达到50%以上，或者一方全部借贷资金总额的10%以上由另一方担保（与独立金融机构之间的借贷或者担保除外）。

借贷资金总额占实收资本比例＝年度加权平均借贷资金／年度加权平均实收资本，其中：

年度加权平均借贷资金＝国家税务总局公告2016年第42号关联申报同期资料 i 笔借入或者贷出资金账面金额 × i 笔借入或者贷出资金年度实际占用天数 /365

年度加权平均实收资本＝国家税务总局公告2016年第42号关联申报同期资料 i 笔实收资本账面金额 × i 笔实收资本年度实际占用天数 /365

（三）双方存在持股关系或者同为第三方持股，虽持股比例未达到本条第（一）项规定，但一方的生产经营活动必须由另一方提供专利权、非专利技术、商标权、著作权等特许权才能正常进行。

（四）双方存在持股关系或者同为第三方持股，虽持股比例未达到本条第（一）项规定，但一方的购买、销售、接受劳务、提供劳务等经营活动由另一方控制。

上述控制是指一方有权决定另一方的财务和经营政策，并能据以从另一方的经营活动中获取利益。

（五）一方半数以上董事或者半数以上高级管理人员（包括上市公司董事会秘书、经理、副经理、财务负责人和公司章程规定的其他人员）由另一方任命或者委派，或者同时担任另一方的董事或者高级管理人员；或者双方各自半数以上董事或者半数以上高级管理人员同为第三方任命或者委派。

（六）具有夫妻、直系血亲、兄弟姐妹以及其他抚养、赡养关系的两个自然人分别与双方具有本条第（一）至（五）项关系之一。

（七）双方在实质上具有其他共同利益。

除本条第（二）项规定外，上述关联关系年度内发生变化的，关联关系按照实际存续期间认定。

很多企业为了规避这个关联关系，从股份角度着手，设置了"影子股东"。

影子股东就是挂名股东，不是真正的股东。也就是说，有的企业表面上有几个股东，比如张三和李四，可事实上这个公司却是个人独资企业，张三或李四只是挂名，挂名的就是影子股东，不是真正意义上的股东。还有一种情形是，张三和李四都是挂名的，真正的股东根本没有出现在股东名册里（有些身份敏感的人员就是这样当股东的）。影子股东应当是真正的股东可以完全控制的人，否则可能产生产权纠纷甚至诉讼，虽然最终因为影子股东未持有出资证明文件而无法取得事实上的股权，但解决纠纷和诉讼都是很费时费力的事情。

当某企业事实上控股另一企业时，比如持股51%，避税人员便会建议企业持股24%，另外找两个影子股东持有另外的25%。影子股东的做法，是一种较为隐蔽的避税手段，属于反避税范畴，我们在此不提倡。我们的建议是：除非是经营所必需或产权保护需要，企业与企业之间尽可能不控股。

2. 在地域上或产业上合理布局生产资源和生产能力

在地域上合理布局生产资源和生产能力，主要是从经营需要来考虑的。比如，某企业产品行销全国，生产基地却位于广东珠海，其产品的运输半径相当长，运输成本相当高。这时，这家企业可能考虑在中原地带再设置一个生产基地，以缩短运输半径。这一行为就是合理布局生产资源和生产能力。

从税收角度考虑在地域上合理布局生产资源和生产能力，则是基于不同地方税收优惠不同，存在事实上的税负落差：

1)《企业所得税法》第二十九条规定："民族自治地方的自治机关对本民族自治地方的企业应缴纳的企业所得税中属于地方分享的部分，可以决定减征或者免征。自治州、自治县决定减征或者免征的，须报省、自治区、直辖市人民政府批准。"另外，西部大开发也有一些税收优惠政策。进入这些地区和不进入这些地区，税负不一样。有人会说，这些地方都是落后地方，谁去啊？当然有人去，即使不去的人，也可能为了节税而在那里办一个关联子公司。

2）某些地方政府为了招商引资，制定了相应的优惠政策，比如税收地方留成部分返还给企业（甚至流转税也返还，操作手法是用财政资金以"奖励"或"补贴"名义返还，税务这边全额照收，收支两条线，上级税务部门来检查都未必能够发现），进入该行政区域和不进入该行政区域，税负不一样。

3）某些区域为了"放水养鱼"，对进入本区的企业，大多实行核定征收，并且核定的额度相对偏低，进入该区域和不进入该区域，税负不一样。

4）某些地方为了吸纳税源，搞"总部基地"，生产经营其实都不在该区域，不过是设置了一个"总部"，甚至只是租了几间房子在那里。虽然只是一个形式，但好处却是很多，该区域对这些"总部"实行暗地里的税收返还和财政"奖励"。

除了《企业所得税法》第二十九条规定的地区优惠是堂而皇之

的优惠外，上述后三种情形常常是"曲线"优惠，税款从税收口进，从财政口出，表面看起来和税收丝毫不沾边，致使税务部门无法监管。地方政府怎样操作，是地方政府的事情，风险也在地方政府，作为企业一方，不妨充分利用这种地域税负落差。

当只有一个企业时，在不违背经营整体利益的前提下，尽可能选择事实税负低的地域投资建企业。不过，节税工程通常要求投资者在条件具备的情况下，多点布局，就是同时设置几个生产基地，根据税负落差安排产能，税负低的地方多产出，税负高的地方少产出，同时根据《特别纳税调整实施办法》的规定，运用节税工程"远离法规或靠近法规"的指导思想，实现成本和费用的合法转移。

在地域选择时，节税工程实施人员要有全局意识，就如同下象棋，整个中国甚至全世界就是你的棋盘，你的落子除了从经营角度考虑外，还要从税法角度考虑，以获取利益最大化。

在新税法之下，"区域优惠"已经转为"产业优惠为主，区域优惠为辅"。但在现实工作中，老板投资什么产业，其实是早已成定局，是不容易改变的，也不是财税人员提个建议就可以改变的。比如，老板熟悉房地产行业，你却让他投资文化产业，那不是葬送他的前途吗？所以，本书还是主要考虑"区域优惠"，充分利用这些节税空间，其次才考虑产业优惠。

产业布局的优惠政策依据是：

1)《企业所得税法》第二十五条："国家对重点扶持和鼓励发展的产业和项目，给予企业所得税优惠。"

2)《企业所得税法》第二十八条："国家需要重点扶持的高新技术企业，减按 15% 的税率征收企业所得税。"

3)《企业所得税法》第三十一条："创业投资企业从事国家需要重点扶持和鼓励的创业投资，可以按投资额的一定比例抵扣应纳税所得额。"

这里国家重点扶持和鼓励发展的产业、项目在《国家重点支持的高新技术领域》有详细的规定，读者可以通过网络查找。

3. 整合及再造企业经营流程

迈克尔·哈默是美国当代著名的管理学家，他提出的"企业再造（Business Transformation，BT）"理论和"业务流程重组（Business Process Reengineering，BPR）"理论风靡全世界。其中业务流程重组指的是以业务流程为改造对象和中心、以关心客户的需求和满意度为目标，对现有的业务流程进行根本的再思考和彻底的再设计，利用先进的制造技术、信息技术以及现代的管理手段，最大限度地实现技术上的功能集成和管理上的职能集成，以打破传统的职能型组织结构，建立全新的组织结构，从而实现企业经营在成本、质量、服务和速度等方面的巨大改善。

由于节税工程是一个"牵一发而动全身"的系统性工程，要有效地实施，必须对企业现有流程乃至与流程有关的人员、人员权利和责任进行梳理、改善和重新设计。因此，我们在这里套用业务流程重组的理论，当现有流程妨碍节税工程的实施，或者与节税工程的实施不相适应时，就需要对企业经营流程进行整合及再造。我们可以对节税工程中的业务流程重组做如下定义：

节税工程中的业务流程重组，指的是以节税为目的，对现有的业务流程进行根本的再思考和再设计，利用先进的管理手段，最大限度地实现资源的集成，以打破传统的职能组织分隔，化解节税阻力，从而实现综合税负最小化和综合利益最大化。

我们这里所说的流程重组，可能是单个企业内部流程的重组，也可能是多个企业整体流程的重组（常常伴随企业形式、组织结构和控制方式的变革），后者节税空间比前者大得多，前者常常是基于清除节税阻力，后者除了清除阻力外，常常可以直接产生节税额。

整合及再造企业经营流程，常常可以产生新的节税空间。

例如，某制造企业产品生产出来后，由销售部门发往各经销商。2008 年度收入总额为 1 亿元，业务招待费为 100 万元。按税法规定，该企业业务招待费超支额为：100 万元 –（1 亿元 ×0.5%）=50 万元。如果再造企业经营流程，该企业将销售部门剥离出去，设立一家具备独立法人资格的销售公司，制造企业将生产出来的产品销售给销售公司，总价为 9000 万元，销售公司再销售给经销商，总价为 1 亿元。在开支业务招待费时，制造公司和销售公司各承担一半，各开支 50 万元。如此一来，制造公司业务招待费超支额为：50 万元 –（9000 万元 ×0.5%）=5 万元，销售公司业务招待费超支额为：50 万元 –（1 亿元 ×0.5%）=0 万元。很显然，业务流程再造之后，纳税调整总额由原来 50 万元降低为 5 万元了，企业少缴了所得税为：45 万元 ×25%=11.25 万元。当然，流程再造要综合考虑多种税收成本和管理成本，不能仅仅为了一项业务招待费，就进行大的调整。

有的人可能会说，变革企业形式或组织结构，动作太大了，运作起来很困难。事实上，在很多时候，只不过是增加一张营业执照，再增加一套财务账务而已，原来的一切并没有多大变化。

在有的时候，虽然不会产生新的节税额，但迫于税务压力，也有必要对流程进行再造。这里有一个案例，某企业总部在四川省会成都，另有一个非独立法人的 A 生产基地在四川某地级市。A 生产基地生产出产品后，运往总部，再由总部统一发往全国各大经销商。A 生产基地不具备独立法人资格，税收可以合并到总部缴纳，但 A 生产基地所在地方税务局出于保护当地税源考虑，要核定 A 生产基地的产值，并要求缴纳增值税和所得税。经与税务协商，税务局要求 A 生产基地注册独立法人，并申报为一般纳税人。该企业按照税务局的意思办理了，业务流程却没有变，依然是产品运往总部，总部再卖出去。为了适应 A 基地地方税务局的要求，A 生产基地向总公司开出增值税发票，总部用以抵扣。由于没有新的增值额，总部再销售出去时，是平价出去，自然不会产生增值税，这样一来，总部所在地方税务局又有意见了：你这么大额度的进出，没有税收，怎么说得过去？迫于压力，总部改变了业务流程：依然是总部统一配货，但 A 生产基地的产品直接发往全国各地经销商。如此一来，A 生产基地所在税务局和总部所在税务局就都没有意见了。

4. 三大手段小结

上面我们讲述的节税工程的三大手段，并不表示每一个节税案都要用到这三个手段，有时可能用到一个，有时可能用两个，有时也可能三个都用。

当面对一个节税案时，我们可以问自己三个问题（我们称之为"节税三问"）：

（1）变通一下企业组织形式和控制方式，有节税空间吗？

（2）在地域布局上面下点工夫，有节税空间吗？

（3）变革一下业务流程，能否节税？

对这三个问题逐一思考，通常就能够找到突破口。这三个问题基本上涵盖了所有大手笔的节税点。

传统纳税筹划的很多方法，其实存在诸多前提条件，并不适合所有企业。比如，在一本纳税筹划书中提到一个案例，为了降低整体消费税，将一个生产白酒的上游企业和一个生产药酒的下游企业合并，理由是药酒消费税税率低。这的确是一个好方法，但不太具备普遍操作性。

四、节税工程"乾坤大挪移"

为了能够让没有财税基础的企业家们更容易学会节税工程，我在讲课过程中充分发挥自己作为作家的文学功底，总结了很多通俗易懂的"段子"。因此，我的课程总是十分通俗易懂。

比如——

我说："早上起来，第三组的五位同学一起到马路上跑步，跑着跑着，突然，姓王的这位同学不见了，怎么回事？"

有人说趴下了，有人说掉队了，甚至有人说被老鹰抓走了。

"我说的是突然不见了，突然！"

这时，有同学站起来："老师，他掉进下水道了！"

全班同学哄然大笑。

等同学们静下来，我让同学们记下一句话："人在地面跑，掉进下水道。"

我接着说："人可以跑步，税收也是可以跑步的。比如，第一组的同学把产品卖给了第二组的同学，第一组的同学不想交税，不给第二组开发票。第二组就不能抵扣税收，第一组同学没有交的税，转嫁到谁的身上了呢？"

"第二组。"同学们说。

"第二组的同学，你们愿意交税吗？"我问。

"不愿意！"

"那怎么办？"

"我们也不开发票。"第二组的同学说。

"是的。第二组的同学把产品卖给了第三组，第二组不给第三组开发票。这时，第二组没有交的税，转嫁给了谁呢？"

"第三组！"

"好啦！第一组把第二组给坑了，第二组把第三组给坑了。第三组的同学，你们坑谁呢？"我问。

第三组的同学一齐指向第四组。

"第四组的同学，你们该咋办呢？"我问。

第四组的同学说要不我们就再坑第五组吧。

我说："第四组同学说，第一组坑第二组，第二组坑第三组，第三组坑我们，但是——，我们不怕坑，因为——我、们、本、身、就、是、一、个、坑！"

大家又哄笑起来。

我等大家静下来后说："刚才我让大家写了一句话，叫'人在地面跑，掉进下水道'，现在大家再写一句话'税在地面跑，掉进下水道'。"

等同学们写完，我打出一个字"凼"，告诉他们："这个字读什么？它就是下水道！"

认识这个字的人真不多，它是四川方言，读 dàng。它很形象地表现出了"税收落差"。我一边解读这个字，一般在白板上画出一个简图，一边画一边说："水在地面流，流进下水道就不见了。税收也是这样的，通过业务关系即飞沙堰流呀流呀，最终流到可以少交税或免税的领域！"

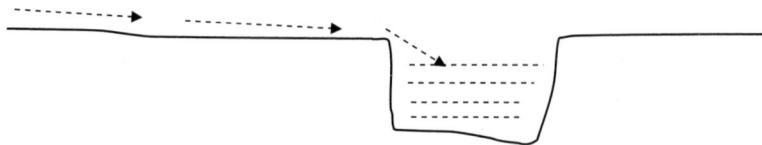

"下水道"这个形象的比喻，也揭示了节税工程的一个重大思想：乾坤大挪移。它就是下图中的四句话，背后包含 132 种节税方法。

十三、节税工程16字精髓（132种方法）

上下挪移（上20下43）
左右延展（左右31）
凹凸相抵（凹凸21）
大小互换（大小17）

成都汇财道企业管理咨询有限公司

上下挪移，指的是在产业链上下游找到税收落差，并消化税收。

左右延展，指的是在企业协作领域找到税收落差，并消化税收。

凹凸相抵，指的是高低税差的相互抵消。

大小互换，指的是大税种和小税种、大税目和小税目相互转换，从而节税。

在"财税顶层设计"课程中，我们会详细解读如何通过"乾坤大挪移"实现税负降低的各种措施。

第四章

节税工程基本技法、高端技法与辅助技法

一、节税工程基本技法

节税工程的基本技法，就是通过"内江""外江"之间的税收落差来节税。

比如，某规模化 A 企业有 100 万元利润，应该缴纳企业所得税 25 万元。传统逃税的做法，是虚开 100 万元的发票来冲抵成本，或者隐瞒 100 万元的收入。大家都知道，这两种方法行不通了。那怎么办呢？

可以把 A 企业视为"内江"，现在 A 企业需要一项研发服务，我们恰好又有一个小型微利的 B 企业可以承接这一业务，B 企业就是"外江"。于是，B 企业与 A 企业签订合同，这个合同就是"飞沙堰"，研发实施后，A 企业付给 B 企业 100 万元费用，B 企业给 A 企业开具 100 万元发票。于是，A 企业的 100 万元利润没有了，"利润"转移到了 B 企业就成了 B 企业的"收入"，而 B 企业是小微企业，所

得税实际只有 5%，只需缴纳 5 万元的企业所得税。政策依据:《财政部 税务总局关于实施小微企业普惠性税收减免政策的通知》(财税〔2019〕13 号)规定，自 2019 年 1 月 1 日至 2021 年 12 月 31 日，对小型微利企业年应纳税所得额不超过 100 万元的部分，减按 25% 计入应纳税所得额，按 20% 的税率缴纳企业所得税 (相当于按 5% 纳税);对年应纳税所得额超过 100 万元、但不超过 300 万元的部分，减按 50% 计入应纳税所得额，按 20% 的税率缴纳企业所得税 (相当于按 10% 纳税)。上述小型微利企业是指从事国家非限制和禁止行业，且同时符合年度应纳税所得额不超过 300 万元、从业人数不超过 300 人、资产总额不超过 5000 万元等三个条件的企业。

同样是 100 万元"利润"，放在内江缴税 25 万元，放在外江缴税 5 万元，节税 80%。

如果采用免税政策，外江还可能节税 100%。

二、高端技法

节税工程高端技法，指的是模式转换。如果结合商业模式来讲，有几十种模式。我们目前在课程中向学员介绍的主要是八大模式。

从"宝瓶口"角度来解读，我们提出五个模式;从都江堰整体来解读，我们又提出三个模式。

一是价格模式转换。将零售直销价格，转换为批发零售价格，零售环节化整为零从而节税。

二是将采购生产销售模式，转换为委托加工模式，将产能转换分流到"外江"，从而利用"外江"的税收落差节税。

三是将销售模式由直销模式，变为"总代—批发—零售"模式，在流通环节实现节税。

四是由传统销售改为代销模式。

五是由传统销售改为居间模式。

六是主业转换模式，将税收高的主业转换为税收低的主业。

七是平台模式，将销售行为转换为平台服务行为。

八是联营模式，各收各的钱，各纳各的税，彼此适用不同的税率。

三、辅助技术

我们在本书第一单元第二章对比节税工程和纳税筹划时曾经提到，节税工程的方法与纳税筹划的方法存在联系，纳税筹划所使用的基本方法与节税工程的辅助技法基本上是一致的，在这方面，我们没有必要刻意去标新立异。我们在使用三大手段找到突破口和节税点时，离不开这些辅助技法的运用。

归纳起来，节税工程的辅助技法主要包括三类（只有三类，没有纳税筹划方法那么繁多）：税基调节法、税率选择法、创造优惠法。

1. 税基调节法

所谓税基，就是计税的基础，或者说计税的基数，也称作计税依据。流转税的计税依据为销售额或营业额，所得税的计税依据为应纳税所得额，房产税的计税依据为房产账面原值或租金额。

税基调节法，就是纳税人利用市场经济中经济主体的自由定价权，以价格的上下浮动作为节税规划的操作空间，或者是利用对成本核算方法的选择权，从而达到少纳税或推迟纳税义务发生时间的目的。这一方法，也常常被称作"转让定价法"。

国税发〔2009〕2号《特别纳税调整实施办法》针对转让定价有诸多规定，节税操作难度相对要比该文件下发前大得多。为此，我们提出转让定价与转移产能相结合（后者更值得提倡）。

税基调节法，概括起来又包括下面三种形式。

（1）税基转移

税基转移，就是将计税基数从一个纳税人转移到另一个纳税人（即从"内江"转移到"外江"）。当然，前提是这两个纳税人属于同一利益团体，不然就肥水流到外人田了。此外，两个纳税人还得有税负落差，转移才有利可图。

这一方法是充分利用享受税收优惠的关联企业来实现，将增值或利润尽可能地在享受税收优惠政策或处于低税率地区（或产业）的企业实现（有时出于经营和经济目的，也可能反向操作）。比如福利企业和其关联企业之间的转移、高新技术企业与其法人股东之间的转移、母子公司之间的转移、国内外企业之间的转移等。

虽然包括《特别纳税调整实施办法》在内的相关法规对税基转移的限制越来越严格，但这种方法依然会一直存在下去，主要原因在于：纳税人定价自主权以及市场的复杂多样性使商品定价更加复杂，品牌产品、专利产品等不可比因素日益增加，衡量无形资产交易价格、特许权使用费等方面的尺度本身难以掌握。

（2）税基延迟

税基延迟就是让计税依据从眼前推迟到未来，从而让纳税义务延迟发生，企业获取货币时间价值并缓解目前资金压力。税收法规中有关于递延纳税的直接规定，此外，纳税人可利用对会计政策和税收政策的选择来达到调节税基期间分布的目的。

这种行为表面上并没有减少税额，早晚还是得缴纳相对应的税款。但是，对资金运用有一些了解的读者都知道，推迟纳税义务，原本用于纳税的资金用于经营，每周转一次，就获取一次资金额乘以纯利率的利润。

税基延迟，包括以下两种最常见的方式：

一是推迟收入确认。在收入确认时间上花工夫，是税基延迟的一种重要方式。我们在从事税务咨询和税务检查过程中，发现不少企业充分利用"分期收款发出商品"这个科目，同时在销售合同中约定具体的收款时间，这就是税基延迟的典型操作手法。

二是合理安排亏损弥补。合理安排亏损弥补，也是税基延迟的重要方式。比如，当企业处于免税期时，或者以前年度有巨额亏损未弥补时，纳税人常常选择将一些可调节的非主营业务收入（比如视同销售所得）计入当期；如果处于正常纳税，既无减免也无要弥补的亏损，纳税人则会选择将这些可调节的非主营业务收入计入以后年度。

此外，在有的企业重组过程中，也可能实现税基延迟甚至不纳税，比如甲企业想购买乙企业某宗土地，一旦购买，就涉及资产交易的增值税、土地增值税、所得税、契税等等。但如果两个企业实行重组合并，甲企业整体吸收合并乙企业，资产交易涉及的增值税、所得税、契税等不再缴纳，而土地增值税的缴纳时间也因此延迟。

（3）税基降低或控制

税基降低或控制是单个企业内部经常使用的节税方法，无论偷税、避税、纳税筹划还是节税工程都常常用到，所不同的是，纳税筹划和节税工程是采取的合法方式。税基降低就是使计税依据降低，税基控制就是通过各种交易文书和票据使计税依据控制在某一水平。

关于税基降低或控制的形式是多种多样的。增值税实际上是对销售增值额纳税，如果将增值税控制在较低水平，缴税就较少；所得税是按照利润额来纳税，如果加大成本费用，将利润降低，也就达到了降低所得税的目的。

例如，某制造企业每年广告费和业务招待费都超标，于是将销售部门独立出去，注册为一家独立的销售公司。广告费和业务招待费再也不超标了，但因为制造企业位于一个偏远山区，按 1% 缴城建税，而销售公司位于中心城市按 7% 缴纳城建税，很显然原来全部由制造企业交纳的城建税现在由销售公司缴纳一部分时，企业等于是增加了税负。

于是，企业跟销售公司签了一个经销合同，将销售公司的增值额限制得很低，大部分增值税还是制造企业缴纳，销售公司只缴纳小部分，城建税的税基是增值税，因为销售公司增值税转移到了制造企业，城建税相应地就少缴纳了。假设原来制造企业每件产品按 100 元的不含税价格销售给销售公司，销售公司按 150 元的不含税价格再卖出去，销售公司每件产品的增值税是：$150 \times 17\% - 100 \times 17\% = 8.5$ 元（当时贸易业增值税税率为 17%），相应的城建税是 $8.5 \times 7\% = 0.595$ 元。如果制造公司按 140 元的不含税价值将产品销售给销售公司，销售公司依然按 150 元的不含税价再卖出去，则销售公司每件产品的增值税为 $150 \times 17\% - 140 \times 17\% = 1.7$ 元，相应的城建税为 $1.7 \times 7\% = 0.119$ 元。制造企业将价格 100 元提高为 140 元，销售公司每件产品少缴的增值税 $8.5 - 1.7 = 6.8$ 元则由制造企业来缴，但制造企业是按 1% 缴纳城建税 $6.8 \times 1\% = 0.068$ 元，比起由销售公司缴纳 $6.8 \times 7\% = 0.476$ 元低了许多。

2. 税率选择法

税率选择法指的是通过规划，使应税行为所适用的税率由较高税率合法地转换为较低税率。主要包括四种情形：在累进税制下对较高级次边际税率的回避，通过税目间的转换改变适用税率，通过税种间的转换改变适用税率，利用税率优惠向低税率或零税率转换。

（1）降低边际税率

现行税制中有超额累进税率和超率累进税率两种，前者是个人所得税，后者是土地增值税。对于个人所得税，通常是通过控制超额的额度实现节税，对于土地增值税，通常是通过控制增值率进行税收筹划。

《土地增值税暂行条例》第七条规定："土地增值税实行四级超率累进税率：增值额超过扣除项目金额50%的部分，税率为30%；增值额超过扣除项目金额50%、未超过扣除项目金额100%的部分，税率为40%；增值额超过扣除项目金额100%、未超过扣除项目金额200%的部分，税率为50%；增值额超过扣除项目金额200%的部分，税率为60%。"很多房地产企业为了避税，常常在设法降低增值额，将增值额控制在扣除项目的50%范围之内。这些行为中，有的是合法的，但也有相当一些属于不合法的偷税行为。比如我们在税收检查中就发现，某房地产公司为了少缴土地增值税，与建筑公司勾结起来，虚开发票增加建安成本，双方再从少缴的土地增值税中间分成。

（2）税目转换

有时候，同一个税种有多个税目，而这些税目之间的适用税率是不一样的。这种税目之间税率的差异存在，为节税提供了空间。税目转换，通常是从高税率的税目转向低税率的税目。

比如，一个老板是拿高工资还是拿股东分红，就需要通过节税安排，因为工资是按超额累进税率计算个人所得税，而分红是固定的20%缴纳个人所得税。

消费税也存在这种情形，比如啤酒就分为甲类和乙类，甲类按250元/吨征收消费税，而乙类按220元/吨征收消费税。

（3）利用优惠政策选择税率

税收优惠如果是免征，就相当于零税率，如果减半征收，就相当于降低了一半的税率。利用优惠政策，也是税率选择的重要途径。关于这一点，我们在以下"创造优惠法"部分还将详细讲述。

3. 创造优惠法

享受税收优惠，有时条件是现成的，但有时并不具备条件，所以需要创造条件。创造优惠法，是"靠近法规"思想的体现，即通过变通使应税行为符合税收优惠的要求，从而达到节税的目的。归纳起来，税收优惠有三种形式：税基优惠、税率优惠和税额优惠。

（1）税基优惠创造

税基优惠创造，就是通过一定的合法手段，使计税依据绝对额降低，从而达到节税的目的。比如，企业通过研发费用加计扣除政策，将企业所得税税基降低。

（2）税率优惠创造

税率优惠指的是根据税收法规规定，允许企业选择较低的税率纳税。当企业刚好符合税率优惠当然是再好不过的事情。当条件不充分时，就需要创造条件。

企业所得税法规定，一般的企业按 25% 缴纳企业所得税，小型微利企业减按 20% 的税率征收企业所得税，国家需要重点扶持的高新技术企业，减按 15% 的税率征收企业所得税。这种落差式的税率，就为节税工程提供了空间，在不违背经营整体利益的前提下，可以创造条件，让企业 25% 的税率向 20% 税率或者 15% 税率转换。

（3）税额优惠创造

税额优惠最常见的是税收返还、税额抵减和抵免。某些地方政府为了招商引资实施的税收地方留成部分返还就属于该范畴。

第五章
方向一致，道路不同

　　节税工程因为是从企业战略高度出发，运用"两大基石"和"三大手段"实施节税，节税额相当可观，必然会受到众多企业的追捧。但节税工程一定要建立在合法基础之上，节税工程与偷税实际上只有一步之遥，如果采取非法的手段，就是做得过头了，陷入了偷税的泥潭。

　　我们在培训课上经常说一句话："节税工程和逃税是'方向一致，道路不同'。"指的就是，节税工程和逃税，都是为了降低企业税收负担，节税工程采取合法的路径，而逃税采取不合法的路径。实施节税工程，要防范陷入逃税的误区。

一、国际会计公司的前车之鉴

　　自避税诞生那一天，因为避税失败的大案就频繁发生，一次又一次警示企业和管理咨询界，不能以筹划之名，行偷税之实。

2003 年，美国国会税收联合会对外公布的安然公司税收调查显示，安然公司在德勤会计师事务所和银行的筹划下，少纳税款达 20 亿美元，其中 2000 年德勤公司提供的避税案就让安然公司少纳 4.14 亿美元的所得税。

2004 年，美国司法部介入对毕马威会计师事务所的调查，该事务所涉嫌出售非法避税案，在不到一年时间里，为客户避税达 10 多亿美元。同年，英国政府也对普华永道、安永、毕马威、德勤等世界四大会计师事务所发出警告，要求它们停止出售非法避税方案。

利用"避税天堂"避税，曾经是各大会计公司和企业乐意选择的行为，但这一行为的风险也是巨大的。比如，意大利牛奶巨头帕玛拉特破产，就祸起"避税天堂"避税（该公司在开曼群岛注册空壳公司专门用于避税）。在 2009 年 2 月初，美国总统奥巴马提名的候任卫生部长汤姆·达施勒，以及白宫首席绩效官的提名人南希·基利弗先后宣布，因欠税问题退出有关提名。在这之前，刚刚就任财政部长的蒂莫西·盖特纳也因欠税问题接受国会质询。"欠税门"让奥巴马遭遇政治危机，奥巴马计划推行一项法案，这项法案叫《禁止利用税收天堂避税法案》，这项法案将每年为美国政府带来最多高达 500 亿美元的额外税收，同时，这一法案的推行，还可能粉碎美国企业的 34 个"避税天堂"，包括中国香港和新加坡。

2006 年，在我国大连，也有一起避税失败案例。大连市国税局完成了对大连某机电公司的反避税调查，调增该企业应纳税收入 2.77 亿元，调增应纳税所得额 2.78 亿元，增补所得税近千万元。

2009 年 5 月又发生一件大案，据国外媒体报道，沃达丰在英国地区法院的一起避税案中败诉，这给公司带来了 22 亿英镑（约合 35 亿美元）的罚单。

2016 年以来，我国加强了跨境避税监管，"避税天堂"也纳入我国税务部门监控范围，很多"天堂"已经成了"地狱"。

上述这些事例，充分说明不仅偷税行不通，避税也越来越行不通了。同时，也提醒我们，纳税筹划和节税工程也必须建立在合法的基础之上。

二、节税工程的框架可能被偷税者利用

节税工程和偷税的动因是一样的，都是从降低企业税负出发（节税工程还有一个推迟纳税的目的），但两者采取的手段是截然不同的。节税工程是基于"远离法规或靠近法规"这一指导思想，通过合法的手段，使企业经营业务不受税法条款限制或者符合税收优惠的条件。偷税则从违背税收法规要求出发，用隐瞒收入、虚列成本、伪造证据等非法手段达到节税的目的。

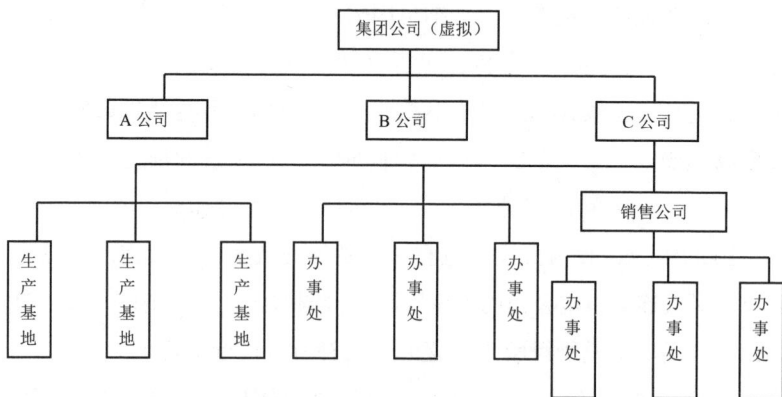

图1-4 某虚拟集团企业设置

图1-4选自我为某即将扩张的企业做的节税工程方案。其中集团

公司是虚拟的，仅用于合并报表之用，合并报表给投资人使用。其余公司（包括生产基地和办事处）全部注册为独立经济实体。基地中，一个基地注册为有限公司（25%所得税率），一个基地为高新技术企业（15%所得税率），一个设立在郊县小工业区注册为个体或者小企业（个体核定征收，小企业20%所得税率）。办事处注册为个体执照或者核定征收的有限公司。销售公司注册有限责任公司。

这幅图所反映的利益集团中，有税负落差，税负低的企业承担更多的产能，而税负高的企业承担较少的产能，这样，整个利益集团的税负就降低了。

同时，我建议他们根据需要，上一层企业暂时不对下一层企业控股，甚至不以股权作纽带，从股权上看不出上下层企业之间的关联关系。

但是，该企业在实施过程中，却规划得"过头"了：

第一，他们开设了两种银行账户，一种是对公账户，一种是个人存折。同时，他们做了两本账，他们把不需要开具发票的销售回款全部打到个人存折上，在一本账上反映；把需要开具发票的回款打到对公账户上，在另一本账上反映。对税负部门，他们只出示后一本账，也即隐瞒了不开发票的那部分收入。这显然属于偷税了。

第二，他们利用图中所构造的复杂的企业关系，转移定价，而不是按我要求的分配产能，通过关联交易让税负少的企业产生大量利润，而让税负高的企业亏损，达到少缴所得税的目的。

第三，他们利用生产基地分散，库房分散，税务管理人员盘点不方便的条件，虚拟成本，减少利润，进一步达到少缴企业所得税的目的。

从这个案例我们可以看出，节税工程所构建的基本框架，可能被偷税者利用，而且由于节税工程所构建的框架本身复杂且宏大，偷税者一旦利用便可获取较为隐蔽的偷税或避税手段。

为此，作为节税工程的设计者，不能仅仅停留于设计阶段，还要辅导和监督企业认真按照设计方案去实施，避免走入偷税的歧途，这也是对客户负责的表现。促使客户合法经营，是税务咨询专家的道德表现和基本义务。

三、节税工程的风险

节税工程的框架可能被偷税者利用，节税工程本身设计可能存在缺陷，节税工程设计人员主观上有协助企业偷税的意图，这三个方面，给节税工程带来了风险。虽然从目前来看，这些风险主要是纳税人在承担，但作为辅导纳税的节税工程实施人员，也可能承担连带责任。

1. 法规风险

节税工程是依赖于法规而生存的。当节税工程与法规相左时，风险就产生了。具体包括三类风险：

1）法规理解风险。有的税收法律法规层次较多，除了全国人大及其常委会制定的税收法律和国务院制定的税收法规外，还有很多由有关税收管理职能部门制定的税收行政规章。这些行政规章常常不够明晰。不同人对法规的理解常常是不一样的，不管你的理解多么有道理，都得以税务部门的正式解释为准。比如，某纳税筹划人员就是因为对法规把握不准，策划了一起代购业务，但由于代购资金不是支付给供应商，而是支付给了代购单位，发票却是接受供应商的，最后税务局判定该企业是接受第三方发票，发票不予认可，同时给予罚款。

2）法规调整风险。我国税法一直处于完善过程中，每年都会出台很多新的规定。当你的节税工程与新法规不一致时，节税工程可能失效甚至违法。比如在2008年之前，外资企业所得税率低于内资企业，在很多纳税筹划专家的指导下，个别老板便在国外注册公司，以假合资的形式取得合资企业身份，但随着新所得税法的实施，内资企业与外资企业所得税并轨，节税方案就失效了。在2008年以来，有个别"合资企业"急急忙忙想变为纯内资，就是因为节税利益已经丧失。

2. 经营风险

成功的节税工程，可以推动企业经营，并获取企业利益最大化。但失败的节税工程或者不完善的节税工程，效果却恰好相反。主要表现在：

1）节税工程设计方案严重脱离企业实际，比如对于一个刚刚成立，经济实力非常有限的企业多区域或多产业布局生产能力，就显然不切合实际。

2）节税工程与企业整体利益最大化相违背，所获得的税收利益不足以弥补开展该项工作所发生的成本和丧失的收益。

3）缺乏前瞻性，导致企业陷入困境。比如，有的企业根据节税工程的设计，主要依据出口退税来生存，当金融危机来临，出口受阻时，企业陷入困境。而且，据有关报道，我国未来可能取消出口退税政策，如果真的取消，对依赖出口退税的企业来说，必然是非常悲惨的结局。

4）节税工程实施人员理解错误，导致方案失败，甚至陷入偷税之中。

3. 监管风险

节税工程实施人员和税务监管人员对法规的理解有偏差，可能带来风险，因为节税方案的合法性，最终是税务部门来确认的。我国税法对某些具体的税收事项常留有一定的弹性空间，即在一定的范围内，税务机关拥有自由裁量权，加之税务行政执法人员的素质参差不齐，这就可能导致执法偏差。一旦合法的节税工程得不到税务部门的确认，不仅节不了税反而可能增加成本。

4. 信誉风险

这里的信誉，包括实施节税工程的企业的信誉和节税工程设计专家的信誉。这种打击对企业是相当沉重的，它将使该品牌受损，消费者不再接受该企业的产品或服务，进而市场萎缩，直到倒闭。这种打击对节税工程设计专家同样是沉重的，这个专家可能从此再也无法在咨询界立足，再也没有企业邀请他提供税收方面的服务了。

四、如何避免陷入偷税

每一个节税工程设计和实施人员，都要防范陷入偷税当中。从我们的经验来看，应该注意以下几个方面。

1. 树立守法意识

主观上不能有偷税的意识。节税工程设计人员和实施人员，都必须提高自己的守法意识。同时，不能过于贪婪，节税额总是有一个限度的，降低税负的同时要实现纳税零风险。在设计和实施节税工程时，要注意相关政策的综合运用，从多方位、多视角对所规划的项目的合法性、合理性和企业的综合效益进行充分论证，灵活运用各种节税工程技术和手段，掌握好税收规划的度，不能做过了头。

2. 加强法规学习

节税工程实施人员必须加强学习，准确把握税收政策。节税工程与税收政策保持一致，是节税工程的生命所在。节税人员必须对税收规定有全面的了解。有了这种全面了解，才能预测出不同的纳税方案，并进行比较，优化选择，进而做出对纳税人最有利的税收决策。同时，要随时关注法规的变动，充分考虑企业所处外部环境条件的变迁、未来经济环境的发展趋势、国家政策的变动、税法与税率的可能变动趋势、国家规定的非税收奖励等因素对企业经营活动的影响，综合衡量节税方案，处理好局部利益与整体利益、短期利益与长远利益的关系，为企业增加效益。

3. 从企业全局出发

树立全局意识，掌握全面的企业管理知识，使节税工程与企业整体目标定位保持一致。节税工程是管理行为，而不仅仅是财税行为，它的目标是企业利益最大化。节税工程必须围绕企业总体目标进行综合设计，最优的方案应该是整体利益最大的方案，而非税负最轻的方案。

4. 保持节税工程的灵活性

任何一个企业所处的经济环境都是千差万别、瞬息万变的，税收政策也在不断完善，节税工程所面临的主观和客观条件也是处于变化之中的。因此，节税工程必须根据企业具体的实际情况来设计，保持适当的灵活性，以便随着国家税制、税法、相关政策的改变及预期经济活动的变化随时调整项目投资，对节税方案进行重新审查和评估，调整方案内容，保证节税目标的最终实现。

5. 营造良好的环境

节税工程是战略层面的项目，营造良好环境的第一步，就是取得高层管理者的支持和重视，以及中层、基层管理者的理解和配合。其次，要完善内部核算基础工作，为节税工程的设计和实施提供准确的信息。

经常与税务部门保持密切交流也是营造良好环境的重要方面。密切的交流，一方面可以把握税务部门对政策的认识和倾向，另一方面，税务与企业关系融洽，在节税工程实施过程中也可以得到他们的帮助，在节税方案的最终认可方面，也可以减少阻力。

第二单元

节税工程实务操作

第一章

实施节税工程的基本步骤

在本书的第一单元中，我们对节税工程的理论体系进行了讲述。从本单元开始，我们将对节税工程的具体操作进行讲解。

我们站在税务服务机构（比如税务师事务所）或专家的角度，讲述一下实施节税工程的基本步骤。如果是企业内部人员实施节税工程，除了不存在"接受委托"步骤外，其余工作基本上是相同的。

我们将节税工程的实施分为六个基本步骤（我们称之为"六步法"）。如图 2-1 所示。

一、接受委托，深入调研

这是节税工程的第一步，也是非常关键的一步。这一步所掌握的信息越全面越深入，就越有利于后面工作的开展。同时，这一步也是把握风险的重要步骤。

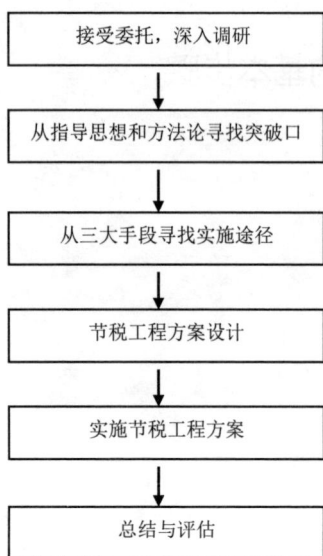

图2-1　节税工程实施步骤

接受委托是要签订服务协议的。我们建议先做初步调研，把握基本情况和风险之后，在确认实施节税工程风险较低，并且具有可操作性之后，再签订协议。如果风险明显偏高，甚至客户要求协助偷税，那就应该放弃这个客户。

1. 调研内容

调研的内容包括客户所处的行业及行业基本情况、客户产销规模、企业治理结构、组织结构、人员素质、发展历史、行业地位、核算情况、纳税意识和实际纳税情况。尤其需要详细调研的是企业处于生命周期的哪一个阶段，经营特点怎样，纳税特点怎样，经营流程是什么样的。

在把握基本情况之后，再准确把握客户的需求是什么，他们面临什么困难，他们希望达到什么样的目的，希望怎样达到这些目的，是否具备达到目的的合法条件，如果条件不具备，怎样去创造这些条件。

2. 调研方法

调研方法是灵活多样的，最主要的包括以下三种。

（1）资料收集

资料收集是最基本的方法，也是首先要实施的一种调研手段。在我们接受委托之时，可以列一个清单，提交给客户相关人员，请其准备清单上的资料。这些资料通常包括：公司内部财税方面的文件、财税方面的会议记录、投资计划、年度预算书、会计报表、财务分析书、纳税资料、资金状况等。如果客户能够提供，进一步请他们提供行业基本情况、行业税负情况、客户税负水平在行业中占什么位置，这些情况有利于进行行业对比。

（2）访谈

访谈就是面对面与客户相关人员交流。交流不是简单的问答，还包括引导。在很多时候，客户的需求是不明确的，他可能只知道要少缴税，但具体的意图他可能表达不出来，这个时候，访谈者就要加以引导，让他清楚自己的具体目的是什么。

访谈通常从高层管理者开始，包括投资人（老板）、高管，然后到中层部门负责人和基层具体工作人员。我们在这个过程中，除了了解我们需要的信息外，还要主动向客户相关人员介绍节税工程的理念、工作范围、工作目的、工作方法和工作步骤等，以便对方知道如何配合以及创造工作条件。

为了使访谈更为有序地进行，在访谈之前，应该准备一个访谈提纲，逐项列出需要了解的信息，并用问题方式表达出来。

在访谈过程中，要保持轻松活跃的气氛，一方面可以使双方心情愉快地交流，另一方面也更能激发双方的灵感——节税工程是一个创造性的工作，灵感有时是非常重要的。当灵感闪现时，就应该及时记录下来。

（3）现场观察

现场观察可以感性地认识一个企业，同时也可以找到一些生动的案例，避免闭门造车导致节税工程方案缺乏操作性。

现场观察包括了解企业经营流程、工作流程、生产经营景气状况、投入产出情况、生产场所布局、存货存放地点布局等。

二、从指导思想和方法论寻找突破口

1. 利用头脑风暴法

当我们调研结束之后，我们有必要组织一次讨论大会。会议采取头脑风暴模式，充分利用每一个人的智慧。

头脑风暴法(Brain Storming，简称 BS 法)是一种智力激励法。它是由美国创造学家 A．F．奥斯本于 1939 年首次提出来的，后经各国创造学研究者的实践和发展，如今已形成多种形式的头脑风暴法。

该方法是一组人员通过开会的方式，相互启发、集思广益，在一定时间内想出各种主意，并把与会人员对问题的意见收集起来去解决问题。通过会议的形式，所有参加者在愉快、畅所欲言的气氛中，自由交换想法或点子，并以此激发与会者的创意及灵感，以产出更多富有创意的构思。头脑风暴法会议要点包括：（1）召集专门的会议，与会人数在 5～10 人，会议由 1 人主持，设 1～2 名记录员，后者通常不是正式参加会议的人员。（2）会议时间以 1 个小时为限，一般在 30 分钟到 1 小时，时间长了容易疲劳。（3）会议地点应选择安静而不受外界干扰的场所。要求与会人员切断电话，谢绝会客。

（4）会议组织者要合理选择与会人员，保证其中最好有几个思路活跃、善于抛砖引玉的人。确定人选后，至少提前几天发出通知，并告诉他们会议议题，让其事先做好准备。

我们在节税工程的第二个步骤中，就需要召开这样的会议，可以命名为"节税工程突破口头脑风暴会议"。主持人在会议开始时简要说明会议目的：围绕节税工程的根本指导思想和方法论，找到尽可能多的节税突破口。

在会议过程中要注意创造一种让每一个人都能充分发言的气氛，必要时可点名让不说话的人发言；主持人原则上不要提出新设想，但可提诱导性的意见；鼓励大家从已经提出的设想中发掘他们的联想能力；当发言混乱时应简洁地加以梳理，并告诉记录员记下。记录员则应该注意记下提出的所有方案和设想，包括平庸、荒唐、古怪的设想，不要遗漏；当参会人员同时提出多种新设想，记录有困难时，可请主持人进行必要的归纳。

头脑风暴法要达到效果，必须使每个成员都毫无顾忌地发表自己的观念，既不怕别人的讥讽，也不怕别人的批评和指责，它是一个使每个人都能提出大量新观念、积极发挥创造性解决问题的最有效的方法。

2. 鱼骨图的运用

鱼骨图在寻找节税工程突破口中也经常被用到，而且是和头脑风暴法结合起来使用的。头脑风暴激发大家去思考，而鱼骨图除了记录思考的成果之外，也相当于一种思考指引图。

该工具的使用步骤如下：

第一步，确定一个讨论主题（在鱼骨图中，它即为结果）。比如，在节税工程方面，我们可以研究这么一个主题：客户哪些方面通过"远离法规"可以节税？

第二步，用头脑风暴法讨论造成问题的各种原因。可采用一般性分类：方法、机器（设备）、人（人力）、材料、测量和环境。

第三步，在挂纸或白板的正中写下问题，在问题周围画框，然后画一个水平的箭头指向它。在主箭头的旁边画上分支表示原因的分类。

第四步，用头脑风暴法找出所有可能的原因。有了答案后会议组织者就在对应的原因分支上记下来。如果有多重关系，子原因分别可以写在几个地方。

第五步，再对子原因问："为什么会这样？"再在子原因的分支下记下它的子原因。继续问："为什么？"以找出更深层次的原因。分支的层次表示原因的关系。

第六步，当找出所有原因后，集中讨论原因较少的部分。

3. 从根本指导思想和方法论寻找突破口

本书前面已经讲过，节税工程的根本指导思想是"远离法规或靠近法规"，方法论是"从大处着手，从小处完善"。根据这两点，我们就可以开四场头脑风暴会议，画出至少四个鱼骨图，它们的主题分别是远离法规、靠近法规、大处着手、小处完善。

我们以"远离法规"为主题做一个简要说明。针对这一主题，通过头脑风暴，让大家列举远离法规的环节和节点，然后画成鱼骨图。作为主持人，可以从企业生命周期、经营流程两个方面去提示，涉及经营流程时，又可以细化到采购、生产、销售、核算等环节。以经营流程为例，可以画出如图 2-2 所示的鱼骨图。

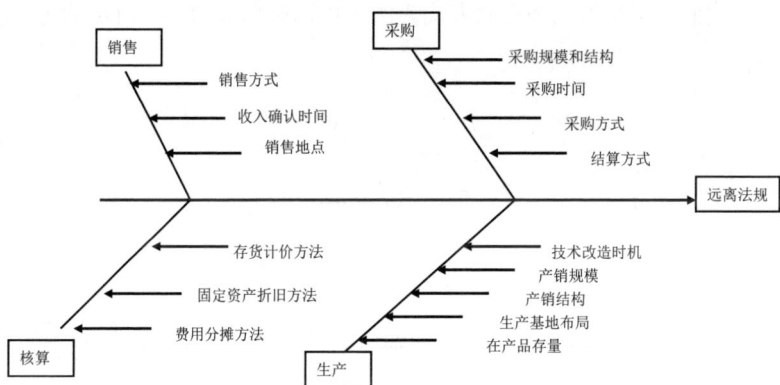

图 2-2 "远离法规"鱼骨图

在图 2-2 所示的鱼骨图中，税收法规都有涉及，我们找出这些方面，然后逐一对照法规，使我们的经济行为不受法规限制，就实现了"远离法规"。图中的每一根"小刺"所对应的项目，就是我们的突破口。由于鱼骨图并不能详细地描述，因此，每一个突破口都有必要单独讨论，在会议记录中列出更详细的内容。

三、从"三大手段"寻找实施途径

第一，变通一下企业组织形式和控制方式，有节税空间吗？

第二，在地域布局上或产业布局上面下点工夫，有节税空间吗？

第三，变革一下业务流程，能否节税？

这是我们的"节税三问"，也就是提问式的"三大手段"。寻找实施途径之时，依然可以召开头脑风暴会议，用鱼骨图来表示每一条途径。三大手段，就可以召开三个主题的头脑风暴会议。

我们以组织形式和控制方式为例，可以画出如图 2-3 所示的鱼骨图：

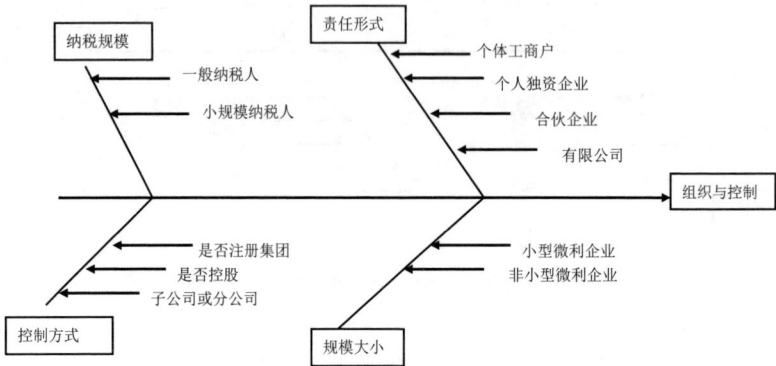

图 2-3 "组织和控制"鱼骨图

上面这个鱼骨图列出了与"组织和控制"有关的四类因素，我们在这些因素中决策，确定该选择什么样的组织形式和控制方式，如此一来，实施途径就清晰了。

四、节税工程方案设计

节税工程方案设计，是对前三个步骤工作成果的总结，也是交给客户的节税工程实施指南性文件。方案可以称作"节税建议书""节税方案""税收优化方案""节税工程报告书"等。

1. 基本原则
节税工程方案设计要遵循以下三个基本原则。

（1）合法性原则

我们接受委托，为企业实施节税工程，而不是帮助企业偷漏税。我们的方案要与会计准则、财务税收法规相符合。否则，客户面临税务风险，我们同样面临风险。正式方案在出台之前，经对照相关法规，逐一检查是否实现了"远离法规"或"靠近法规"。为了保证质量，在提交客户之前，应该实施多级审核。

由于法规一直处于完善和修订过程中，我们的方案还需要与最新的法规相吻合，以体现我们作为税务专家的专业水准。

（2）符合客户的实际情况原则

在税务咨询界，有相当一些所谓的税务师事务所或专家习惯性地偷懒，简简单单了解一下客户的情况之后，就将以前给别的企业做的方案拷贝过来，改头换面当作新方案交给客户。这类方案，要么与客户的实际情况相去甚远，要么就是放诸四海而皆准的框架性东西，无法具体实施。

节税工程是一项非常专业、非常细致的工作，必须一点一滴去钻研，并一环一环落实到客户的业务当中去，这样才是客户真正需要的方案。

（3）可操作原则

没有操作性或者操作性很差的方案是没有价值的。所谓可操作性，是指通过税务专家和企业管理层密切配合，共同努力，能够按照方案去做，并切实有效地实现节税目的。

可操作性通常受三个方面的影响：一是符合客户的实力，比如一个企业资金状况非常困难，你却叫他们多点布局大修生产基地，显然不现实；二是符合客户的主观愿望，比如一个企业的负责人倾向于占领市场，宁愿在高税负区选址建厂，你制定一个到偏僻地方建厂的方案，显然不可能被采纳；三是方案本身逻辑清晰、表达准确、通俗易懂。

2. 方案内容

一份完整的节税工程实施方案，应该包括以下内容。

（1）基本情况

这里的基本情况包括客户经营简介、目前所面临的涉税问题或困难、客户希望达到的目的、客户涉税方面存在的缺陷和制约因素、涉税风险等。这些内容就是剖析客户的现实状况，让客户看清自己是什么样子，有哪些问题和风险存在，以增强客户实施方案的决心。

（2）节税工程服务范围

服务范围是相当重要的，我们不能面面俱到把客户所有管理问题解决掉，也没有那个能力全部解决。我们要准确界定自己该做什么，让客户知道我们该做什么，从而让他们知道如何来配合我们。

（3）工作组织与方法

我们如何开展工作，我们将采取哪些工作方法，我们的工作进度是怎样的，这方面需要与客户深度沟通，并达成一致。这里的方法是广义的，包括节税工程的指导思想、方法论、两大基石和三大手段，当然也包括我们每一个步骤的具体方法，比如调研方法等。

（4）成果测算

我们给客户提供节税工程实施服务，我们将取得哪些成果，能够节税多少，客户需要投入多少资金。作为企业，客户方肯定会考虑投入产出比，效果越好，对方决心肯定越大。当然，我们不能胡乱预测，不能做出自己实现不了的成果估计。

除了可以量化的成果之外，还有非量化的成果。比如通过梳理，帮助客户理顺管理流程、完善治理结构和产权关系、提升队伍素质等。

（5）工作计划

这是一个详细的工作计划，我们的工作分哪些步骤，分哪些阶段，每一步骤和阶段需要做什么事情，将出哪些成果。这个计划也包括客户方的工作内容，两方的工作密切配合，才是完整的工作计划。

这里需要使用到一个重要的工具：甘特图。

甘特图（Gantt Charts）是 1917 年由甘特提出来的，它是一种非常常用的管理工具，经常用于计划和排序，是把活动与时间联系起来的最早尝试之一。

这一工具是基于作业排序的目的，帮助管理者描述对诸如工作中心、超时工作等资源的使用。当它用于负荷分析时，可以显示几个部门、机器或设备的运行和闲置情况。这表示了该系统的有关工作负荷状况，这样可使得管理人员了解何种调整是恰当的。此外，甘特图还可以用于检查工作完成进度，它表明哪件工作如期完成，哪件工作提前完成或延期完成。

甘特图的使用方法很简单，包括下列步骤：

第一步，把执行计划划分成可以完成的工作项目与活动。

第二步，评估每一项工作所需要的时间，并设定实际完成的日期。

第三步，把工作项目按实际步骤排列下来，以横向线段来表示工作项目的起讫时间，使各工作项目之间的时程关系可一目了然。

第四步，分别评估每一执行步骤，并找出可能阻碍完成整个既定工作的任何一个项目，将它列为重要的工作项目，以及找出它的任何关键性且必须在其他工作开始之前就完成的工作项目，以便首先安排完成它。

比如，我们节税工程实施总体计划，就可以用甘特图来表示，如图 2-4 所示：

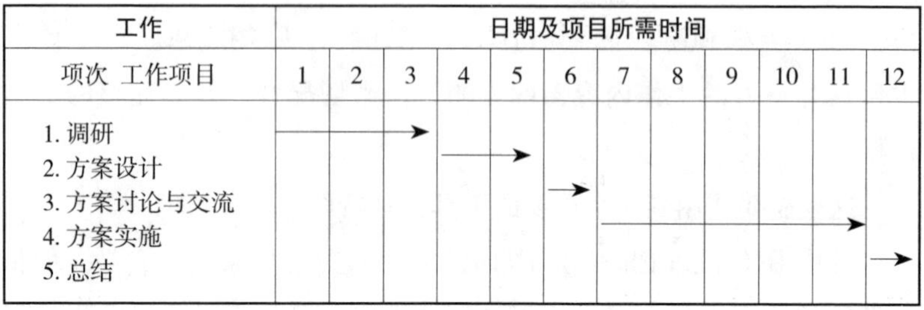

工作	日期及项目所需时间											
项次　工作项目	1	2	3	4	5	6	7	8	9	10	11	12
1. 调研 2. 方案设计 3. 方案讨论与交流 4. 方案实施 5. 总结			→		→		→					→

图 2-4　节税工程实施总体计划甘特图

（6）团队介绍

对工作组专家和成果的专业技能、工作经验、专业特长等进行介绍，让客户了解这些工作人员，以便更好地交流与沟通。

五、实施节税工程方案

实施节税工程方案之前，事先要成立项目组，包括节税工程提供方人员和客户方人员，明确双方人员的职责和权利，明确双方的工作方法、沟通机制，明确双方的奖惩机制。

实施包括培训和实践两方面的内容，这两方面内容是反复交叉进行的。培训的目的是让项目组双方对方案的理解达成一致，工作方法和步骤协调一致。实践就是对方案的每一个工作内容进行落实。

六、总结与评估

总结通常是一个节税项目的完成。但在实施过程中，需要有阶段性的总结，通过总结发现问题、积累经验，以便更好地完成下一阶段工作。

项目完成之后的总结，包括与客户双方共同举行的总结，还包括税务专家内部的总结，总结成败经验，积累素材和案例。

评估主要是对项目风险的评估。方案虽然实施下去了，但可能某些方面的节税潜力并没有挖掘到位，这是评估的重要内容。此外，风险评估也是重要的内容：这个项目有没有不符合法规的地方？税务部门能否认可？如果税法修改将会有什么影响？

第二章
基于企业生命周期的节税工程（一）：创业期节税工程

从本章开始，我们开始讲述基于企业生命不同阶段的节税工程，每一阶段中，同时也将涉及基于企业流程变革的节税工程。

企业生命周期四个阶段的划分，并没有严格的限制，而且不同规模的企业其划分也不一样。但为了便于本书叙述，我们在这里还是做一个简单的划分：

第一，创业期。我们将投资人打算注册公司，到企业业务初见起色，盈亏达到平衡或略有盈余这段时期定为创业期。这个时期的长短，有的企业在一年以内，有的企业超过一年。

第二，成长期。我们将企业从盈亏平衡或略有盈余开始，到在市场上站稳脚跟，具备较强实力，但尚未形成集团化管理这段时期定为成长期。

第三，扩张期。我们将企业具备较强实力，规模不断扩大形成集团化管理，进而市场和管理高度成熟，盈利能力达到顶峰这段时间确定为扩张期。

第四，战略转移期。我们将企业发展顶峰开始，到企业衰退直到消亡，或者衰退直到转移到新产业、新领域这一段时间定为战略转移期。

一、创业期企业经营特点和纳税特点

1. 经营特点

在创业初期，企业经营和管理，都可以用"简单"又"艰难"两个词来形容。简单体现在企业内部管理、组织结构和业务单一方面，艰难体现在企业市场开拓和求取发展上面。

（1）选择投资项目决定企业发展方向。选择投资项目，是投资者开始创业的第一步，这一步决定了企业未来的发展方向。在选择项目时，很多人凭着个人的经验或喜好来选择，往往忽略了税收方面的考虑。

（2）企业规模小，实力弱。成立企业很容易，通过工商、税务等部门审核，领取各类证照就标志着企业成立了。但企业成立了，并不等于就具备实力了，即使实收资本很大的企业，其成立也不代表着一定能够发展壮大。因此，这一时期的企业，无论实收资本大小，均表现得实力弱小，而且规模也相对较小。

（3）组织机构简单。创业期的企业，人员较少，专业化分工不明显，部门划分也不明显，甚至没有设置相关部门，一个老板带几个兵的情形非常普遍。这种管理效率很高，沟通畅通，管理成本较低。

（4）会计核算不健全，财务功能主要是"管钱"。在这一时期，会计业务量小，会计核算不健全，也受不到重视，相当多的企业只设出纳，会计请兼职人员。在很多投资者看来，财务在这一时期的功能就是管好钱。

（5）管理粗放。管理粗放，基本没有完善的管理制度，大量的规矩是以老板口头形式来发布。只有少部分制度，因经营管理需要，逐步形成书面文件。这一时期粗放的管理，成本较低，有利于创业期弱小企业的生存。

（6）人员结构单一，但凝集力强。这一时期，创业者（常常等同于投资者）是企业的主力，承担着企业发展的最大压力，也从事着最艰巨的工作任务。这一时期人员结构单一，除创业者外缺乏高素质人才，但凝集力强，基本不存在内部矛盾。

（7）市场开拓难度大。创业期的企业，开拓市场的难度非常大，一方面是经验缺乏，另一方面则是知名度缺乏。当然，资金缺乏也是重要原因。这一时期的企业，常常采取模仿或追随成功者的发展思路。

2. 纳税特点

创业期的企业，纳税业务较为简单，税务部门的关注度也相当低。

（1）税负低。无论是纳税绝对值还是税负率，都是很低的。有相当多创业期的中小企业，长期处于税款零申报状态。

（2）纳税意识极低。这一时期的经营者，几乎没有主动纳税依法纳税的意识，因为企业经营困难，资金缺乏，偷税是这一时期企业的普遍现象。这些企业无实力聘请税务专家，偷税手段通常很原始，隐瞒收入和多列成本，是最常用的手段。

（3）税收风险低。尽管创业期的偷税现象很严重，但这一时期的企业税收风险却不高。主要原因在于，这一时期的企业业务量不大，能够隐瞒的收入和能够偷漏的税款，绝对值不高，有相当一部分小企业即使全额偷税，相比于成长期或成熟期大企业的偷税额，还是微不足道的。

（4）节税空间小。创业期的企业，业务量小，不存在关联企业和关联交易，节税空间相当有限。但并不表明这一时期节税不重要。在这个生命周期阶段的企业，"大手笔"的巨额节税行为难以出现，但相对于企业本身的实力来说，节税的意义还是相当重大。比如，某企业所有流动资金只有 10 万元，如果通过节税工程节税 1 万元，对这企业来说，也是意义重大的，虽然 1 万元对节税专家来说太不起眼。

（5）税务部门关注度低。创业期的企业，对国家税收的贡献力度相当小，税务部门不可能在这样的企业耗费过多的资源，对这样的企业很少关注，除非出现很明显的异常情况，税务人员一般不会过问。

二、创业初期企业节税工程的突破口

寻找节税工程的突破口，除了把握企业经营特点和纳税特点外，还要熟悉创业期涉及最频繁的税收法规。

1. "靠近法规或远离法规"

创业期企业业务单一，涉及的税收法规也较少，主要有五个方面：

（1）地域选择方面的税收法规。《中华人民共和国企业所得税法》对所得税地域优惠作了规定："民族自治地方的自治机关对本民族自治地方的企业应缴纳的企业所得税中属于地方分享的部分，可以决定减征或者免征。自治州、自治县决定减征或者免征的，须报省、自治区、直辖市人民政府批准。"

《中华人民共和国城市维护建设税暂行条例》规定了不同地域的城建税："城市维护建设税税率如下：纳税人所在地在市区的，税率为7%；纳税人所在地在县城、镇的，税率为5%；纳税人所在地不在市区、县城或镇的，税率为1%。"

《中华人民共和国城镇土地使用税暂行条例》规定了不同地域的土地使用税税率："土地使用税每平方米年税额如下：（一）大城市1.5元至30元；（二）中等城市1.2元至24元；（三）小城市0.9元至18元；（四）县城、建制镇、工矿区0.6元至12元。"

"在哪里建公司"，常常是投资者创业之初要考虑的问题，在综合考虑各种市场因素的同时，对上述法规也要高度重视。因为税收是一项长期的成本，每年都要缴纳的，而且，节税就是增加纯利润。

（2）产业选择方面的税收法规。因为产业不同，税收不同，这方面的规定，主要体现在《中华人民共和国企业所得税法》当中。

该法第二十五条规定："国家对重点扶持和鼓励发展的产业和项目，给予企业所得税优惠。"第二十八条规定："国家需要重点扶持的高新技术企业，减按15%的税率征收企业所得税。"第三十一条规定："创业投资企业从事国家需要重点扶持和鼓励的创业投资，可以按投资额的一定比例抵扣应纳税所得额。"

"投资什么项目"，也是投资者创业之初要考虑的问题，如果能够一开始就在产业上获取税收优惠，对企业长远发展是极为有利的。

（3）适用税种方面的法规。创业之初，要明白自己应该缴什么税种，哪一种对自己的企业最有利。对某些商品，既涉及消费税又涉及增值税。

《中华人民共和国消费税暂行条例》第一条规定："在中华人民

共和国境内生产、委托加工和进口本条例规定的消费品的单位和个人，以及国务院确定的销售本条例规定的消费品的其他单位和个人，为消费税的纳税人，应当依照本条例缴纳消费税。"该法规还列出了具体的应税消费品。从所列消费品表格中可以看出，有些项目的消费税是相当高的，投资之前必须给予重视。

《中华人民共和国增值税暂行条例》第一条规定："在中华人民共和国境内销售货物或者提供加工、修理修配劳务以及进口货物的单位和个人，为增值税的纳税人，应当依照本条例缴纳增值税。"

（4）纳税义务发生时点的法规。了解这一时点，才可能实施延迟纳税的节税。

《中华人民共和国增值税暂行条例》规定："增值税纳税义务发生时间：（一）销售货物或者应税劳务，为收讫销售款项或者取得索取销售款项凭据的当天；先开具发票的，为开具发票的当天。（二）进口货物，为报关进口的当天。增值税扣缴义务发生时间为纳税人增值税纳税义务发生的当天。"

（5）税收优惠方面的规定。税收优惠的规定散见于各种法规当中，对创业期的企业，最重要的是所得税率的选择，无论经营哪类产业、无论在哪里设立企业，这一项税收都是必然存在的。

《中华人民共和国企业所得税法》第四章专门规定了所得税优惠政策，创业期的企业涉及第二十七条、第二十八条规定的情形比较普遍。第二十七条规定："企业的下列所得，可以免征、减征企业所得税：（一）从事农、林、牧、渔业项目的所得；（二）从事国家重点扶持的公共基础设施项目投资经营的所得；（三）从事符合条件的环境保护、节能节水项目的所得；（四）符合条件的技术转让所得；（五）本法第三条第三款规定的所得。"第二十八条规定："符合条件的小型微利企业，减按 20% 的税率征收企业所得税。国家需要重点扶持的高新技术企业，减按 15% 的税率征收企业所得税。"财税〔2019〕13 号《关于实施小微企业普惠性税收减免政策的通知》规定，小微企业再推优惠，利润在 100 万元以内，应纳税所得额减按 25% 计算，利润在 100 万元至 300 万元的部分，应纳税所得税额减按 50% 计。

在对上述法规充分了解的基础之上，靠近法规就是创造条件或完善各项手续，让企业向有利于自己的法规靠近，而远离法规就是创造条件或完善各项手续，让企业远离对自己不利的法规规定。

2. "从大处着手，从小处完善"

创业期企业规模不大，一般是单个企业，不存在集团公司和关联企业。因此，这里的"从大处着手"之"大"是相对的，只是单个企业内部的运作行为，常见的节税工程包括：

（1）注册企业时，选择企业形式，包括非公司与公司之间的选择、小型微利企业和非小型微利企业的选择。

（2）成立分支机构时，选择子公司还是分公司。

（3）确定投资方向时，是否选择国家扶持产业和项目。

（4）在成立企业，选择什么样的出资方式。

上述这些突破口，我们在本章下文"三大手段"的运用中，还将详细讲述。

此外，创业期的企业"从小处完善"，主要包括：核算的规范性，成本费用票据规范性，向税务部门申请优惠政策、完善各类合同文件以利于收入确认时点的延迟，等等。

三、"三大手段"的应用

如果从成立公司之前，就开始节税规划，对企业长远的税收利益的获取，将有很大的帮助。因此，我们主张投资者在设计投资方案时，就对未来的税收状况做一个充分的预测，并选择既有利企业经营又有利于节税的方案。

1."节税一问"：变换企业组织形式和控制方式，能否节税？

（1）企业组织形式的选择

在创业期，如果将企业组织形式选择这项工作放在公司成立之前，那么选择就是很方便的。这里包括个人独资企业、合伙企业、有限责任公司之间的选择。

如果抛开税负，就企业经营而言，应该这样选择：如果未来经营规模不大，并且上游供应商主要是个体工商户，下游客户主要是自然人消费者，那么选择个人独资或合伙企业比较好，诸如小型商店、小型餐饮企业和小型娱乐企业；如果未来经营规模较大，上游供应商多为有限公司，下游客户也以有限公司为主，那么，就应该选择有限责任公司形式，因为对下游常常需要频繁开具发票，同时要接受上游企业开具的发票，如果选择个人独资或合伙企业，在和一般纳税人做生意时，开票就是一个大问题。

（2）成立分支机构时，子公司和分公司的选择

在新企业所得税法之下，新办企业"几免几减"政策已经失效。在这种法规背景之下，选择子公司还是分公司，主要是考虑分支机构盈亏对总公司盈利是抵减还是增加。如果分支机构亏损，这部分亏损并入总公司，就可以抵减总公司利润，从而总公司少纳所得税，或者总公司亏损，分支机构盈利，盈亏也可以相抵；反之，分支机

构盈利，总公司也盈利，则合并在一起，起不到抵减利润的作用。

因此，如果经过预测，分支机构前期是亏损的，那么就尽量注册为分公司，在未来开始盈利，起不到盈亏抵减作用时，再转为子公司。

（3）小型微利企业和非小型微利企业的选择

这个选择，在服务行业，或商品零售行业，具有十分重要的意义。比如小超市、快餐店、服装店等，如果做成连锁，即使发展为跨国公司，都还可以向"小型微利企业"靠近。方法是每一个店都注册为独立的小公司，这样，整体税负可以大幅度下降。比如，某特色小吃连锁店年税前利润高达1亿元，如果注册为一个大公司，所得税为1亿元×25%=0.25亿元，即2500万元。但如果每个店靠近"小型微利企业"，年利润每个店在100万元以内，则所得税为1亿元×20%×25%=500万元，节税2000万元。

2."节税二问"：在地域和产业布局上下点工夫，能否节税？

（1）企业注册地点的选择

在成立企业时，有一个选址的过程，在综合考虑经营成本（管理成本、运输成本等）和经营环境的前提下，选择税负较低的地方成立公司。

（2）投资行业和项目的选择

如果投资者事前并没有确定一定要做某个产业或项目，只是拿着钱找投资方向，那么，在选择产业和项目上就有较大的自由度。高新技术企业减按15%征收企业所得税，比普通的所得税税率25%低10%。这是相当可观的差异。具体的产业可以在《国家重点支持的高新技术领域》目录中去查找。另外，还有必要研究一下《中西部地区外商投资优势产业目录》。

（3）成立公司时，出资方式的选择

关于这一点，很多投资者都忽略了税收问题。以实物出资，在税收考虑上，不如以现金出资。因为以实物出资，实物的进项税额则无法抵扣。如果以现金出资，企业成立之后，再购买实物资产，则可以享受增值税进项抵扣。

比如，某投资者成立公司时，出资额中有 1000 万元为钢材。如果这一批钢材是公司成立之后采购的，则可以抵扣进项税额 1000 万元 × 13%=130 万元。

3. "节税三问"：变革一下业务流程，能否节税？

通过变更业务流程来实施节税工程，这一手段在创业期优势不明显，因为创业期企业流程本身就很单一。

在这一时期，应该重点关注下面三点。

（1）采购环节围绕进项发票取得变更流程

进项发票的取得和取得多少，是降低增值税税负的关键所在。

如果取得的进项发票量不足，一种可能因为供应商不是一般纳税人，另一种可能是采购部门不尽职。后者比较好改善，对采购部门实施考核就可以了。如果是前一种原因，又要具体分析：是不是因为我们采购量太小，一般纳税人不愿意合作？是不是因为我们在供应商选择上出了问题？如果是供应商选择出了问题，就重新选择；如果是采购量太小，则可以实施"采购外包"，即把采购业务委托给一家有实力的公司（这样的公司是很多的），由其代购，并向其索取全额增值税专用发票。

在现实当中，很多企业之所以没有采取外包形式，是因为它们面临税负高的困难时选择了偷税方式。

（2）制造环节围绕加工方式变更流程

这里指的加工方式是自行加工和委托别人代加工。

在很多时候，自行加工获取的综合利益（品质、交货期、资金利息、税收等），并不一定比委托加工高。耐克公司没有工厂，其产品全部是贴牌厂负责生产，但该公司仍然是全世界运动用品行业的重量级企业。

我们要进行测算，如果自行加工，产生大量不能抵扣进项税额的成本项目时，我们就可以考虑让别人代加工，让加工厂自行购料，按我们的要求生产，然后卖给我们，并向我们开具全额增值税发票，这样，我们就可以全额抵扣进项税了。

在委托加工中，需要注意的是：从节税角度考虑，材料不能由我们提供，而应该由加工厂自行购买，加工厂资金有困难时我们甚至可以借款给他们。因为如果我们提供材料给加工厂，性质就变了，税务局可能认定我们是卖材料给加工厂，再向加工厂买半成品或成品，这是一卖一买两个业务，其中卖材料是要交增值税的，同时涉及所得税。

（3）销售环节围绕销售收入来变革流程

延迟销售收入确认时点，混合销售收入分离等节税行为，都是在销售环节上下工夫。

第三章

基于企业生命周期的节税工程（二）：成长期节税工程

一、成长期企业经营特点和纳税特点

1. 经营特点

成长期的企业，通常都已经挺过了创业初期的困境，进入了较快或快速上升通道。这一时期的经营有以下特点：

（1）组织结构功能化。原来较为简单的组织结构开始变得复杂，部门迅速增加，人员迅速增加，开始出现较为明确的权利和责任划分，各部门开始履行其职能。

（2）会计核算走向规范。会计制度开始建立起来，核算由简单到复杂，由不规范走向规范，财务部门与采购部门、物资管理部门等分离，开始形成相互制约的关系；投资者开始关注整体资产的质量，并逐渐有了资本和资本管理的意识；预算制度得到建立并重视，资金融集和使用呈有序状态。

（3）激励机制开始建立。对人的管理，开始由粗放的人事管理迈向人力资源管理，人力资本意识得到确立，激励机制建立起来并逐步完善，管理文化逐步成型。

（4）管理标准化，管理精细化，管理成本增加。职业经理人在这一时期开始进入企业，并且出现频繁换人的情形。职业经理人带进先进的管理理念和管理方法，企业管理趋于标准化、精细化，同时，管理成本也迅速上升。

（5）内部矛盾开始显现。在这一时期，由于企业内部阶层分化，矛盾开始显现，各种利益团体开始形成并对抗。创业元老与新进职业经理人之间的矛盾、职业经理人与职业经理人之间的矛盾、不同级别职业经理人之间的矛盾等，都在这一时期出现。

2. 纳税特点

（1）税负及税收绝对额迅速增加。随着企业规模不断扩大，原来可能是核定征收，现在改为查账征收了，原来可能是小规模纳税人，现在改为一般纳税人了。这一期间，企业税负，以及纳税绝对额都显著增加，并开始受到当地税务部门的关注。

（2）合法纳税意识淡薄。企业在成长，投资者的守法意识却可能没有成长，合法纳税意识淡薄，依然存在少缴税甚至偷税的主观意识。税务部门和企业之间展开了博弈，企业寻求政治保护伞的意识很强烈，投资者常常寄希望于政界官员的保护而不愿意实施节税工程。财务人员在这一时期强烈意识到合法纳税的重要性，但投资者心存侥幸，很难听进财务人员的意见。

（3）税收风险加剧。企业规模迅速扩张，营业额迅速上升，但由于投资者纳税意识淡薄，企业税收不按实缴纳的情形在这一时期较突出，企业税收风险加剧，财务人员的风险也迅速增加。

二、成长期企业节税工程的突破口

在我们对成长期企业经营特点和纳税特点有了一个基本的认识之后，便可以寻找到节税工程的突破口了。

1. "靠近法规或远离法规"

在企业的成长期，各项经营业务均已经开展起来，税收法规所规定的各种情形基本上都会涉及。这些情形归纳起来，涉及所得税和流转税两个方面。

所得税方面的规定主要包括：

（1）关于收入确认时间规定，包括视同销售、资产置换等规定。

（2）关于收入确认额度的规定。

（3）关于成本结转的规定。

（4）关于支出票据规范性的规定。

（5）关于纳税调整的规定。

（6）关于适用税率及优惠方面的规定。

（7）代扣代缴方面的规定。

（8）征收管理方面的规定。

流转税与所得税是无法分离的，除了涉及上述所得税规定的（1）（2）（4）（6）（8）几种规定外，还包括：

（1）适用税种的规定，包括混合业务及兼营业务的处理规定。

（2）出口退税方面的规定。

（3）进项转出方面的规定。

当我们明白了有哪些法规，就可以实现"靠近法规或远离法规"了。通常来说，企业希望降低税负或者说推迟纳税义务发生。当一项业务发生时，我们需要对照法规，一个字一个字分析法规的含义，然后创造条件让业务符合法规的要求或者远离法规的限制，一旦这些条件创造出来，突破口就找到了。

从这一角度能够找到的突破口主要有：

（1）创造条件（远离法规），推迟收入的确认，以推迟纳税（流转税、所得税）义务的发生。

（2）创造条件（远离法规），减少应税所得额，从而降低应纳所得税。

（3）创造条件（远离法规），减少增值额，从而降低增值税和所得税。

（4）利用税收优惠政策（靠近法规），实现税额减免。

（5）规范票据（靠近法规），规避应税所得额调增，减少所得税，或者取得进项发票，实现增值税进项抵扣。

（6）针对特别纳税调整法规，远离或靠近法规的规定，避免纳税调增。

2. "从大处着手，从小处完善"

在落实大处着手之前，我们要分析一下企业的现实状况，了解一下企业有没有关联企业，尤其是有没有适用不同税率的关联企业。如果有，就从企业之间来寻找税负落差，如果没有关联企业，就从税种之间来寻找税负落差。分子公司的转换，也是大处着手的突破口之一。

（1）在企业之间寻找税负落差

当我们存在多个关联企业时，这些企业有的按 25% 缴纳企业所得税，有的按 20% 缴纳企业所得税，有的按 15% 缴纳企业所得税。我们可以通过定价转让或者产能调节，达到节税的目的。

有这样一个案例：某制造企业有两个生产基地，A 基地规模较大，是一般纳税人，按 25% 纳企业所得税；B 基地是在高新技术开发区，按 15% 纳企业所得税，两个基地均为独立法人。在我们介入之前，这两个基地都是做完全部工序，并且由于 A 基地技术力量雄厚，产值远远大于 B 基地。在我们的策划下，我们建议 A 基地做前三个增值额很低的基础工序，半成品出来之后卖给 B 基地，B 基地做后五个增值额很高的工序，这样一来，大部分利润合理合法地从 A 基地转入 B 基地，原来纳 25% 的所得税的利润，后来按 15% 缴纳了，节省了 10 个百分点——这个节约额已经高出企业纯利了，该公司纯利为 8%，实施节税工程之后，两个基地平均纯利高达 16%。

除了所得税，增值税也有落差，比如一般纳税人为 13% 的适用税率，而小规模纳税人适用 3% 的征收率。我们如果通过测算，发现一般纳税人增值税负低于 3%，那么关联企业小规模纳税人显然就没有税收优势了，反之亦然。

（2）分子公司的转换

一个经济实体，在分公司和子公司之间转换是一件比较麻烦的事情，通过这种手段来节税也不常见。受地方政府的要求和限制，在某地设立分公司而不设子公司，常常也有一些阻力。但这种手段节税额常常较高。

根据企业所得税法的规定，分公司不具备独立法人资格，不能作为独立的法人主体纳税。而子公司是独立的法人主体，应该独立纳税。这一差别，常常被用在亏损弥补方面来节税。如果我们投资一个经济实体，可以预见前几年肯定是亏损的，我们最好的选择是办成分公司，分公司的亏损可以合并到母公司利润表中，从而降低母公司应纳税所得额。另一种情形，那就是母公司亏损，分公司盈利，合并报表之后，也起到同样的节税效果。

三、投资者和管理层的纳税意识转型

成长期的企业，投资者和管理层合法纳税意识较为淡薄。这首先是认识问题，创业初期，纳税很少，或者说稍稍实施一点偷税行为，就可以达到少缴或不缴税的目的，如今企业成长了，投资者和经营者还停留在原来的认识水平上，那就是缴一点点税才是合理的。其次，有侥幸心理，认为偷点税没什么大不了的，很多企业都在偷税，却没见多少企业在税收上出大问题。再者，认为自己政府关系好，出了税收问题可以轻易摆平。

一个企业要长久经营下去，要做百年老店，合法纳税是起码的要求。在一个企业当中，财务人员是最了解税收法规的，是最清楚合法纳税的重要性的。引导投资者和经营者走上依法纳税的路子，是财务人员的重要责任。那种老板要求偷税就偷税的财务人员，表面上看是忠诚于老板，听老板的话，其实这种人是最不忠诚的，眼看着老板滑向偷税的深渊却不提醒。

作为财务人员，应该引导投资者和经营者树立以下意识：

1）纳税是必需的，也是正常的。自从有了国家机器，就有了税收，国家机器要运转，要履行其职责和实现其职能，就需要经费。世界上有两件事情不可避免，一是死亡，二是纳税。投资者和经营者要有这么一种意识，你所挣的钱中间，原本就包括应该给国家的那部分，因为国家为你的经营提供了市场环境、秩序和必要的保护等等。

2）合法纳税符合企业长远利益。偷税虽然在眼前是减少了纳税额，但偷税始终会留下问题，这些问题并不会随时间的消亡而消亡，当某一天面临严厉稽查，旧账新账一齐算，对企业来说将是非常沉重的打击。有些企业因为偷税遭受的罚款和滞纳金甚至远远超过偷税额。而且，一旦在偷税中尝到甜头，经营者会如同吸毒一样"上瘾"，偷税的欲望越来越强，额度越来越大，最终使企业走上一条违法乱纪的不归路。

3）不用偷税也可以降低税负。作为财务人员，应该让经营者知道，不需要偷税，也可以实现低税负。实施节税工程，所节省的税额，常常并不比偷税的额度小，甚至比偷税的额度大得多。当有一种安全的节税手段时，相信经营者再也不会去铤而走险了。只是，很多经营者并不知道节税工程的节税效果。

4）不考虑节税工程的经营行为，无法实现价值最大化。税收，是对企业价值的一种抵减，纳税越多，属于企业和股东的权益就越少。实现企业价值最大化，一定要考虑税收成本。参与企业利益分配的，除了股东、员工、债权人（通过利息参与分配）之外，国家也是一个重要的参与分配的角色。一个企业赚了很多钱，但如果不懂得节税工程，最后分到股东手中的，就会比预料的少得多。很多老板抱怨："我辛辛苦苦工作，企业缴了税，分红时还得缴个人所得税，到头来还比不上一个打工仔。"缴税没有错，企业应该缴所得税，个人分红应该缴个人所得税，关键在于可以通过节税工程少缴却主动放弃了。

四、"三大手段"的运用

1. "节税一问"：变换企业组织形式和控制方式，能否节税？

处于发展期的企业，通常规模属于中小企业，经济实体通常也只有一个。这一阶段最常见的两种变换是：小规模纳税人向一般纳税人转变和将企业分离一部分出去。

（1）小规模纳税人向一般纳税人转换

小规模纳税人向一般纳税人转变之后，对经营上的推动是明显的，一方面可以更容易与大企业做生意，因为很多大企业采购都要求增值税专用发票，另一方面可以促进企业管理规范化、核算规范化。

小规模纳税人向一般纳税人转换，却不一定可以节税，有时反而纳税更多。比如核定征收的小规模纳税人企业，常常纳税较少，转换为一般纳税人之后，实行查账征收，税负明显加重。另外一种常见的情形是，转换为一般纳税人之后，采购环节的进项发票常常无法取得，进项抵扣很少，造成税负偏高。

但随着企业规模增大，转换为一般纳税人是必然的事情，你不主动申报，税务局都会要求你申报。一般纳税人有一个很头痛的事情，就是人力成本不能实现进项抵扣，尤其是劳动密集型企业，人力成本占产品成本比重较大，而人力成本是无法实现进项抵扣的。

当企业必须转换为一般纳税人时，怎么办呢？这就要结合我们下面马上要讲述的"将企业分离一部分出去"了。

（2）将企业分离一部分出去

企业规模不断发展壮大，必须转换为一般纳税人，而通过测试，由于人力成本占比重较大，以及采购环节小规模纳税人供应商较多等，转换之后，税负明显升高。这时，就需要实施企业分离了。

所谓企业分离，就是将企业化整为零，将能够取得较多进项发票，以及人力成本相对占比例较低的业务留在主体企业里，将主体企业转换为一般纳税人；而将难以取得进项发票，以及人力成本占比例较高的业务分离出去，另外注册一个小规模纳税人企业。

这个分离出去的小规模纳税人企业小到什么程度，一要向企业所得税法靠近，二要向增值税法规远离。这样的"小规模纳税人"注册多少个，可以根据需要而定。在有的时候，分离出去的企业也可以注册为独资企业或者个体工商户。

我们在培训过程中，称"分离"为"切西瓜"。就是把你企业的某些功能"切分出去"，让它独立。

（3）控制形式

这一时期的企业，通常不具备注册为集团的条件，也没必要注册为集团。在控股与不控股的选择上，我们也建议主体企业不对分离出去的企业控股，以降低关联关系，避免税务部门过分关注。

在内部核算和管理上面，可以实行虚拟集团管理，主体企业和分离出去的企业实行报表合并，以供投资者使用。但对外，各个企业均为独立法人，均独立报表。

（4）案例分析

我们已经服务达 11 年之久的某皮鞋制造企业 2008 年还是小规模纳税人。由于规模已经远远超出了"小规模"，税务局要求申办为一般纳税人，并于 2009 年 1 月 1 日取得一般纳税人资格。

2009 年 1 至 6 月营业额达到 5000 万元（不含税）。如果维持小规模纳税人，1 至 6 月就应该缴纳增值税 5000 万元 × 3%=150 万元。现一般纳税人资格已经认定，显然不能按 3% 征收率纳增值税了。但由于供应商中大量存在个体户，1 至 6 月只取得 2000 万元的进项发票，并且这家企业是典型的劳动密集型企业。1 至 6 月实际缴纳增值税额 5000 万元 × 17%-2000 万元 × 17%=510 万元。相比于小规模纳税人身份来说，增值税同比上升了 360 万元！ 2009 年制造业增值税税率还是 17%。

为此，这家企业的负责人 2009 年 8 月找到税收专家，要求帮忙节税。税收专家就实施了分离手术。

在主体企业之外，同时注册了 5 个小企业，其中 4 个小规模纳税人，1个核定征收的个体户。4个小规模纳税人按3%征收率缴纳增值税，按20%的企业所得税税率缴纳企业所得税。个体户按核定征收，当地税务部门核定每月流转税额2000元。

这5个"小企业"分别做什么呢？其中1个小规模纳税人为主体企业做代加工，负责劳动最密集的环节加工，向主体企业收取代加工费。另3个小规模纳税人独立生产皮鞋，完成全部工序并直接向市场发货，不能提供进项发票的供应商，大部分给这3家企业供货。还有一个个体户也是独立生产皮鞋并直接向市场发货，完成全部工序，其供应商也主要是不能提供增值税发票的企业。

再看产能的分配。主体企业完成总产能的50%，规模和其能够取得的进项发票相配比。其余4个小规模纳税人企业承担了45%的产能，个体户那个企业承担5%的产值。

假设上述工作实现后的6个月里，这家企业的销售额还是5000万元（不含税），进项票还是2000万元，那么，总体纳增值税情况是：

$$5000 万元 \times 50\% \times 17\%-2000 万元 \times 17\%=85 万元$$

$$5000 万元 \times 45\% \times 3\%=67.5 万元$$

另外，个体户流转税额2000元 $\times$ 6=12000元。

相对于2009年1至6月同产值情况下纳510万元增值税，显然是降低了许多，基本上接近转换为一般纳税人有限公司之前的150万元增值税税额了。

2. "节税二问"：在地域和产业布局上下点工夫，能否节税？

不同地域可能存在税负落差，比如免征或减征所得税的民族自治地区，其实际执行的所得税率，就比通常地区的25%要低得多。

在产业选择上，主要是考虑高新技术企业，这类企业减按15%

征收所得税。不过，由于这一时期的企业，所涉及的产业领域比较固定，除非创立之初就选择了高新技术企业，一般的投资者是不会中途转向的，因为实力限制，不可能为了节税而硬往高新技术领域挤。作为节税专家，要根据企业实际情况提出切实可行的建议。通常情况下，还是主要考虑地域布局。

中国目前各个地方经济发展水平差距很大，有些地方为了招商引资，想尽一切办法在税收优惠上面做文章。比如，通过财政返还的方式，将税收地方留成部分返给企业。也有一些地方政府与投资者谈判，实行定额纳税，你按核定额纳税之后，你产值多大都不再管你。这些地方"土政策"对成长期的企业有相当的吸引力。

有些地方做得更超前，只要你到我这里投资建厂，营业执照都不用办，税收象征性给一点就是了。当然，这样的"政策"对企业来说，风险太大了，地下工厂毕竟是不合法的。

处于成长期的企业，刻意要把企业挪一个地方，面临诸多现实困难。一是资金问题，没有那么多钱来投资多个企业；二是经营管理问题，企业分散了管理难度就更大，三是受制于地方税务部门，你挪窝了，税源也就跑了，地方税务部门是不会轻易让你离开的。

要克服上述这些困难，我们建议：不挪地方，但新增产能放到新工厂去，新工厂慎重选址，既不影响经营管理，又达到节税的目的。新工厂在组织形式和控制方式上，按照我们前文讲的，依照税负情况来决策。除了新增产值放到新工厂外，还可以考虑把某些工序放在新工厂去。

案例：

某工业园区有一家实木门企业，以前是个体工商户，按核定征收纳税，每年缴几万元就行了。该企业年产值达到1亿元左右时，在税务局要求下，转换为一般纳税人有限公司，税负方面显著提升，投资人非常困惑。

该企业收购实木，然后加工成木门成品出售，当时增值税率为17%。他们是从个体工商户手中采购实木的，无法取得进项发票。当产值达到1亿元时，需要纳增值税1700万元。为了降低纳税额，投资人采取偷税的方法，隐瞒销售收入，不开发票部分的销售回款全部打入个人存折。2009年年初，税务部门介入，通过对采购量、投入产出比核定，发现了该企业的偷税行为，给予了巨额罚款。

吃了亏的投资人，找到了我们税务专家团队。我们提出的建议是：

（1）在某盛产实木的地方小县新建一个工厂，该工厂为一般纳税人企业，负责实木门前三个工序的生产，半成品卖给主体企业，给主体企业开增值税发票。

（2）新增产能在新厂中实现，主体企业产能不再扩大（两个企业产能加起来，是显著提升了）。

（3）所有实木，均直接向农民采购。

我们建议建两个新厂，因为当地政府在招商协议中签订了优惠政策：在前三年中，企业所纳税款中，县级地方留成部分全部返还。所有实木均向农民采购，是向《中华人民共和国增值税暂行条例》第八条（三）款靠近："（三）购进农产品，除取得增值税专用发票或者海关进口增值税专用缴款书外，按照农产品收购发票或者销售发票上注明的农产品买价和11%的扣除率计算的进项税额。进项税额计算公式：进项税额＝买价×扣除率。"如此一来，企业税负明显下降了。

说明：

农产品进项抵扣率，这几年调整变化比较大，在2017年7月1日之前，扣除率为13%；在2017年7月1日至2018年4月30日之间，扣除率为 11%；在 2018 年 5 月 1 日之后，扣除率为 10%。

3. "节税三问"：变革一下业务流程，能否节税？

成长期的企业，通常不具备跨关联企业实施流程再造的条件，因为这一时期的投资者通常就只有一个经济实体。

这一时期的企业，在变革流程方面，一种情况是基于业务招待费、广告费等超标面临纳税调整，而设立新企业，将广告费、业务招待费分割成几块，另一种情况是对单个企业内部流程进行梳理变革，以达到节税的目的。

案例：

某零件制造企业有四个生产工序，开料、打磨、打孔和组装。其中开料、打孔、组装机械化程度高，人力成本相对较低，而打磨工序全部是人工操作，属于超劳动密集型。经过测算，企业产品增值额中，有 28% 属于人力成本，这就意味着有 28% 的增值部分是无法实现进项抵扣的，得按 13% 的增值税率纳税。2019 年，该企业产值 5 亿元，仅这一项不能实现进项抵扣的增值税，就得纳增值税 5 亿元 ×28%×13%=1820 万元。

这家企业聘请了我们团队的税务专家后，专家对其生产流程进行调查后，提出建议：将打磨工序交给别的企业去做。即企业开模之后，把半成品卖给另一家企业，等另一家企业打磨好之后，再把半成品买回来。这家代加工企业为一般纳税人，半成品卖出买进均开具增值税专用发票。

根据我们的意见，劳动密集型工序转到外厂，不能实现进项抵扣的高额人力成本也转嫁出去了，如此一来，该企业产品增值额中，人力成本降为 10%。在同样是 5 亿元产值中，不能实现进项抵扣的人力成本降低之后，这一项的增值税也降低为 5 亿元 ×10%×13%=650

万元，节税额 1820 万元 −850 万元 =970 万元。

与此相关的一个案例是这家企业的同行 B 企业，因为无力购买大型开料设备，开料工序就是超劳动密集型，在我们建议下，B 企业则把开料工序交给上述这家企业来做，以降低不能实现进项抵扣的人力成本在产品增值额中的比重。

第四章
基于企业生命周期的节税工程（三）：扩张期节税工程

一、扩张期企业经营特点和纳税特点

1. 经营特点

企业经过成长期后，在市场站稳了脚跟，具有了一定的竞争实力后，进入扩张期。在积累大量的资金后，基于对未来的考虑，实施扩张战略，力争做大做强，以便在竞争中立于不败之地。这一时期的经营特点是：

（1）出现企业兼并和战略联盟。成长期的企业所涉及的领域较小，为了快速扩张和做大做强，加大投资者为积累的资金寻找出路是投资者通常的做法。短期内做大做强最好的方式是兼并，以及寻找可以合作的伙伴建立战略联盟。因此，扩张期的企业"花钱买成长"是其重要特点。当企业扩张到一定程度，行业地位确立之后，选择稳定型战略是扩张期后企业的一种战略选择。

（2）出现纵向发展和横向发展扩张趋势。"花钱买成长"涉及两个方向，一是纵向发展形成产、供、销一体化的发展方向，二是横向发展涉及多领域的发展方向。前者常常被称为纵向一体化，后者常常被称为横向一体化。具备较大规模的企业，业务涉及多个领域，企业关系和产权关系变得错综复杂。

（3）注重企业品牌的建设。扩张期的企业产品或技术在市场上已具有一定的知名度，扩张的目的之一是将知名度扩大化。这一时期，以品牌建设为导向取代以销量为导向的发展策略，企业无形资产迅速增加。

（4）管理难度的增大。经过不断扩张，企业可能涉及不同的行业和领域，企业供、产、销基地数量增多，地域分散，资金进出口增多，管理层级增加。这些情况给管理带来相当大的困难。在这一时期，企业会大量引进人才，并且人才流动频率显著增强。这一时期的管理文化已经成型，管理手段复杂多样，在追求管理规范的同时也承受着巨大的管理成本。

（5）集团化管理模式普遍存在。在这一时期，集团化管理模式普遍存在。在扩张过程中，多个企业设立，但相互之间都存在产权纽带，投资主体比较集中，这些投资主体为了整体控制企业，选择集团化管理模式是必然的选择。一种是注册集团公司，一种是不注册集团公司但采取虚拟集团管理。集团化管理对人财物统一调配，可以最大限度地实现资源的有效利用，但整体经营效率却显著下降。

（6）财务管理职能凸现。随着企业规模化、管理规范化、财务核算规范化，财务职能已从核算职能向管理职能实现质的飞跃。财务管理已全面深入到企业管理的各个领域，企业发展方向的规划、决策支持、股东利益的保证、资金的筹措、子公司的监督、绩效考核的执行、公众财务信息的披露等。这一时期，财务管理职能的重要性凸现出来，受到股东、经营管理层的高度重视。

2. 纳税特点

（1）单个企业税负趋于合理，税额稳定，节税工程受到重视。随着企业进一步扩大，企业经营趋于稳定，并且由于核算的规范化，企业税负趋于合理，税额也较为稳定。这一时期的很多企业，都可能成为当地的纳税大户，成为当地税务局重点监控的对象，并可能成为税务局税源调查的对象，企业稍有风吹草动，就极易受到税务局的关注，比如，产值下降、利润下降等，都可以被税务征管人员要求"给个说法"。单个企业在节税工程实施上优势不明显，这一时期的纳税专家通常会考虑从整个集团角度来实现节税，节税工程受到投资者和经营管理层的重视。

（2）纳税意识增强。企业扩张期，特别是并购的时候，其出发点一方面是企业发展的需要，另一方面也可能是为了节税。收购一个企业承担该企业的责、权、债务的时候，会将这个被企业收购前的税收风险转移至现有企业，收购方会全面考虑并将税收风险降至最低程度。同时，企业大规模地扩张，通常以关联性产业扩张为主，如果税务出现较大的风险，将会阻碍整个集团的发展。与成长期企业所不同的是，成长期企业之间品牌纽带关系和产业纽带关系都不强，一个企业出现税收问题不会影响另外一个企业的发展。所以，在这一时期，合法纳税意识有较大的提高，投资者出于长远考虑，通常不会冒税收风险，并且由于企业实力增强，纳税所需的资金压力已经很小，投资者通常不会干预税收资金的使用。

（3）节税工程具有挑战性。企业急剧扩张后，涉及的税种多，关联企业地域分散，集团跨产业或行业，税收优惠的存在地域或产业差异，经营环境复杂，分子公司的控制难度加大，市场竞争激烈等多种因素，使整个企业集团节税工程具有较大的挑战性。如果放任不管，企业可能多交税，利益可能将受到损害，而实施节税工程，成本较高，难度较大，并且容易陷入偷税的陷阱。

二、扩张期企业节税工程的突破口

经过对扩张期企业经营特点和纳税特点分析，我们可以寻找到节税工程的突破口。

1. "靠近法规或远离法规"

企业的扩张期，除了传统的生产经营业务外，还可能涉及并购重组等资本运作，经营面越来越宽，涉及的会计准则较复杂，涉及的税法规定也比较特殊。相对于成长期而言，增加了较多的资本运作产生的税务问题。另外，在资源的重新配置过程中，还会产生大量的资产相关的税收。税收变得相对较为复杂。

扩张期企业这一时期的税收法规，除了成长期企业所面临的法规外，投资者、经营管理者和财税人员还会关注到资本运作、关联交易等法规，这些法规对企业税收的影响，往往是非常重要的。比如，在有的并购过程中，如何设计并购款的支付方式，就可以产生不同的税收影响，其税收差额常常是上千万元甚至上亿元。节税工程专家在企业这一生产周期阶段常常能够大显身手。

掌握了法规，明确法规的内容，并根据法规的变化，发现变化中对企业有利的方向，努力营造机会，就可以实现"靠近法规或远离法规"目标。掌握新法规是节税工程的基础，如果对法规不清楚或理解不透，将给企业带来较大的损失。

基于法规研究和运用方面的节税突破口，涉及流转税的主要有：

（1）变换销售方式（靠近法规）。利用视同销售的规定，变直接销售为代销，以推迟纳税（流转税、所得税）义务的发生。

（2）价外费用转移（远离法规）。创造条件让价外费用由对方（供应商或客户）承担，降低计税的税基，从而降低税额。

（3）混合销售处理（远离法规）。混合销售是否分离，如果分离对节税有利可以选择分离，如果分离对节税不利则选择不分离。

（4）集团内部转让资产（靠近法规）。利用销售自己使用过的物品减免增值税的规定，向子公司或同一集团内公司销售使用过的物品，提高对方公司的费用抵扣，降低所得税；另外，符合条件的技术转让所得免征增值税，也为集团公司带来较大的节税空间。

（5）提高进项票索取率（靠近法规）。所有进货或费用能取得增值税专用发票的都取得增值税发票。2009年按新的增值税暂行条例规定，除特殊情况下的进项税不能抵扣外，基本上都可以抵扣进项税，包括购进固定资产的进项税，所以一般纳税人企业尽可能取得增值税专用发票，可以大大降低增值税。

（6）临界点控制（远离法规）。小规模纳税人通过对临界点的控制可以实现节税。税法规定，纳税人销售额超过小规模纳税人标准，未申请办理一般纳税人认定手续的，应按销售额依照增值税税率计算应纳税额，不得抵扣进项税额，也不得使用增值税专用发票。企业可以采用延迟确认收入、分期确认收入等方式将销售额控制在限额以下，避免无进项抵扣下13%的高税率。在扩张期，集团内部多种形式的企业存在是有利于节税工程的实施，因此，小规模纳税人和一般纳税人并存是必要的。

（7）变更收入确认方式（远离法规）。收入确认的方式变更可以降低流转税，收入确认时间调整可以延迟纳税义务的时间。比如，融资租赁方在融资租赁资产时，可以将收取的部分款项作为融资租赁方提供的融资费用，降低租赁收入，降低流转税。

（8）控制发票开具时间（远离法规）。调整发票及红票（退票）的开具时间，可以延迟纳税时间。税法规定，销售货物或者应税劳务，收入确认时间为收讫销售款项或者取得索取销售款项凭据的当天；先开具发票的，为开具发票的当天。所以不提前开具发票可延迟纳税的时间。另外，企业采购过程中如果产生了退货，延迟开红票也可延迟企业纳税时间。

基于法规研究和运用方面的节税突破口，涉及所得税的，在收入确认方面与流转税一致，此外，还包括：

（1）投资资产与费用的转换（远离法规和靠近法规）。投资资产的成本在计算应纳税所得额时不得扣除，但是在同一控制下企业合并产生的费用是直接计入当期费用，可以抵减当期所得税。

（2）费用扣除限额充分利用（靠近法规或远离法规）。对于公益性捐赠支出，可以在年度利润 12% 之内抵扣所得税，而对于非公益性支出则不允许抵扣所得税，故应靠近法规，取得相应依据，使之成为公益性捐赠。对于税收滞纳金、罚金、罚款等不允许抵扣的费用，应远离法规，不产生此类费用。对于不允许抵扣的赞助支出，应创造为广告费支出，可以在当年营业收入 15% 以内抵扣。

（3）成本费用调节利润（靠近法规）。对于可以加速折旧的固定资产可以加速折旧，延迟所得税的交纳。对于可以抵扣的企业间拆借利息，可以利用关联企业减少单个企业的所得税税额。对于成本结转，可以选择适合企业纳税的方式，调节交纳所得税的时间。

（4）充分利用财务会计与税法差异的规定（远离法规）。对于财务会计与税法差异，纳税时以税法为准，要求核算时尽量兼顾税法差异，避免不必要的纳税调整，造成企业损失。特别是财务先计入费用而税法要求费用滞后确认现象应尽量避免。

（5）充分利用费用加计规定（靠近法规）。开发新技术、新产品、新工艺发生的研究开发费用可以加计50%扣除（科技型中小企业加计75%扣除）；安置残疾人员所支付的工资可以加计100%扣除。

（6）充分利用税收优惠或创造优惠条件（靠近法规）。创造条件争取免税和减少税额，比如投资国债免税、符合条件的技术转让免税、创造条件达到高科技企业享受15%的所得税等。

（7）利用纳税调整规定（远离法规）。充分理解和运用特别纳税调整的规定，控制关联关系，创造条件既达到节税的目的，又避免纳税调整。

2. "从大处着手，从小处完善"

对于扩张期的企业来说，形式或实质上已经形成了集团公司的管理模式。无论是横向发展的企业还是纵向发展的企业，均有较多的企业实体存在。每个企业实体均由集团公司（或虚拟集团公司）统一管理。集团公司在人、财、物、信息、知识方面有较强的调控能力。每个企业实体均有各自的经营特点、纳税环境和不同的资源构成。分析每个企业存在的可利用资源、税收的优劣势，通过集团公司的调控，能为整个集团公司节税找到新的突破口。所以在集团模式下，"从大处着手"主要是专家配合集团公司高层所进行的策划，而从小处完善主要是各个企业实体具体的操作行为。

"从大处着手"可以列举出以下节税措施：

（1）集团纳税预算，平衡税负。作为一个实施集团或虚拟集团管理的公司，纳税预算是必不可少的。纳税预算不仅是对一个年度所缴纳各种税费的预算，也是资金预算的重要组成部分。纳税预算应是全面的预算，包括集团内各个公司的流转税、财产税、行为税、所得税以及相关附加费的预算。预算的基础为企业的生产经营计划、涉及的税种、税率、税收优惠条件、以往年度的经营情况等。

编制税收预算的主要目的是为节税工程打下坚实的基础。前面已经说过，扩张期的企业，单个公司节税的难度较大，而且操作性较低，节税工程主要是站在集团层面上来实施。

编制纳税预算还有两个重要的作用：一是看一下哪个公司有降低税负的空间，或者某一个或几个公司增加了部分税负是否对整个集团公司税负降低有帮助作用；二是平衡各个公司税负的合理性。很多公司因为是独立纳税人，税务局会每年比对分析该公司纳税是否合理，如果出现异常，常常成为税务检查的重点对象。所以平衡单个公司的税负也是重要的工作。

纳税预算应由各个独立公司编制，由集团公司财务负责汇总。在科学地编制纳税预算后，"从大处着手"的着力点就可以轻易找到，甚至在预算编制过程中，财务人员就已经找到了节税工程的重点实施环节或企业。

（2）人员调控，转移人力成本。很多人以为人员的调控与节税无关紧要，其实不然。作为一个集团公司，所调控的人、财、物、信息、技术都是节税的重要内容。

很多集团公司都存在这么一种情况：一套人马，几块牌子，人员的调动是由集团公司控制。如何节税呢？需要从纳税预算分析哪个公司的所得税高，而哪个公司利润是亏损不用交纳所得税的。人员调控的目的是将亏损企业的部分人员的工资费用纳入盈利企业的工资费用，从而在所得税上实现少交税的目的。其实这是变相地将亏损企业的亏损抵减了盈利企业的利润。

另外，所得税法规定安置残疾人员所支付的工资可以加计100%扣除，这也是企业可以降低所得税费用的一种途径。某些地方税务局还代征了残疾人就业保证金。该保证金是按每百名员工需安置多少残疾人就业征收的费用。如果安置了残疾人，该保证金就可以少交或不交，虽然不是税收的范围，但是同样可以降低企业的费用进而增加利润。

（3）资金的调控。资金的调控主要是指集团公司资金在各个企业之间进行分配的过程。就涉及节税而言，主要是运用所得税法实施细则中的规定：非金融企业向非金融企业借款的利息支出，不超过按照金融企业同期同类贷款利率计算的数额的部分可以税前抵扣。需要注意的是企业从其关联方接受的债权性投资与权益性投资的比例超过规定标准而发生的利息支出，不得在计算应纳税所得额时扣除。这里所指的比例金融企业为5：1；其他企业为2：1。在运用这个规定时，最好的方式是利用集团内非关联企业进行资金的运作。

（4）物资的调控。物资的调控涉及两方面，一是有形物资的调控，二是无形物资的调控。有形物资主要指存货和固定资产。有形物资的调控涉及的节税主要包括：一是利用存货的销售定价在不同企业之间进行价差的调节，达到少交税、缓交税以及平衡税负的目的。二是利用销售自己使用过的物品减免征增值税的规定，将固定资产在企业之间进行销售调配，增加盈利企业的可抵扣费用。

无形资产的调控主要指专利技术的调控，也可以涉及商标、土地使用权等的调控。商标及土地使用权的调控涉及增值税的问题，需要全面考虑综合节税效益后再实施。专利技术调控具有较强的操作性，主要依据于所得税法实施细则的规定："企业所得税法第二十七条第（四）项所称符合条件的技术转让所得免征、减征企业所得税，是指一个纳税年度内，居民企业技术转让所得不超过500万元的部分，免征企业所得税；超过500万元的部分，减半征收企业所得税。"基于此，一个企业的专利技术可能在会计账上只有很少的价值甚至没有价值（财务会计将成本费用化处理了）。但通过调控，该技术在另外一个企业可以变成 500 万元的抵扣基数而无须增加原有企业的税费，只需花一些过户费而已。按现行所得税税率 25% 计算可以累计少交 125 万元的所得税。

（5）费用的策划。费用策划涉及费用分割和费用的处理方式。费用的分割节税是因为集团管理的企业，基于统一采购统一付费可以降低采购成本来考虑的。统一采购或统一付费既然可以带来成本的节约，那么与之相对的费用分割也就可以成为利用的节税条件。这个问题涉及关联交易。按相关的法规，费用应当按照独立交易原则进行分摊。但是作为集团公司，按照有利于自己的原则进行费用分割完全是可以做到的。比如，如果盈利企业采购量大，我们就按采购量进行费用分割；再比如，某个或某些企业税负高，我们看这些税负高的企业在费用中哪一个因素占比大，我们就以这个因素进行费用分割。总之，目的就一个，让利润多的企业多分担费用，或者让税负高的企业多分担费用。当然这些分割，必须是合法的，否则税务局不会同意。

费用的处理方式，主要是根据纳税预算对盈亏的预测，在税法允许的范围内对诸如固定资产折旧、无形资产摊销、长期待摊费用摊销以及费用是否资本化等方面进行合理的规划。虽然财务核算受会计制度一贯性要求限制，但是当经营条件发生变化时，核算的改变是符合要求的也是允许的，这些改变对税收的缴纳有较大的影响。

（6）投资的规划。投资是扩张期企业主要的特点。投资项目、投资方式、投资地点、投资产业、投资人的选择、投资所设立企业的形式等，均是在投资前就需要进行节税规划的，即投资前必须详细考虑税收的因素。投资规划是节税的基础，基础搭好后，节税也就比较简单了。投资规划应该是企业事前节税的表现，有较强的主动性。

关于投资项目，如果几个项目都可行，收益相差不大的情况下，应该倾向于选择税负较低或有税收优惠的项目。

关于投资方式，主要是采用货币投资、实物投资还是无形资产投资的问题。一般而言，货币投资是最简单的方式。但是，对于现金缺乏的企业，建议利用价值较低的固定资产或无形资产经过评估后抬高价值，可以为企业预先抬高抵扣的基数，从而在今后的经营当中少交所得税。

关于投资地点，主要是争取进入具有税收优惠和税收返还政策的地区。

关于投资人，主要是考虑投资人是否与新企业建立关联关系。税法所称关联关系指与企业有下列关联关系之一的企业、其他组织或者个人：一是在资金、经营、购销等方面存在直接或者间接的控制关系；二是直接或者间接地同为第三者控制；三是在利益上具有相关联的其他关系。但是对于较隐蔽的企业关系，一般不会认定为关联关系。如果要展示关联关系，可以是老企业做投资人（股东）。如果不想展示关联关系，则可以用其他可以控制的企业和个人做投资人。国家目前已经加大对关联企业的税收关注，我们应该尽量避免较多的关联关系。

关于投资设立企业的形式，主要是成立分公司还是子公司的问题，是小规模纳税人还是一般纳税人的问题，以及是否考虑个体工商户形式的问题。这需要企业综合考虑经营情况、投资目的以及税收预测来做出决定。

（7）注销税务风险大的企业。对企业来说，这是一个不得已而为之的办法，由于很多企业经过一定时间的发展，进入扩张期后，可能存在很大的税收风险，而这种风险在未来比较长的时间不可能化解，或者化解这一风险的成本太高。那么注销此类企业应该算是比较好的一种方式。当然为了企业不因注销而影响正常的经营活动，可以过渡一定时间，将该企业的业务向其他企业剥离。

上面，我们谈了"从大处着手"的节税突破口，下面谈一下"从小处完善"的节税措施。小处完善主要是指大处着手落实后，在细节上，在具体操作上进行必要的完善，使节税在实质上、形式上达到税法的要求。具体来讲主要包括：

（1）相关支持文件的准备。相关支持文件的准备，主要是指为取得免税或税收优惠而必须准备的相关文件。一般来说，申请免税或税收优惠等文件，税务机关要求企业提供较多的资料，如高新技术企业享受15%的所得税会要求准备当地科委颁发的高新技术企业资质证书、企业享受税收优惠的申请、专利证书、相关证照复印件、审计报告等。为此，企业从创业初期，就要有意识地妥善保存相关资料以备使用。

（2）会计核算的配合。对公司制的企业而言，会计核算与税收是密不可分的，特别对于涉税的核算更需要会计核算全力配合，比如兼营不同税率的业务时，税务要求分开核算，不分开核算从高征收税。在这种情况下，会计核算就要服从并满足于节税的要求。

（3）税务机关批复。很多税收优惠或免税行为，是需要经过税务机关书面批复的。一个企业依照条件可以享受税收优惠，但未得到税务机关申请批复，那么该企业也是不能享受优惠的。很多企业在这方面吃了亏，该享受的优惠没有享受。作为税务机关，是没有义务来提示企业申请优惠的。

（4）创造新的条件适应税法的要求。企业的情况千差万别，对于相当一部分企业而言，直接享受税收优惠的条件并不完全具备，常常会差一些细小的条件。在这种情况下，经过努力或调整就可以享受税收优惠。为此，企业财税人员应经常掌握税收的变化，创造条件满足税收优惠，争取少交税费，减少企业支出。

三、推动管理层重视纳税和节税

进入扩张期，企业经营相对稳定，企业管理层尤其是投资者对经营风险的关注度不像前两个时期那么重要了，甚至出现懈怠情形。在这种时候，提示和推动管理层重视纳税和节税，向其阐明这两项工作的重要意义和长远影响是非常必要的，将其列为一种可能的风险，较容易引起管理层的重视，尤其在并购过程中，节税空间巨大，节税额相当可观，常常能够通过仅仅一个项目就确立节税的重要地位。

企业管理层既关注如何规避税务风险，又关注如何合法节税，力争在合理节税和税务风险之间取得最好的平衡点。同时，这一时期的企业已经具备了一定的社会地位和社会影响，如果税收出现问题将会影响企业的社会形象甚至沉重打击企业的发展势头，带来较大的负面影响。作为节税工程的具体实施人员，财务管理人员应当积极发挥如下作用。

1. 培训管理层

向管理层进行税法方面的培训，引导管理层掌握国家大致的税收政策，有利于财税工作的开展，同时有利于企业重大决策过程中关注税收问题。随着企业规模不断扩大，管理层对国家税收法规不清楚、不重视将制约企业的进一步发展。财务部门有必要和义务向高层灌输相应的国家税收政策，使高层在投资、经营决策等方面考虑税收的影响。当然，管理层不需要像财务人员那样细致地了解税收政策，只需要了解大致情况，在其心中确立税收和节税的重要性即可。

2. 纳税预算化

税收具有强制性，但并不表明企业就只能被动地接受税收。税收是可以安排的，可以有计划地缴纳，也可以降低额度，这就需要通过预算和节税工程来实现，我们称之为纳税预算化。财税工作人员，应该强化纳税预算的编制，并将其作为年度预算、资金预算的一个重要组成部分。

尤其是集团化管理的企业，纳税预算是节税的重要组成部分，应该形成一个预算制度。财务部门作为编制纳税预算的主体，应充分了解企业经营情况、税收交纳情况，实施全面完整的预算编制。强化纳税预算的编制也是年度预算和日常资金预算的重要组成部分。

3. 将税收调查和评估植入投资流程

投资行为应该有一个较为完整的决策、实施、核算、评估流程，如图 2-5 所示。财务人员应该在这个流程中起到主导作用，从专业知识和技能角度来说，财务人员也应该当仁不让地主导这个流程，使投资更有序地进行，而不至于陷入管理层"拍脑袋"决策的尴尬中。

企业进行重大投资或兼并行为，在实施之前，财务人员应该对税收进行调查和评估，确定新项目税收状况和风险，寻找到有利于未来发展又有利于节税的最佳方案，寻找到可以节税的环节。联想在并购 IBM 的个人电脑业务时，支付的 12.5 亿美元中，现金是 6.5 亿美元，联想的股票是 6 亿美元。很多人问：为什么不全选现金，或者全选股票？为什么不是 6 亿现金？他们之所以安排成"6.5 亿现金 +6 亿股票"，其中大有原因：节税。如果换成其他比例，IBM 将缴纳巨额的税收。美国人是相当注重节税的，在重大决策之前，财务人员的税收建议受到高度重视，而不像中国一些企业，重大决策开始实施了，需要花钱了，财务人员才知道有投资这一回事。

流程名称	投资管理流程		编码	
			受控状态	
实施环节	投资管理部	财务部	总经理办公室	总经理

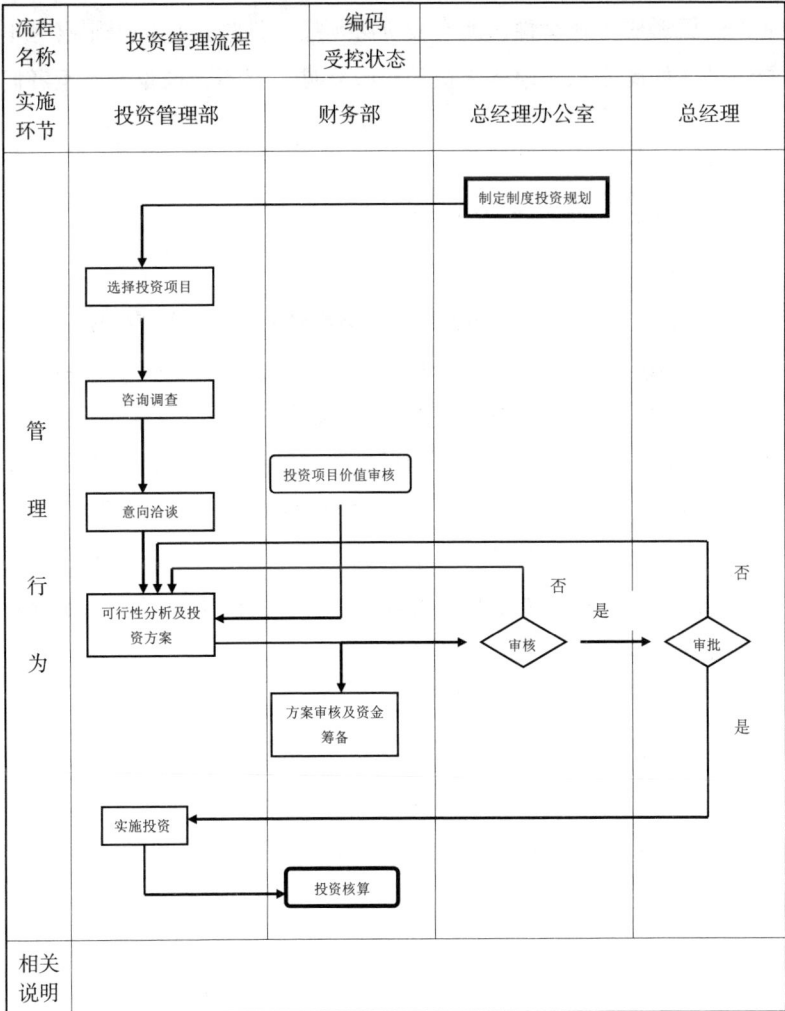

图 2-5 投资管理流程

在图 2-5 中，没有明确标明税收调查和评估的内容。我们提倡将税收调查和评估植入，可以在"咨询调查"步骤之后，增加一个

"税收调查与评估"。当植入之后的流程定稿之后，交公司决策层批准，然后形成正式文件，所有投资必须按文件来执行，否则财务不予认可。如此一来，财务人员的税收意见，就不会被投资决策者们遗忘了。

四、"三大手段"的应用

1. "节税一问"：变换企业组织形式和控制方式，能否节税？

处于扩张期的企业，由于企业规模扩大，存在较多类型的企业，有一般纳税人企业，有小规模企业，可能还存在个体工商户的企业。在这一阶段，充分利用多种企业形式并存的有利条件，结合各企业的纳税特点，进行企业资源（包括税收优势）的调控，纵横捭阖，从而达到巨额节税的目的。至于是否选择控制的方式，需要在投资前进行综合的测算，考虑税收方面的收益，同时考虑投资和经营方面的需要来决策。

（1）多种形式企业之间调剂税负

多种企业形式并存的优势是显而易见的，如果一个企业集群中既存在一般纳税人，又存在小规模纳税人，又存在个体经营者，可以在同是一般纳税人企业之间利用销售的关系调剂进项税较多的企业，减少当期应纳增值税的数额；如果一般纳税人企业销售税负高的话，可以利用经济业务的改变将产品以较低的价格销售给小规模或个体经营者，再由这些企业销售出去，就可以降低增值税额。对于亏损的企业，可以通过资源的调控，将企业的亏损转嫁至盈利企业，实现盈利企业的当期所得税的减少。

第一，平行关系的增值税企业之间的调剂。比如，A、B两个企业同是一般纳税人，形式上不属于一个集团公司，但实际上是一个集团公司所控制，并且有类似的材料购进。A企业这个月由于季节性囤货有大量的进项税产生，抵掉当期销项尚有较多进项税额节余，而B企业当月出于各种原因进项税较少，而需交纳大量的税金，于是，可以采取B企业从A企业采购的策略，将A企业多余的进项税转至B企业，减少B企业当期的应纳税额。

第二，上下游增值税企业之间的调剂。比如，A企业是批发零售企业，进货渠道为所销售商品的生产企业，所有进货均由生产企业全额开增值税专用发票。A企业采取三种销售渠道：一部分进商场零售，毛利为20%；一部分开专卖店零售，毛利为30%；一部分批发销售，毛利为6%。由于很多专卖店租金发票无法取得，不能合法实现税前抵扣，同时销售毛利很高，应交增值税压力太大。基于此，对于无法取得租赁发票的专卖店，全部注册成为个体经营户，个体经营户争取核定征收。A公司在专卖店的销售就变为以代销的方式进行销售，代销的收入确定按批发价格确定。这样A公司既规避了无租赁发票不能抵所得税的问题，同时又减少了应纳增值税的问题。另外，A公司与个体经营户签订协议中约定，由A公司提供营业员进行销售支持，个体经营户员工的工资费用也记入了A公司，降低了A公司的企业所得税。

多种组织形式企业节税工作需要按照各个企业的优劣进行充分调查，找到各个企业的突破口之后实施。每个企业有每个企业的特点，无法生搬硬套。本章"从大处着手"所讲的各种方面均可以在不同组织类型进行合理的调剂。调剂的目的只有一个：合法节税，减少企业税费支出。

（2）是否选择控制

当企业发展到扩张期，集团内已有的企业一般不会轻易变更控制的形式。如果当初是股权控制的企业，想要变更为非控制的企业，涉及产权的出让，产权出让一般情况下会存在投资增值，出让方涉及产权转让的所得税。对于当初不存在控股关系的企业或表面上不关联的企业，实现股权控制要经过股权变更，需要付出一定的成本。从节税角度考虑，我们建议尽可能不展示控制性和关联性。因此，我们不主张频繁变更现有企业的控制形式，除非对于企业基于战略、影响、融资等目的考虑而做变更。

对于新设的企业，在设立之前应充分考虑所有的因素以决定是否控股。对于与核心企业紧密联系的新设企业，基于共同采购、共同管理等因素可以采用控制的方式。因为相近的业务和相同的管理，在操作费用分割和销售业务分割时具有较大的节税优势。对于与核心企业业务联系不紧密的企业，通常采用不控制、不关联的方式。这种不关联的企业可以在适当的机会找到一个实施节税工程的突破口，减少企业的税费支出。

2."节税二问"：在地域布局和产业布局上下点工夫，能否节税？

不同地域的同类企业，可能存在不同的税负。形成这种税负落差的原因，有以下两个方面。

（1）地方政策影响

1）民族自治地方的自治机关对本民族自治地方的企业应缴纳的企业所得税中属于地方分享的部分，可以决定减征或者免征。

2）在国际"避税天堂"设立的企业，也可以节税。比如，香港地区的公司就没有增值税或营业税，只有利得税（所得税）。

3）保税区优惠。保税区是经国务院批准设立的、海关实施特殊监管的经济区域，是我国目前开放度和自由度最大的经济区域。其功能定位为"保税仓储、出口加工、转口贸易"三大功能，享有

"免征、免税、保税"政策，是中国对外开放程度最高、运作机制最便捷、政策最优惠的经济区域。

（2）多税率供选择

1）城建税因地域不同而不同。纳税人在市区的城建税税率为7%，在县城、镇的，税率为5%，不在市区、县城或镇的，税率为1%。

2）土地使用税的地域差异。

《土地使用税暂行条例》规定，土地使用税每平方米年税额为：（一）大城市1.5元至30元；（二）中等城市1.2元至24元；（三）小城市0.9元至18元；（四）县城、建制镇、工矿区0.6元至12元。

对于土地量大的企业，选择不同的地区土地使用税将有很大的差异。所以企业在地域上下工夫，是能够起到节税作用的。

至于产业布局，在扩张期的企业，可以充分考虑介入高新技术产业。传统行业的企业集团，可以将新设立的一部分企业向高新技术产业靠近，当一个集团中既有高新技术企业又有非高新技术企业时，就形成了所得税税负落差：一般的企业是25%，高新技术企业是15%。落差为调剂税负提供了可能性。

3. "节税三问"：变革一下业务流程，能否节税？

在扩张期，集团内多个关联企业并存的格局已经形成，变革流程可以在单位企业之内进行，也可以跨企业之间进行。从我们接触的企业情况来看，主要是在销售环节和生产环节下工夫。

（1）变更企业业务性质

变更企业业务性质，是"靠近法规"思想的体现，将原本是甲业务的，通过创造条件，使之成为乙业务，两种业务适用不同的税种或税率。

案例：

申达商场是一家大型销售服装、化妆品的卖场，所有的产品都是招商产品，即所有的产品都由进场的商家提供，产品管理权也在商家。申达商场仅提供收银、保洁、管理服务，并按所有产品销售收入的一定比例收取"扣点"。申达商场交纳税种为增值税。按所有销售款作为收入计提销项税，商家按扣除"扣点"后销售款开具增值税发票给商场，商场据增值税发票列支成本。即商场是按差额（总销售款－扣点）交纳13%的增值税。

该商场准备在A地区设立新的商场，但A地区的招商品牌大多为个体户，无法开具增值税专用发票，无法实现进项抵扣，新商场税负将达到收入的13%，商场肯定无法盈利。但为了参与竞争，与竞争对手争夺市场份额，该商场又必须在A地开张。为此，申达公司请我们的税务专家进行纳税策划。

税务专家进场后，通过调查发现，申达商场未对所有进场的产品进行管理，产品所有权所附有的风险和报酬均在进场的商家，商场仅提供了场地和管理服务；从这种角度看，申达商场不是销售产品的行为，而是出租场地、提供服务的行为。这是一个重要的节税工程突破口。

于是，我们税务专家建议新的商场定位为服务业，提供代销服务。同时改变销售收入确认的方法，仅按收取的"扣点"记为服务收入，并要求所有进场的商家提供税务登记证，签订代销合同确定代销方式，明确进场商家税费由进场商家承担。如此一来，商场就可以按"扣点"收入的6%交增值税。

申达商场采纳税务专家意见后，与A地税务局进行沟通，税务局同意此种方式。假定新商场年销售额为5000万元，平均扣点为18%，平均扣点收入为900万元，如果交纳13%的增值税应交税

900 万元 ÷1.13×0.13=103.53 万元。而按 6% 增值税应交税为 900 万元 ×0.06=54 万元，可节约流转税 49.53 万元。

（2）销售业务剥离

将销售业务剥离出去，在扩张期的企业相当普遍，很多企业原来是产销在同一个企业中，随着发展的需要，成立了销售公司，其实这个公司就是原来销售部门独立出去的，卖的也全是自己的产品。

案例：

C 公司是生产生物化肥的一家高科技企业，有两个系列的产品，一个是生物杀虫剂，一个是微生物催化剂。该两种产品均取得专利技术，且都是以 C 公司名义取得的。生物杀虫剂每年销售约 4000 万元，微生物催化剂每年销售约 3000 万元，由于这两个系列产品附加值很高，毛利在 60% 左右，大约有 30% 成本可取得增值税专用发票，每年增值税约 720 万元，所得税 15% 的税率约 370 万元，增值税、所得税税负很高。面对不断增长的税金，C 公司请求税务专家的协助。

税务专家经过调查发现，两个系列产品都有独自的生产车间、独自的生产线和工人。生物杀虫剂的客户有一半是免所得税的农林企业，对是否开具发票无要求。基于此，税务专家建议：

第一个年度 C 公司投资设立 D 公司和 E 企业，D 公司为一般纳税人生产企业，生产杀虫剂产品。E 企业为个体工商户，主营杀虫剂产品销售。D 公司成立后，C 公司将尚有 6 年使用期的杀虫剂专利技术作价 500 万元销售给 D 公司，作为 D 公司的无形资产，销售无形资产后，C 公司不再生产杀虫剂，仅作为杀虫剂的销售商对外销售。C 公司接到订单后对客户群进行分类，对于需要发票的客户，由 D 公司将产品销售给 C 公司，C 公司再对外出售给客户。对于不需要开发票的客户（假设销售额约 2000 万元），由 D 公司将产品销售给

E 企业再对外出售给客户。生产企业和销售企业的毛利各为 30%。

变更前流程：

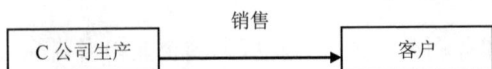

变更后流程：

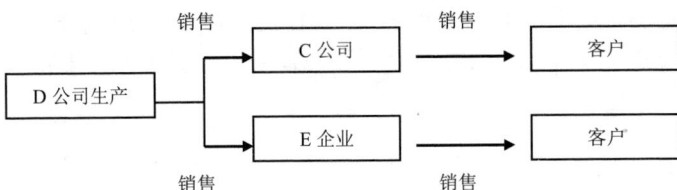

经过分拆后，C 公司销售 500 万元的专利技术由于取得免增值税和所得税的批复，对 C 公司不存在税费的问题。由于该专利技术在 C 公司账上仅有 3 万元的登记费，而在 D 公司账上为 500 万元，按所得税法实施细则规定"形成无形资产的，按照无形资产成本的 150% 摊销"，摊销基数为 750 万元（500 万元 ×150%），在 6 年内可抵所得税 750 万元 ×15%=112.5 万元。同时对于不开票的销售额约 2000 万元，按 30% 毛利计算的增值税 2000 万元 ÷1.13×0.3×0.13=69 万元。由此可见，可以为企业节约很大一笔税费。

第二年，按照同样的方法，将微生物催化剂生产业务和资产剥离出去。

（3）加工方式变更

除了销售环节外，加工环节的变革也常常可以带来较大的节税空间。基本思路有两种：自己加工还是请别人加工；在一个企业加工还是在多个企业加工。

案例：

A 公司是生产化妆品的企业，现在一单订货，销售价为 450 万元，该批产品材料价值 75 万元，如果委托其他公司加工成成套化妆品，委托加工的成本 110 万元。A 公司在两种方式下交纳的税费如下 [根据《财政部 国家税务总局关于调整化妆品消费税政策的通知》(财税〔2016〕103 号) 规定："一、取消对普通美容、修饰类化妆品征收消费税，将'化妆品'税目名称更名为'高档化妆品'。征收范围包括高档美容、修饰类化妆品、高档护肤类化妆品和成套化妆品。税率调整为 15%。"] ：

自行加工，应纳消费税为 450 万元 ×15% ＝ 67.5 万元；应纳城建税、教育费附加为 135 万元 ×（7% ＋ 3%）＝ 6.75 万元；

委托加工，由委托公司按组成消费税计税价格代扣代缴消费税，消费税组成计税价格为（75 万元 +110 万元）÷（1-15%）＝ 217.65 万元；应纳消费税为 217.65 万元 ×15% ＝ 32.65 万元；按税法规定：委托加工的应税消费品，受托方已代收代缴消费税，委托方收回后直接出售的，不再缴纳消费税。

由此可见，委托加工方式较自营加工除附加税费外，可节约消费税 67.5 万元 -32.65 万元 =34.85 万元。

（4）变更产品包装方式

变更产品包装方式的案例并不常见。但是，几乎所有的产品都有包装，这是一个被众多财税人员忽略的节税环节，尤其是纳消费税的商品。在很多企业里，包装成本都是计入了产品成本，销售时也没有单独计价，包装销售收入一并缴纳了消费税。如果分开计价，包装物售价就不必纳消费税了。

案例：

税法规定纳税人将应税消费品与非应税消费品以及适用税率不同的应税消费品组成成套消费品销售的，应根据组合产品的销售金额按应税消费品的最高税率征税。

习惯上，工业企业销售产品，都采取"先包装后销售"的方式进行。如果改成"先销售后包装"的方式，可以大大降低消费税税负。

甲日用化妆品公司，将生产的化妆品、工艺品等组成成套消费品销售。每套消费品由下列产品组成：化妆品包括粉饼（40元）、眼影（30元）、口红（30元）、化妆工具（30元）、塑料包装盒（5元）。化妆品消费税税率为15%。按照习惯做法，将产品包装后再销售给商家。每套产品应纳消费税（40元 +30元 +30元 +30元 +5元）×15% =20.25元。若改变做法，将上述产品先分别销售给商家，再由商家包装后对外销售，并将产品分别开具发票，账务上分别核算销售收入，应纳消费税（40元 +30元 +30元）×15% =15元。每套化妆品节税额为20.25元 −15元 =5.25元。

第五章
基于企业生命周期的节税工程（四）：战略转移期节税工程

一、战略转移期企业经营特点和纳税特点

企业战略转移，包括企业关闭消亡、整体出售、企业投资转向其他领域、企业业务收缩等。这些情形下，企业和纳税主体随之变化：一是原来的企业从形体、形态上消失，原来纳税主体也将消失或由新的主体替代；二是原来的企业形态未消失，但业务范围发生较大转变，纳税特点也随之改变。

1. 经营特点

经过扩张期的高速发展之后，战略转移期的企业出现"疲惫"状态，要么渐渐消亡，要么转型重获生机。这一时期的经营特点如下：

（1）并购重组由扩张目的转为生存目的。在扩张期，企业并购重组的目的，是扩大规模或涉及更多的产业领域，扩张期的并购重

组行为较为普遍。当企业进入战略转移期之后，并购重组行为渐渐减少，这一时期的并购重组，多以转型为目的，投资者试图通过并购重组来获取新的机会和发展动力。

（2）品牌知名度高，无形资产价值大。企业在战略转移期出现问题时，首先是从内部开始，外部知之甚少，因此这些问题对企业的品牌形象并无多大影响，企业仍然以一个重要的市场角色出现在公众的视野当中。品牌之外的其他相关的无形资产、专利技术、商誉等也具备相当高的价值，如果企业这个时期转向，无形资产的出售价格甚至可能超过有形资产的价格。

（3）企业多为集团企业，甚至跨国企业。在经历高速发展后，进入战略转移期的企业，多为集团企业，或者虽未注册集团公司，但多个成员企业实施着虚拟集团管理。对股东而言，需要合并这些单个企业的财务报表。

（4）企业规模大，但不等于实力强。这一时期，企业的规模达到顶峰，如果再扩张，就已经超越了管理层的驾驭能力或者超出了资金链的承受限度。这一时期企业的营业额绝对值可能很大，但企业实力并不强，尤其是企业资产总体回报率不高，有相当多的不良资产存在，这些资产的低回报或亏损抵减了企业前进的能量和速度。

（5）市场知名度大，但市场占有率出现萎缩。由于是一家在市场上引领风云若干年的企业，其市场知名度当然相当高，但市场占有率正在被新生代企业蚕食着，在很多局部市场，甚至落败于相当多的同行小企业。在某些产品技术含量和品质方面，也敌不过同行小企业。

（6）产业多元化。大多数处于这一生命周期阶段的企业，都涉足于多个产业领域。在扩张期，这些产业可能都生机勃勃，但在战略转移期，很多产业已经成为企业的负担。与产业多元化相关联的，是企业组织关系和产权关系复杂化，这些错综复杂的关系，给管理带来相当大的难度，集团控制在这一时期被高度重视，但控制力度已经难以强化。

（7）"大企业病"出现。大企业病，是战略转移期企业的普遍病症，整体效率和局部效率均低下，市场资源浪费严重，市场敏感度低，技术创新不足，机构臃肿，人浮于事，管理成本居高不下，执行力弱，官僚作风严重，员工满意度降低，客户忠诚度降低，高端人才流失，出现人才"劣胜优汰"现象。

（8）风险累积较高。在这一时期，企业的市场风险、政策风险、管理风险、财务风险均累积到较高的程度。这些风险，可能首先从财务角度暴露出来，资金链压力增大，甚至出现断裂。

（9）企业负担重，社会压力大。管理成本居高不下，员工老龄化，不良资产比重增大，固定资产折旧绝对值越来越高，这些因素导致企业背负沉重的负担。对外而言，由于多年都是"明星"企业，社会的期望值大，承担了较多的社会责任，而当企业走下坡路时，这些压力却有增无减。

2. 纳税特点

企业在扩张期，现金状况良好，纳税不影响现金流，加之纳税大户带来良好的社会形象和声誉被投资者所看重，因此投资者合法纳税的意识较为强烈。但他们扩张期并不太关心节税工程。当企业进入战略转移期，现金状况恶化，纳税所需资金有时难以保证，投资者开始关注节税问题。在战略转移期，纳税呈现以下特点：

（1）税负重。无论是税负率，还是绝对额，对于一个走下坡路的企业来说，都是较重的负担。

（2）税收可能增加资金压力。经营资金需求和纳税资金需求，在这一时期有时发生冲突。延期纳税成为财税人员的愿望，而投资者这一时期常常要求纳税资金需求向经营资金需求让步。

（3）节税机会浪费严重。在战略转移期的企业，关联企业多，企业产权关系复杂，节税空间较多，但常常被浪费。一边是纳税困难，一边却是缺乏税收总体规划，有些部门严重欠缴，而有的部门多缴了却不知道。

（4）避税愿望强烈。纳税筹划专家在这一时期受到企业的高度欢迎。但是，纳税筹划的效果常常让投资者感到失望，在利益驱使下，专家们协助投资者实施避税甚至偷税，共同为企业埋下涉税"地雷"。尤其是当企业选择清算消亡之路，投资者个人利益中必须拿出相当一部分出来缴税时，偷税的愿望被一再强化，偷税与反偷税的博弈常常上演。

二、战略转移期节税工程的突破口

我们寻找突破口，离不开战略转移期的经营特点和纳税特点。

1. "靠近法规与远离法规"

在战略转移期，企业所面临的法规，和创业初期、成长期和扩张期都是一样的，在前三个时期适用的节税突破方法，在这一时期依然适用。但是，这一时期，经营者和投资者更关注的是企业清算和转型方面的政策法规，并更关心在这方面找到节税的空间。

（1）清算

战略转移期的企业可以实施如下节税措施：

1）选择企业关停清算的时机。即选择该企业清算所得最低的时候关停。那么，在关停之前，企业收益哪儿去了呢？通过关联业务往来转移到不计划关停的关联企业去了。当然，关联交易按照合理的价格交易，避免受到关联交易纳税特别调整的限制。

2）利用关联企业，让计划关停的企业与之发生债务关系，债务计算资金利息，让收益发生转移。

3）充分利用"可变现价格或交易价格""清算费用"等关键词。这些价格和费用，具体什么样的水平才是合理的，目前并没有明确的规定，只要相对合理，就不会有风险。

总之，实现企业清算所得最低化，从而达到纳税最低的目的。

（2）企业整体资产转让

企业整体资产转让法规较为复杂。不同情况需要采取不同的方式"靠近"或"远离"法规。

1）企业整体转让不缴纳增值税。对于这项规定，需要"靠近法规"，在决策是否整体转让时，除了考虑经营发展的需要，还要考虑节税的需要。

转让企业全部产权是整体转让企业资产、债权、债务及劳动力的行为，因此，转让企业全部产权涉及的应税货物的转让，不属于增值税的征税范围，不征收增值税。

2）企业整体转让应缴纳印花税和土地增值税。根据法规规定，印花税是必须缴纳的，而土地增值税因增值额不同而节税也不同，需要"靠近"法规。

《中华人民共和国印花税暂行条例》及其施行细则规定：企业整体转让属企业全部财产的所有权转让，应根据产权转让所立的书据依万分之五的税率缴纳印花税。

《中华人民共和国土地增值税暂行条例》及其实施细则规定，转让国有土地使用权、地上的建筑物及其附着物（即转让房地产）具有法定增值额的应当依法缴纳土地增值税，转让非国有土地使用权及地上的建筑物、其附着物则不缴纳土地增值税。该条例第七条规定：土地增值税实行四级超率累进税率：

增值额超过扣除项目金额50%的部分，税率为30%。

增值额超过扣除项目金额50%、未超过扣除项目金额100%的部分，税率为40%。

增值额超过扣除项目金额100%、未超过扣除项目金额200%的部分，税率为50%。

增值额超过扣除项目金额200%的部分，税率为60%。

（3）企业投资新领域

除了清算、整体资产转向，战略转移还有一种重要的形式即投资新领域。作为企业的一种投资行为，本身不涉及特殊的税务事项。但是，根据新所得税"产业优惠为主，区域优惠为辅"的精神，在投资新领域时，可以从头规划企业投资产业和投资区域。这就相当于创业初期的节税工程安排了，使企业的投资行为"靠近"税法的规定，从一开始就符合享受优惠的条件。

（4）企业业务收缩

企业业务收缩过程中，也有相当多的机会可以合理实施节税工程。当业务收缩时，先收缩税负高的业务，后收缩税负低的业务，可以节税；业务收缩之后，原法人主体是注销、吸收合并还是转为分支机构，对税收的影响也是不同的。如果因收缩业务而法人注销，则按前文"清算"安排节税工程；如果是吸收合并，则按前文"整体资产转让"安排节税工程；如果是作为分支机构，则一方面需要注销原法人，同时成立分支机构。

2. "从大处着手，从小处完善"

战略转移期的节税工程，从大处着手，主要应该考虑企业的未来路子，包括：①是注销还是继续存在；②在什么时机注销；③以何种形式继续存在。

我们在实际工作中，曾经遇到这么一个案例（该企业我们已经服务长达 13 年）：

某陈姓投资者经营了两家通信设备有限公司 A 公司和 B 公司。两个公司经营同样的业务，位于同一个城市中两个不同的税务管辖区。由于 A 公司有其他股东参股，陈姓投资者觉得经营决策常常受到干扰，另外 A 公司前期财务有诸多不规范的地方，因此决定注销 A 公司，专心经营 B 公司。

我们接受委托后，对 A、B 公司进行了调研，我们发现 A 公司账务有三个待处理的问题：① A 公司账上有 800 多万元未分配利润，注销之前予以分配的话，投资者须缴纳较高的个人所得税，企业清算后亦需要按清算所得缴企业所得税，两税相加额度较大，近 320 万元，陈姓投资者难以接受；②由于前期账务处理不规范，有诸多白条入账，涉及应税所得 300 多万元，这部分应作纳税调整，补缴近 100 万元的所得税（当时所得税率为 33%）；③未来两个月内，还有一项合同要执行，可明确计算的营业收入是 4000 万元，而这部分收入没有进项发票可抵扣，因为 A 公司前期为了少缴税，提前把进项发票全抵扣了。为此，这部分收入除了涉及所得税外，还将按 17% 缴纳增值税近 700 万元（当时该企业适用的增值税税率为 17%）。三项合计，如果立即注销 A 公司，须缴各项税费约 1120 万元。至于 B 公司的情况，由于成立公司不久，并且成立以来就得到我们的指导，经营和账务、税务均较规范。

在与陈姓投资者沟通之后，明确他难以接受巨额纳税时，我们建议：A 公司注销时机不成熟，继续存留 9 个月时间，在此期间做好三件事：①将 B 公司收益较薄的业务，比如物流和售后服务业务，委托给 A 公司来完成，以使 A 公司账上利润持续减少，直到接近亏损；②将前期账务全面清理，300 多万元白条一律补充各类单据，其中涉及佣金和劳务支出的，补充工资表，涉及第三方劳务却无法补充工资表的，到地税部门代开发票，支付较低的税额（当地按开票额的 3%~4% 收取，比 33% 的所得税率要低得多，企业还是划算的）；③以 A 公司将注销，无力继续执行合同和做好承诺的三年售后服务为理由，将未来两个即将执行的 4000 万元合同转让给 B 公司去执行，B 公司逐步消化前期提前抵扣造成的进项票亏空问题。

按照我们上述意见，陈姓投资者实际推迟 10 个月注销 A 公司，注销时 A 公司账上接近亏损，各种税款只缴纳了 80 万元即成功注销，节税额约高达 940 万元，他对此纳税额感到满意，税务部门对此也无异议。

三、"三大手段"的应用

1. "节税一问"：变换企业组织形式和控制方式，能否节税？

在节税工程的三大手段中，变换企业组织形式和控制方式，是战略转移期用得较多的手段。除非决定注销，投资转向和业务收缩都用得上这一手段。

（1）将企业分拆一部分，进入新产业

当一个产业进入衰退，或者企业在这个产业中处于竞争弱势，已经难以获利时，投资者通常会寻找新的机会，进军新的产业。

在并购重组浪潮中，部分投资者进军新产业可能采取股权置换方式，或现金入股方式，直接参股一个成熟企业。除此之外，还可以采取以下四种方式：

第一，股东自己掏钱成立新企业，进入新产业；

第二，企业拿现金成立新企业，进入新产业；

第三，企业注销清算，股东用清算所得成立新企业，进入新产业；

第四，企业分拆一部分实物资产或土地使用权等无形资产用于投资新企业，进入新产业。

在这些方式中，股权置换须是双方都愿意持有对方的股份，对于一个准备转移的企业，恐怕难以受到青睐。如果置换，则可以分为出让股权和购买股权两个业务来进行税收处理，出让股权产生所得，需要缴纳所得税。以现金方式入股别的企业或新成立企业，分拆一部分实物资产或土地使用权等无形资产新成立企业，均不涉及税收问题。企业清算涉及所得税，而且比较麻烦，因此，除非一定要注销，一般不采取注销方式。

我们比较推崇这种方式：企业分拆一部分资产新成立企业，当新成立企业发展到一定程度，再反向收购原企业。在这个过程中，组织形式不发生变化，都是独立的有限责任公司，但控制方式发生变化，先是原企业控股新企业，后是新企业反过来控股原企业。在这个过程中，前一步成立新公司不涉及税收问题，后一步反向收购可以通过节税工程实现节税目的。反向收购，实际上就是原企业整体资产转让，实施"靠近法规"，控制转让增值额在20%以内，则可以不确认转让所得或损失。

在反向收购中，武钢股份收购武钢集团，就是一个成功的事例，该反向收购避免了收购增值部分的企业所得税。2003年武钢股份发布董事会公告，公司拟增发20亿A股，募集资金90亿元用于收购大股东武钢集团的钢铁主业，从而实现对大股东的反向收购，并实现集团整体上市。公告显示，增发股份20亿股中，12亿股向武钢集团定向增发，向社会公众发行8亿股。这个思路是"定向增发加公募增发再加关联收购"，购买集团公司的大部分钱，是来自于集团公司（即你付钱给我，我再用这笔钱把你买下）。

（2）业务收缩过程中，采取整体资产转让

企业业务收缩是战略转移的重要形式之一，收缩可能基于两种因素，一是无力维持经营，缩减规模，二是由多元化转向专业化，出售不愿意再经营的产业。诺基亚以前就是一个多元化的企业，后来通过业务收缩专注于通信领域而获取巨大成功。

业务收缩过程中，有两种方式让企业脱手：注销企业或出售企业。注销企业需要选择注销时机，在清算所得最低时注销纳所得税最少。如果是对外出售企业，当然谈不上控制增值额的问题，谁都希望自己的企业卖的价格越高越好（但付款方式可以双方协商，向"20%"那个临界点靠近）。我们这里提供一种比清算和对外出售更为简单的方式：将准备收缩业务涉及的企业整体转让给准备存留的企业，转让之后，将优良资产保留下来，劣质资产分批次进行资产清理。整体资产转让因为是内部转让，增值比率在不违背纳税特别调整前提下，有一定的控制空间，分批次清理劣质资产，清理收益可以适当调控，清理损失可以抵减企业利润。这种方式实际上是将整体出售的企业拆散，优良资产留下，劣质资产分批出售。

除了整体转让，企业在业务收缩过程中还会遇到大宗资产转让的情形。这时，节税空间也非常巨大。

（3）子公司向分公司转换，用亏损企业的亏损抵减盈利企业的利润

一般来说，分公司转为子公司，较为容易，而子公司转为分公司，难度要大得多，因为子公司转为分公司意味着法人资格的消失，还面临着所得税缴纳地点变化问题。虽然难度大，但在巨额的节税收益面前还是值得去努力。当一个集团化的企业中多个成员企业亏损，而个别盈利企业盈利时，将亏损企业与盈利企业并在一起，可以亏损抵减利润。将亏损企业设立为分公司是途径之一。

我们在税务咨询过程中，遇到这么一个案例。某地板企业在全国十家大城市设置了子公司，外地的子公司经营均较良好，但在其总部所在地的两个子公司却连年亏损，经过调查，是因为当地老百姓并不太认可本地企业的产品，加上企业在本地出过一些有损社会形象的事件，在消费者中美誉度较低。两个子公司连年亏损，自然不纳所得税，但集团整体利益在遭受损失。在我们的建议下，两家本地子公司注销，然后成立分公司（因参与市场份额争夺，本地市场不能放弃），业务、机构、人员均不变。如此一来，两家子公司的亏损就可以抵减总公司的利润了，在当年抵减150万元，当时是按33%缴纳所得税，仅这一项节税49.50万元。

2. "节税二问"：在地域布局上和产业布局上下点工夫，能否节税？

当投资者决定实施战略转移，进军新的领域和行业时，相当于又回到了成立新企业的阶段，地域布局和产业布局，均可以按照"创业初期"来实施，在此不再详述。在新税法下，地域布局享受优惠难度较大，优惠政策较少，主要是西部大开发政策、民族自治地区政策。在产业优惠上面，在《国家重点支持的高新技术领域》中规定了八类产业：电子信息技术、生物与新医药技术、航空航天技术、新材料技术、高新技术服务业、新能源及节能技术、资源与环境技术、高新技术改造传统产业。

这些产业享受所得税优惠，按照所得税法第二十八条规定，减按15%征收。

3. "节税三问"：变革一下业务流程，能否节税？

在企业战略转移期，涉及业务流程变革方面的节税，理论和方法与成长期、扩张期是一致的，但这一时期，多是从集团企业中成员企业间来考虑业务流程再造，站的高度更高，涉及范围远远超出单个企业。当然，在企业转移行为中，包括注销和投资转向中，是不适用的。只有当一个企业处于持续、正常经营期间，关注流程改造才有价值。因此，我们建议在转移行为前或后来实施业务流程方面的节税工程。

企业进入战略转移期后，相当一部分已经发展为集团公司，或者多个成员企业形成虚拟集团。这些集团内的成员企业，可能是围绕一个主业形成同心多元化，或横向多元化，或纵向多元化，在这种情况下，成员企业之间串起来，就是一个完整的大流程，比如铁矿石企业、炼钢企业、锻压企业就可以纵向串起来成为一种大流程。这时，从整合业务流程角度实施节税工程常见思路有两个：

一是将亏损业务从亏损或低盈利成员企业拿出来，植入高盈利成员企业，抵减企业的纳税所得额。比如，某药材初加工企业一直亏损，而处于其下游的成员企业某制药企业却利润丰厚。经过测算，将初加工的部分业务分拆出来，初加工企业依然略微亏损；于是，集团决定，将分拆出来的业务植入制药企业，在初加工企业不增加所得税的前提下，制药企业却减少了巨额所得税，集团整体纳税额减少。

二是业务分拆，将高税率的业务拆开后植入低税率的企业。比如，某大型设备制造销售的业务包括制造、销售和调试，是增值税一般纳税人。由于该公司取得的进项发票有限，很多进项税无法实现抵扣，增值税税负较高。同时，我们发现，该公司还有一家安装调试公司。于是，我们建议制造公司的安装调试业务分拆出来，植入安装公司，这些业务的收入就由原来纳13%的增值税变为按9%纳增值税了，从而降低了集团整体税负。

第六章

基于企业经营流程闭合环的节税工程

事实上，基于企业生命周期实施节税工程时，是离不开企业经营流程闭合环的，也就是说，"两大基石"是密不可分的。在本书"第二单元"中，第二章、第三章、第四章、第五章我们分别讨论了企业不同生命周期的节税工程，在每一个生命周期阶段，我们实施节税工程都使用了"三大手段"，其中一个手段"'节税三问'：变革一下业务流程，能否节税？"，就是基于"企业经营流程闭合环"的手段。

我们在本章单独讲述基于流程闭合环的节税工程，并不表示这一"基石"是独立的，只是我们需要对这一"基石"的运用做一些补充说明和强调。

一、"税负高点"不在财务环节

要从企业经营流程角度寻找到节税工程的突破，我们首先要弄明白，导致税负高的节点在哪里，我们称这些节点为"税负高点"。

1. 税负高，不仅仅是财务的责任

一个企业税负高，绝对不仅仅是财务的问题，甚至主要不是财务的问题。因为税收是经营过程产生的，而不是财务人员"核算"出来的。比如，我们拿增值税税负偏高来看，原因可能有：

（1）采购部门不能取得增值税进项发票，导致应该抵扣的增值税额无法抵扣；

（2）采购部门采购地点、采购批量、采购时机把握不当，致使税负增加；

（3）营销部门产品组合方式和销售方式等设置不当，将非增值税收入混入增值税收入；

（4）营销部门产品定价、销售地点等决策不当，致使应该享受的优惠无法享受；

（5）制造环节机械化程度低，人力成本偏高，而人力成本所形成的增值额，是无法用进项进行抵扣的；

（6）折旧费用偏高、制造费用浪费严重，而这些费用无法实现进项抵扣；

（7）财务人员失职，应该享受的优惠没有享受，或者核算错误，多缴税款。

从这些原因看来，很多责任都不应该由财务部门来承担。因此，为了降低税负，不能只盯着财务部门，而应该站在全流程的高度，逐个环节审视税收形成过程。

我们在"财税顶层设计"课程中，经常讲到这样一句话："税收高，税收风险高，第一责任是老板，第二责任是业务部门，第三责任才是财务部门，但财务部门有义务指导老板和业务部门如何去节

税，如何去降低税务风险。"

2. 税收责任分解，层层落实，可以找到税负高点

要实现整体节税，必须将税收责任层层分解、层层落实，不能仅仅指望财务人员把税额"算"少点。

我们可以参照财务指标分解的思路，把税额作为一个指标，由财务环节向其他环节"倒推"，从而找到各环节、各部门的明细指标。

案例：

2015 年，某公司老板计划当月最多只缴增值税 200 万元，一分也不能多缴。但当月销售回款额不得低于 5850 万元（含税）。这 200 万元怎么去实现呢？如果超过了，总不能偷税吧。

接到老板这一要求后，财务经理首先找到销售部门，让其预计当月销售量。当然，销售量是越多越好，不能因为少缴税连生意都不做了。销售部经理说当月销售量至少在 5850 万元（此为含税价，折合为不含税价 5000 万元，2015 年制造和贸易增值税税率为 17%）。财务经理由此计算出增值税销项税额为 5000 万元 ×17%=850 万元。该公司是按订单生产，当月的产品当月就卖完。接下来，财务经理找到制造部门了解当月成本情况，通过了解和测算，如果实现 5000 万元（不含税）的销量，主营业务成本是 4000 万元，即毛利率为 20%。4000 万元中，原辅材料占 80%，即 3200 万元。进项发票当然只能在这 3200 万元当中产生（假定该公司库存材料按实际成本计价），于是财务经理找到采购部门，要求这 3200 万元当中，要尽一切可能取得进项发票。采购部经理回答说，一般纳税人供应单位占 95%，都能够取得进项发票，而另外 5% 小规模纳税人供应的无法取得。也就是说，当月能够取得进项发票的采购量为 3200 万元 ×95%=3040 万

元（不含税），进项税额为 3040 万元 ×17%=516.80 万元。

于是，财务经理向总经理报告后，公司下达了完成税收任务的通知，通知要求：销售部门当月销售量突破 5000 万元时，要及时报告财务部门；制造部门当月成本结构中，人力成本和各项不能取得进项发票的制造费用不得高于总成本的 20%；采购部门当月取得的增值税进项发票进项税额，不得低 516.80 万元，取得进项发票的采购额不得低于总采购额的 95%；各后勤管理部门，协助制造、采购和营销部门完成这些任务。

销项税额 850 万元，进项税额为 516.80 万元，两者相减是 333.20 万元，即需要缴纳 333.20 万元的增值税（税负率为 333.20 万元÷5000 万元=6.67%，属于偏高税负了，而老板要求只缴 200 万元，税负率是 4%，在制造企业里属于中等水平）。怎么办呢？比老板的要求高出 133.20 万元，而且如果销量扩大的话，还可能进一步增加销项税额。

剩下的任务，只有交给财务部门实施节税工程了。偷税行为当然不能采取，财务部经理找到销售部经理，商量能否在销售环节找到突破口。经过商量和研究，他们发现在客户中，有一家是长期的大客户，该客户提出了分期付款的要求，因为公司管理层认为考察产品质量的稳定性需要一定的调试期（并不是因为缺钱而分期付款），销售部还没有答应这一要求。财务经理认为这是一个突破口，他们与客户商量，同意当月销售分期付款，该客户 2100 万元采购当中，800 万元留作分期款待下月支付，但为了完成当月老板要求的回款额 5850 万元，作为交换条件，要求这家客户预付 800 万元作为下一个合同的预付款。

这个大客户答应了预付下一个合同的要求，虽然当月支付的总货款并没有减少，但换取了产品质量调试期，对客户管理层来说，也

154

是一个收获。如此一来，当月5000万元不含税销售当中，有800万元是没有收回来的，公司也未开具发票，按照"远离法规"的思想，实现了不确认当月收入的条件。而另外收取的800万元预收款，可以挂在"预收账款"当中，暂不确认收入。因此，当月确认的不含税销售收入只有4200万元（5000万元-800万元），销项税为4200万元×17%=714万元。进项税为516.80万元，抵扣后当月应纳增值税714万元-516.80万元=197.20万元，低于老板要求的200万元。

2017年，我们在"财税顶层设计"课程中首创"税收预算"理念和方法体系，所要解决的就是上述这类案例面临的问题。如今，"税收预算"已经成为节税工程落地必不可少的环节。

二、从经营流程闭合环寻找税负高点成因

"税负高点"是一个相对概念，不能因为某个环节产生的税款多就列为税负高点，如果那样的话，永远都只是销售环节。税负高点的真正含义，是指存在多缴税的节点，或者可以不缴税而缴了税的节点。这些节点是我们要重点关注的环节。

怎样找到这些节点呢？

从我们的经验中，可以这样做，将企业流程闭合环详细地画出来，然后逐个环节逐个环节审查。在审查中，我们常常运用5W2H分析法。

5W2H分析法为第二次世界大战中美国陆军兵器修理部首创。简单、方便，易于理解、使用，富有启发意义，广泛用于企业管理和技术活动，对于决策和执行性的活动措施也非常有帮助，也有助于弥补考虑问题的疏漏。

（1）WHY——为什么？为什么要这么做？理由何在？原因是什么？

（2）WHAT——是什么？目的是什么？做什么工作？

（3）WHERE——何处？在哪里做？从哪里入手？

（4）WHEN——何时？什么时间完成？什么时机最适宜？

（5）WHO——谁？由谁来承担？谁来完成？谁负责？

（6）HOW——怎么做？如何提高效率？如何实施？方法怎样？

（7）HOW MUCH——多少？做到什么程度？数量如何？质量水平如何？费用产出如何？

发明者用五个以 W 开头的英语单词和两个以 H 开头的英语单词进行设问，发现解决问题的线索，寻找发明思路，进行设计构思，从而搞出新的发明项目，这就叫作 5W2H 法。

比如，采购环节，我们利用 5W2H 分析逐步提问：①为什么要采购这批材料，换一个批次是否可以节税？②为什么要在武汉采购？换别处采购能否节税？③为什么要在这个季节采购，如果提前采购能否节税又不影响资金使用？④为什么一定要采购 A 公司的产品，采购 B 公司的产品是否能够取得更多的进项发票？⑤为什么要直接采购？如果让集团中的成员公司代购，能否节税？⑥为什么要按现在的批量采购？采购批量对节税有没有影响？

我们发现，利用 5W2H 分析法逐一提问，总是能够找到未能有效节税甚至多缴税的环节。我们在给一家企业做节税分析时，我们发现企业采购环节因为采购量小，导致很多采购无法取得进项发票，于是，我们思考："假设没有这一个采购环节，会怎样？假设这个采购环节改成另一种方式，会怎样？"我们很快找到了思路，委托一家大型商贸公司采购，而这家商贸公司因为充当着多家企业的"总采购"，不仅价格低，而且他们全部提供增值税发票。

三、经营流程整合及再造

通过使用 5W2H 分析法，拿着"显微镜"从流程闭合环中找到税负高点后，我们就可以用"手术刀"实施流程再造了。

先打个比喻吧：有一条河，一到洪水期就出现水灾。经过调查，原来是某个河道转的弯儿很奇特，如图 2-6 所示，在 A 处形成一个小于 30 度的弯，每到洪水期，水流无法在这个地方顺利通过，导致水溢出河岸形成水灾。于是，当地民众齐心协力把河流改了道，如图 2-7 所示把河流弯道拉直了，那之后水流畅通，再也没有水灾了。

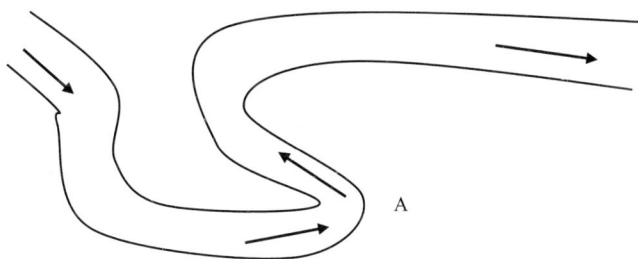

图 2-6　改造之前的河道

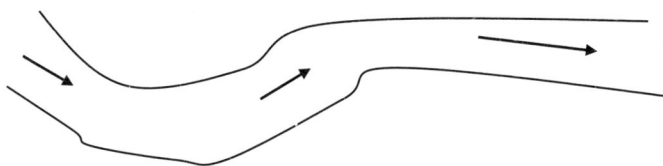

图 2-7　改造之后的河道

在企业经营管理过程中，我们的经营流程也存在很多看不见的"弯道"，这些弯道要么流失资产，要么浪费资源，要么丧失发展机会，要么多缴税费。针对这些弯道，就需要动手术。

图 2-8 所示是某高科技产品制造销售公司一个简单的流程闭合环。我们接受委托实施节税工程时，对这个流程进行分析，发现该公司产品研发费相当高，第一年 100 万元，第二年 600 万元，第三年 750 万元。我们认为，研发环节是税负相对高点，有节税空间。我们建议将产品开发部独立出去，成为一个独立的产品研发公司。

自己做研发，很多人力成本都无法进项抵扣。成立研发公司后，研发公司受托研发，可以给总公司开发票，总公司实现进项抵扣。那么，研发公司怎么办？研发公司可以申请税收优惠政策或者增值税地方财政扶持返还。如果总公司可以抵扣 6% 的增值税，而研发公司优惠或财政返还后只需要承担 4% 的增值税，就"赚"了 2%。

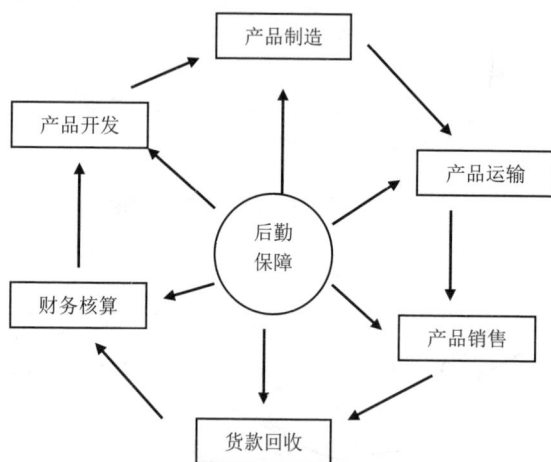

图 2-8　某高科技公司流程闭合环

四、基于流程的节税案例

1. 某发电机制造销售公司节税工程

2008 年 4 月，我们接受了来自 N 发电机组制造销售有限公司的一项节税工程设计委托业务。N 公司 2004 年由一家国有企业改制成立，产品销售到全国十多个省市，产销率保持在 97% 以上，在西南地区拥有较高的知名度。

由于市场发展良好，N 公司在 2005 年下半年投资兴建了 M 发电机组制造销售有限公司，两个公司发展情况良好，都处于盈利状态。

（1）基本情况调研

通过调研，我们发现 N 公司和 M 公司面临如下税收难题：

1）N 公司在改制后，固定资产折旧仍然按原来的方法计提，但由于改制时固定资产评估存在减值，计提基数降低，改制后计提的绝对额就降低了。另外，至 2005 年底，已经有部分固定资产计提期满而停止了计提；在 2008 年里，还有大约 15% 固定资产将计提期满而停止计提折旧。但是，所有停止计提折旧的固定资产，都还处于正常使用状态，这对公司未来损益和所得税是一个较大的影响。

2）2005 年下半年成立的 M 公司和 N 公司经营的是同样的业务，两个公司共用一套人马，办公也在一个地方，如何处理两个公司的关系，投资者们颇伤脑筋。两个公司是否有必要合为一个公司？税务部门已经对两个公司关系不清晰提出了质疑。

3）N 公司和 M 公司均无税收优惠政策可享受。

随着市场环境的变化，N 公司和 M 公司迫切需要完善处理税务问题，并建立科学的管理经营机制，调整发展战略，以适应企业发展内部和外部要求。

（2）节税工程的实施

运用节税工程的指导思想和方法论，我们着手寻找节税的突破口。通过为期一周的研究，我们发现，N公司和M公司的物流、销售、售后服务等业务，是可以分离出来的，我们可以从流程上下工夫，新设一个公司，来完成可以分离出来的业务，同时，新公司也可以协助解决固定资产问题。

1）变革流程，成立K商贸有限公司。我们认为，成立一家新的K公司，经营范围以物流服务、销售、维修维护服务为主，投资人为N公司现有股东，有利于节税工程的实施。

作为独立的企业法人，K公司和N公司、M公司之间是买卖行为。N公司和M公司将发电机组生产出来之后，以合理的价格卖给K公司，K公司再对外销售，物流运输、售后服务等均由K公司实施。与销售相关的市场开发、广告宣传等也由K公司实施，N公司和M公司与K公司签订合同，形成委托和被委托关系。

N公司和M公司所需原材料，也可以委托给K公司采购和运输，双方签订采购和运输代理合同，K公司收取代理费并缴纳营业税（2008年还未全面实行营改增）。

K公司充分利用节税工程中"靠近法规"的指导思想，从一开始就充分利用税收优惠政策，避免因为成立新公司多一个买卖环节而增加税负，相反要依靠优惠政策达到节税的目的。当K公司享受税收优惠时，N公司和M公司的利润可以通过定价转移一部分到K公司，达到节税的目的。比如K公司采购材料后加价销售给N公司和M公司，而N公司和M公司的产品以较低的价格销售给K公司。

当然，N公司和M公司的产品，以什么方式与K公司合作，也可以通过税负测算后决定。除了买卖关系外，K公司可以代销，也可以组织者身份出现。以组织者身份出现，即充当交易中介人，开展交易洽谈活动，卖家仍然是 N 公司和 M 公司。

2）靠近法规，享受优惠，成立多个类似于 K 公司的企业。由于目前所得税优惠政策较少，K 公司成立后，如果 N 公司和 M 公司可分离业务交给 K 公司，N 公司和 M 公司的税务问题解决了，K 公司的税务问题又产生了。为此，成立多个类似于 K 公司的小企业，并使之条件符合《中华人民共和国企业所得税法》第二十八条的规定：符合条件的小型微利企业，减按 20% 的税率征收企业所得税。成立多个公司，如果主要部门还是综合运用原来的部门，就只是增加几套财务账的问题。为了方便下文叙述，我们将这新成立的公司统称为 "KK 公司"。具体成立几个视需要而定，我们根据测算建议他们设立两个。

3）固定资产问题的处理。固定资产折旧，是 N 公司面临的一个大问题。也是 N 公司节税的重点环节。对于已经停止计提折旧的固定资产，以适当的价格销售给 KK 公司，再由 KK 公司回租给 N 公司。未来即将提足折旧的固定资产，届时同样处理。这样做的好处在于：

一方面，已经提足折旧的固定资产，不能提折旧了，但如果 N 公司从 KK 公司租进来，就要付租金，租金可以计入成本，从而降低所得税额。

另一方面，由于 KK 公司是小型微利企业，按 20% 纳所得税。假如 KK 公司从 N 公司收取 10 万元租金，这 10 万元如果 N 公司不支付，就要缴纳 25000 元所得税，而支付给 KK 公司，N 公司不缴这 25000 元所得税，KK 也只按 20000 元缴纳所得税，节约 5000 元。

4）关于 N 公司和 M 公司关系处理。从降低管理成本和管理难度角度考虑，N 公司和 M 公司当然可以合并起来。但从节税工程角度考虑，有必要两个公司继续独立。多一个公司，在运作节税工程时空间就更大，比如实施价格转移，费用转移等，多个企业之间运作，比单个企业之间运作要容易得多。为了消除税务部门的疑虑，两个公司有必要严格独立核算，如果条件允许，办公和生产地点均分开。通过我们的现场调研，核算、办公均可以分开，但生产分开较难，于是，我们建议生产车间全部划归 N 公司，M 公司委托 N 公司生产。

5）向高新技术企业靠近。利用节税工程"靠近法规"的思想，我们认为，通过运作和产品升级，N 公司和 M 公司有条件成为国家扶持的高新技术企业。从而符合"国家需要重点扶持的高新技术企业，减按 15% 的税率征收企业所得税"的规定。

N 公司和 M 公司的发电机组，并不符合"国家重点扶持的高新技术领域"，但市场又需要这些产品，而且两个公司也是靠这些产品在生产。于是，我们建议 N 公司继续生产这些产品，M 公司转向新型动力电池（组）开发生产。N 公司和 M 公司接受了我们的建议，并开始启运这项工作。如果高新技术认定下来，按 15% 缴纳企业所得税，则未来 M 公司的成本费用则可以尽最大可能向 N 公司转移，从而达到节税的目的。

2. 某果品加工销售公司节税工程

（1）基本情况调研

我们有一个服务长达 12 年的客户，该客户从事果品加工。2007年，受该公司老板的邀请，对该公司实施节税工程。

进入公司后，老板开口就对我们说，他的税负太高了，仅增值税就高达 16%，销售收入 2000 万元，增值税缴了 325 万元。这样的税负的确是偏高。在我们调查后，发现问题出在进项抵扣不足上面。

该公司是增值税一般纳税人，适用 17% 的增值税税率（2007年制造业增值税税率为 17%）。该公司自建果园，果园产出的水果加工成罐头、果脯等出售。2004年，该公司销售额2000万元（不含税），增值税销项税额为340万元。但是，他们取得的进项发票却非常少，只有化肥、农药等少部分采购有进项发票，加起来只有15万元。

（2）节税工程实施

我们了解一这情况之后，查阅了相关法规，审查了经营流程。

1）基于闭合环的分析。通过分析，我们发现，采购环节是税负高点。由于水果自产，所采购的物料很有限，只有化肥、农药、农膜等少数几类。能否增加采购量进而增加进项发票呢？我们提出这个问题时，立即被否定了。但我们提出了另一个思路，将果园独立出去，注册为一个独立的法人（为方便叙述，我们称之为B公司，称原企业为A公司），A公司向B公司采购水果作为加工原料。

2）靠近法规。法规一：《中华人民共和国增值税暂行条例》第八条："纳税人购进货物或者接受应税劳务（以下简称购进货物或者应税劳务）支付或者负担的增值税额，为进项税额。下列进项税额准予从销项税额中抵扣：（一）从销售方取得的增值税专用发票上注明的增值税。（二）从海关取得的海关进口增值税专用缴款书上注明的增值税。（三）购进农产品，除取得增值税专用发票或者海关进口增值税专用缴款书外，按照农产品收购发票或者销售发票上注明的农产品买价和13%的扣除率计算的进项税额。进项税额计算公式：进项税额＝买价×扣除率。（四）购进或者销售货物以及在生产经营过程中支付运输费用的，按照运输费用结算单据上注明的运输费用金额和7%的扣除率计算的进项税额。进项税额计算公式：进项税额＝运输费用金额×扣除率；准予抵扣的项目和扣除率的调整，由国务院决定。"

这一条中明确规定，购进农产品，可以抵扣13%的进项税。委托我们实施节税工程的公司自产水果，自然无法享受这条规定。我们将果园独立出去注册新公司，A 公司向 B 公司购买水果，是靠近这条法规的规定。

法规二：《中华人民共和国增值税暂行条例》第八条："下列项目免征增值税：（一）农业生产者销售的自产农产品；（二）避孕药品和用具；（三）古旧图书；（四）直接用于科学研究、科学试验和教学的进口仪器、设备；（五）外国政府、国际组织无偿援助的进口物资和设备；（六）由残疾人的组织直接进口供残疾人专用的物品；（七）销售自己使用过的物品。除前款规定外，增值税的免税、减税项目由国务院规定。任何地区、部门均不得规定免税、减税项目。"

这一条明确规定，农业生产者销售的自产农产品，免征增值税。果园独立出去注册为 B 公司，也是靠近这条法规的规定。

3）利用节税工程辅助技术调节税基。B 公司加大技术投入，提高果品质量，A 公司可以以此为理由，用略高于市场价的价格采购水果，这样 A 公司可以从 B 公司获取更多的进项税额。

4）节税效果。将果园从 A 公司分离出去成立 B 公司后，两个公司的总的增值税为：

——分立后 A 公司，销项税额不变，仍为 340 万元。

——A 公司向 B 公司采购水果，价格略高于市场价，总采购额为 1400 万元（不含税），进项税额为 1400 万元 ×13%=182 万元。

——B 公司不产生销项税。

——A 公司原来采购化肥等取得的进项税，转移到了 B 公司，但 B 公司不能抵扣，因为 B 公司是免增值税，因此，这里损失进项抵扣 15 万元。

上述加起来，两个公司当年需缴纳增值税额为 340 万元 –182 万元 +15 万元 =173 万元。

但在实施节税工程之前，当年需缴增值税为 340 万元 –15 万元 = 325 万元。

两者一对比，节税 152 万元，节税效果十分明显。

第三单元

节税工程实践核心知识及实践工具

第一章
节税工程实践核心知识

一、节税工程无法孤立实施

节税工程诞生 10 年了。在这 10 年里,有许许多多"山寨"节税工程,自以为懂了,认为节税工程就是"找一个洼地,注册一家公司,开发票回来"。结果,害了不少企业和企业家。

节税工程是一个体系,是一项系统工程。我们的学员在落地节税工程后无不感叹:"节税工程博大精深,真是一项充满智慧哲学的工程!"

节税工程有两大突破口:一是消除内外两本账差异,实现两账"合二为一";二是解决进项发票不足的问题。

节税工程的大思路是:起于战略,终于战略。

两大突破口
节税大思路

企业
战略

长治
久安

全面
预算

节税
工程

税收
预算

成都汇财道企业管理咨询有限公司

节税工程的实施分为五大步骤，其中包括很丰富的内容和很复杂的工作。这些年，节税是一个热门话题，很多机构在模仿我们的课程内容，但有很多内容他们却讲不清楚。我们的很多学员也听了他们的课程，当他们到了我们课堂上时，才发现："原来节税工程如此神奇！"

从"五部曲"来看，节税工程是一个完整服务体系中的一个环节，为节税而节税，是治标不治本，只有系统性地解决问题，才能达到最佳效果。

这些年来，很多人看到了我"节税工程"的成就，但不知道我背后付出了多少努力。我付出30余年时间，实践3800多个案例，深度研究100多家世界500强企业，解决超过10万个财税难题，才有了节税工程。到目前我出版了91本书，这些书就是对"节税工程"的支撑。我很认同香港电影艺术家周星驰的一句话："人生的每一步都算数。"正因为有背后的每一步，才有了节税工程的灿烂。

真正的节税工程，落地"五部曲"

真正的节税工程，绝对不是"找个洼地，注册一家企业，享受核定征收"那么草率真正的节税工程落地，包括"五部曲"：

1.深度演练：转换思维，脱胎换骨

2.深度测算：业务流程优化、商业模式优化、成本结构分析、费用结构分析、收入结构分析、核算方法优化……

3.净化历史：化解历史硬伤，净化历史原罪

4.税收预算：收入、成本、费用分析，发票分析、税收压力测试、上下游弹性测试、税收生态环境测试

5.落差制造：创造条件，132种方法靠近税收优惠，建立落差，消化税收、内部"两账合一"、外部生态环境建立

二、节税工程课程体系

我们的"节税工程"经过 10 年时间的实践，内容太过丰富，限于精力，无法一一在本书中列出来，很多读者通过网络找到我们，问我们在哪里能够学到更多内容。为此，在这里介绍一下我们的课程体系。这些课程，加起来要讲 16 天 12 夜，加上 6 至 12 个月的辅导，如果全部整理成图书，应该突破了 1000 万字。

我们"成都汇财道企业管理咨询有限公司"是一家咨询公司，我们的课程只是咨询服务的一个环节。为了让学员全面落地节税工程，我们推出了以下三大核心课程。

1. 总裁税务兵法实操班

这个课程的课期是 3 天 2 夜，系统性地介绍企业如何利用节税工程解决税收问题，达到"税收降低，两账合一，消除风险，财税规

范"的目的。在这个课程上，我们讲述节税工程方法体系，并辅导学员完成"九大节税方案"。

2. 财税顶层设计定制咨询

这实际是一项咨询服务，包括"课程"和"咨询"两个阶段。

其中，"课程"又分为两个小阶段：一是4天3夜的集训，二是3天2夜的密训。它是全方位、全系统解决企业战略、管控和节税问题，讲述顶层设计系统、财政管控系统和利税统筹系统三大板块，并详细解读132种方法，现场专家老师一对一辅导学员做出方案。

"咨询"则是提供6至12个月的落地服务。

3. 全员财政落地训练班

节税工程不是财务部一个部门的事情，而是老板挂帅、全员参与的事情。全员财政落地这个课程是3天2夜，由老板、财务部门、业务部门共同参加。这个课程只对已经学习节税工程的老学员开放，其目的是推动落地。我们在实践过程中发现，如果业务部门不懂财务，财务部门不懂业务，双方很难理解、支持与融合，就很难把节税工程落到实处。因此，我们推出了这个课程。

三个课程，形成一个系统。"总裁税务兵法实操班"传授节税工程方法体系和方案制作，"财税顶层设计定制咨询"解决顶层、战略和税收难题及落地服务，"全员财政落地训练班"实现企业各板块人员共同来落实节税工程。

三、节税工程核心知识

三大课程讲述的内容很多，我们在这里把最关键的几个核心知识奉献给读者朋友。

1. 入门口诀

节税工程包括四句入门口诀。"进项不足，自己加"，指的是通过"外江"增加企业的进项抵扣成本，从而实现节税。"销售太高，自己减"，指的是将"内江"的销售产能转移到"外江"，去享受税收落差或化整为零。"业务剥离，切西瓜"指的是将企业现有功能业务剥离出企业，使之独立成为企业的"外江"，从而实现不同业务板块的税收差异并节税。"税收转移，接水管"指的是通过业务关系即飞沙堰，将税收引流到"外江"，享受税收落差并节税。

十、四句入门口诀

进项不足，自己加

销项太高，自己减

业务剥离，切西瓜

税收转移，接水管

白条变发票 小票变大票	切西瓜 分小家	直路变弯路（直接购销变为间接购销） 工资变业务（劳动关系变为业务关系）

2. 五大平台

节税工程通过五大平台，来体现"内江"和"外江"。

（1）经营平台。即现有企业，它是内江。

（2）持股平台。它是外江之一，解决股东分红、转让股份如何少交税的问题。

（3）资本平台。它是外江之一，解决资本进入、退出如何少交税的问题，以及通过平衡不同投资项目收益，达到少交税的目的。当然，它也能够解决利润再投资税收问题。

（4）节税平台。它是外江之一，解决进项成本不够的问题。

（5）资金平台。它是外江之一，解决白条、佣金无发票、高管个税等问题。

3. 五大切分

"切西瓜""接水管""玩气球""接水管"……这些通俗的词语，都是节税工程的方法体系。其中"切西瓜"是核心。通过五种切分，实现税收落差。

（1）企业规模切分，形成不同规模的企业。

（2）产品形态切分，形成不同形态的产品。

（3）行业定义切分，形成不同的行业。

（4）政策应用切分，形成不同的政策差异。

（5）地域位置切分，形成不同地域的政策差异。

4. 五大步骤与六大要素

根据都江堰治水过程，我们总结出节税工程的五大步骤和六大要素。

（1）五大步骤

第一步：找痛点。即找到税收高的原因。

第二步，设外江，造落差。即设立税收转移的平台，并创造税收落差。

第三步，设飞沙堰。即让内外江形成合理的业务关系，并实实在在产生业务往来。

第四步，调水。即将内江的税收转移到外江去消化。

第五步，设瓶口，转模式。即通过一定的机制，转换业务模式、商业模式和销售模式。

（2）六大要素

结合都江堰治水，我们总结出节税工程的六大要素：

一是"内江"，即现有企业，经营平台。

二是"痛点"，即税收高和风险高的原因。

三是"外江"。即另外四大平台。

四是"落差"。内外江之间的水位落差，比喻税收落差。

五是"飞沙堰"。内外江之间的连接机制，即不同平台间的业务关系。

六是"宝瓶口"。即模式转换机制。

第二章
节税工程 132 种方法最新口诀

节税工程的方法在不断更新，由最初的 16 种方法发展到现在的 132 种方法，将来还会不断增加。当然，根据税收政策，我们也在剔除其中一些旧的方法。

一、口诀说明

节税工程口诀由成都汇财道企业管理咨询公司资深实践专家宋玉磊老师整理，她同时也是"总裁税务兵法""财税顶层设计""全员财政"课程的讲师之一，并且是"全员财政"的联合创始人。

这个口诀是 132 种方法的浓缩总结，每两句代表一个方法。由于内容每月在更新，无法将详细内容解读出版。宋玉磊老师已经着手开设网络平台，她将在网络平台上给读者——解读这些口诀。

二、132 种方法口诀

乾坤大挪移功法修炼细则

上字诀（20 种方法）

01. 税收消化靠落差，上游拉长产业链。
02. 进项不足自己加，采购公司设前端。
03. 若想加价更合理，初级加工更自然。
04. 仿照山区提水站，层层提价到云间。
05. 身高落差谈恋爱，上游结婚笑开颜。
06. 国外采购套现金，采购公司设离岸。
07. 伟人思想来节税，一企两制外围展。
08. 进项十三销项六，产品服务紧相连。
09. 材料分拣可外包，增加进项十三点。
10. 采购服务也外包，增加进项六个点。
11. 贷款利息不抵扣，金融咨询可抵全。
12. 成立自家贸易业，省出发票自己填。
13. 供方发票量开够，省出加价大空间。
14. 税收洼地搞物流，加大进项税安然。
15. 采购要求供应方，所有费用一票全。
16. 专利转让有税收，增值税免著作权。
17. 房企利息勤筹划，土增清算更划算。
18. 技术入股税递延，递延期间筹划全。
19. 售后服务切西瓜，服务中心放前面。
20. 软件公司独运作，放在总部的前端。

00.乾坤挪移上字诀，方法二十心悦然。

下字诀（43种方法）

01.税收跑步掉水凼，下游拉长产业链。
02.税收洼地做销售，销项太高自己减。
03.下游结婚不排斥，税收落差是必然。
04.业务中心设洼地，应对资质监管严。
05.代理销售迟纳税，销售模式很关键。
06.线上线下平行走，线上开票线下减。
07.建筑安装清包工，甲供只要三个点。
08.软件产品有优惠，上交十三返一十。
09.一卖二租三联营，出手方式巧转换。
10.利润转移到境外，销售公司在离岸。
11.委托加工反委托，税收转移在瞬间。
12.代收代付少纳税，四个条件要齐全。
13.免税产品送服务，产品服务税全减。
14.边角余料多卖出，消化库存心中甜。
15.淘汰材料可利用，高进低出税省点。
16.订单取消非标品，低价出售存货减。
17.终端个体要独立，股东名字不关联。
18.平台运作服务业，阿里马云是居间。
19.产品服务要分江，混合销售分开算。
20.销售返点开红票，冲减营收税收减。
21.出口方式慎选择，自营出口退抵免。
22.产品调试包他人，索取发票十三点。

23. 想方设法加进项，旧品回收委外干。

24. 包装押金定期收，降低基数税收减。

25. 交通运输巧转换，九点税收变六点。

26. 不动产业转服务，降低税收绕房产。

27. 产品服务转技术，增值税收全部免。

28. 加盟营收转投资，全部税收不用管。

29. 纳税商品植免税，左低右高税必减。

30. 个体释放暗收入，逃税在向漏税变。

31. 技术转让巧安排，税收下降心爽然。

32. 管理销售两分离，销售移到洼地间。

33. 少量提价客多抵，主动放弃征收简。

34. 饭店老板送外卖，商品只征六个点。

35. 教育辅导非学历，百分之六降到三。

36. 设备加人同出租，十三降到九个点。

37. 若要九点降六点，房租转变为会展。

38. 植物养护单独算，税收降到六或三。

39. 信息系统在裸奔，系统归属很关键。

40. 自产设备带安装，安装可以征收简。

41. 客户购料我加工，收入降低税收安。

42. 代购货物规范化，客户商家面对面。

43. 房开变成非房开，资产剥离巧周旋。

00. 乾坤挪移下字诀，字字珠玑记心间。

左右诀（31 种方法）

01. 研发公司放前端，放大费用税收减。

02.劳务派遣或外包，税收社保平衡点。

03.加工业务委外边，人力成本可抵全。

04.品牌公司放洼地，品牌收费利润转。

05.物流公司挂个体，司机成本统筹转。

06.广告公司放凶间，费用指标全用完。

07.商务功能专业化，会展招商放洼田。

08.咨询公司易运作，利润转移巧套现。

09.卫星小微或个体，绕着地球团团转。

10.资产出售变分立，特殊处理税收免。

11.设备公司独运作，租金来把折旧换。

12.集团内部租设备，利润转移到洼间。

13.境外服务进成本，服务公司设离岸。

14.外部人员计薪酬，加大扣除税收减。

15.福利补贴转工资，不过是把双刃剑。

16.资源利用税收减，比照法规创条件。

17.总部成本转小微，小微降税超一半。

18.研发费用巧加计，研发失败不艰难。

19.投资项目委外找，左手右手利润转。

20.利润太多税收高，股票委托外操盘。

21.社保压力扛不住，流动人员聘期短。

22.注销转变为重组，妈妈生儿资产转。

23.外一内多如套娃，外大内小有落差。

24.手起刀落切西瓜，专业功能巧分家。

25.大狗带领群小狗，一母多子独立转。

26.一租价低二租高，倒手巧把房产免。

27.巧用成本输入法，税收随着成本减。

28. 利润放哪不简单，利润挪移税收变。

29. 自身管理太麻烦，托管经营是首选。

30. 房产土地巧离分，税收降低到五成。

31. 分拆工资到两边，社保风险降一半。

00. 乾坤挪移左右诀，税收转移是必然。

凹凸诀（21种方法）

01. 盈亏凹凸最经典，相互抵消税收减。

02. 土豪钱多心不安，纷纷跑到乡村间。

03. 资产费用重配置，哪有费用税就减。

04. 分子公司巧妙选，费用抵利降税款。

05. 异地巧设持股台，跨地分红个税减。

06. 非营机构利润转，变相分红老板欢。

07. 商会协会加社团，增值税收三个点。

08. 创投企业政策好，投资利润相抵免。

09. 基金分红不交税，基金节税效果显。

10. 企业香港炒股票，时间足够税收免。

11. 残疾人员要关爱，工资可把税收换。

12. 关联企业巧借款，利息可把利润转。

13. 同一控制创条件，资产划转税收免。

14. 软件教育经费全，教育公司在洼田。

15. 供产销分三公司，业务招待可多减。

16. 广告费用有限额，供产销售分三段。

17. 折旧提足仍在转，低卖高买税收减。

18. 折旧提足做转移，小微企业转一圈。

19. 账外资产假购入，成本摊销更划算。

20. 股票转手画圆圈，三板政策大转变。

21. 股权债权勤筹划，资本弱减税巧减。

00. 乾坤挪移凹凸诀，体重下降税收减。

大小诀（17种方法）

01. 房开企业利外转，土增税收巧妙减。

02. 房屋租赁变场租，房产税收巧化无。

03. 价格调整降基数，消费税收巧周旋。

04. 种同目异可转换，税收降低转眼间。

05. 代开发票很常见，相比白条更划算。

06. 高管个税压力大，现金平台来解难。

07. 白条放在小微报，税收二十还减半。

08. 宝瓶口后小水沟，税收分散并消减。

09. 多领工资少分红，税收找个平衡点。

10. 大额分红变借款，现金平台再来还。

11. 分红税收太恐怖，不如专利来套现。

12. 不按股比来分红，法人分走再套现。

13. 直接投资少分红，个税减少二十点。

14. 异地分红走弯路，税收减少近一半。

15. 多用平台转利润，分红最好变套现。

16. 建安成本巧提升，流转税升所得减。

17. 投资收益互平衡，税收筹划得高分。

00. 乾坤挪移大小诀，小税总比大税甜。

第三章
节税工程实践方案指引

无论财税顶层设计，还是节税工程，都是老板、财务主管、业务主管、财务人员共同参与的。他们关注的角度不一样，分工也不一样。我们这里提供了几套方案指引，适用于不同对象，供读者参考。

一、财税顶层设计方案提纲

这个提纲适用于老板和主管。用于引导老板和主管思考方向。

财税顶层设计方案提纲

第一章　战略财务

1.公司愿景（想做什么）

2.战略规划（想做到什么程度）

2.1 营业规划

2.2 资本规划

2.3 利润规划

3.商业模式（用什么样的模式去实现）

4.财务资源整合（缺乏什么，如何补）

4.1 缺乏的资源

4.2 资本整合模式（含招商）

4.3 团队、产品和市场的整合

第二章　股权治理

1.股权现状梳理

1.1 股权结构

1.2 存在的问题（理想与追求、价值观、矛盾、控制权旁落）

2.股权扩张（稀释）的目的

2.1 增加资本金

2.2 增强企业市场竞争力

2.3 吸纳和留住优秀人才

3.股权变革主体的选择

3.1 "帽子""鞋子"的选择

3.2 意向股东的选择

4.股权稀释计划

4.1 第一轮：方式、比例、金额、进入和退出机制

4.2 第二轮：方式、比例、金额、进入和退出机制

4.3 第三轮：方式、比例、金额、进入和退出机制

第三章　管控模式

1. 集团管控模式

2. 财务管控模式

3. 管理权限划分

3.1 组织架构优化

3.2 管理权限划分

4. 基本管控手段

5. 目标责任体系

5.1 年度目标细分（与第一章中营业收入规划对接）

5.2 目标责任考核

6. VEA 指标的应用

7. 签字权限划分

8. 报表体系的建立

9. 全面预算管理

第四章　利润倍增

1. 目前和未来利润源思考

2. 利润倍增途径规划

3. 轻模式导入计划

4. "开源"规划

4.1 构建三个层次的销售

4.2 经济下行期的报价策略

4.3 老用户销量扩张计划

4.4 强化营销团队考核

4.5 "互联网 +" 的构想

4.6 品牌规划

5. "节流" 规划

5.1 节流途径

5.2 节流具体规划

5.3 人力资源利用计划

第五章　税收体系

1. 企业税务现状及风险分析

2. 风险处理思路

2.1 彻底消除

2.2 分散—转移—消化

3. 规范运作税收成长增长测算

4. "分企业治税"

4.1 向上游发展规划

4.2 向下游发展规划

4.3 向左右发展规划

4.4 异地发展规划

5. 多主体间业务流程或商业模式规划

6. 税收调节规划与测算

7. 财务规范计划

第六章　财务体系

1. 虚拟集团管理

2. 财务组织架构

3. 财务账套体系

4. 财务报表体系

5. 基本会计政策

二、财税顶层设计方案（模板）

这个模板供老板、主管和财务人员使用，由他们共同完成企业的财税顶层设计方案。

财税顶层设计方案

（模板）

总体目标

从 2016 年开始，经过五年发展，至 2020 年年底，公司达到以下总体目标：

（　　）1.＿＿＿＿年实现＿＿＿＿＿＿＿＿挂牌（上市）。

（　　）2.＿＿＿＿年年销售收入达到＿＿＿＿＿＿＿＿亿元。

（　　）3.＿＿＿＿年年末总公司（合并报表）净资产达到＿＿＿＿亿元。

（　　）4.＿＿＿＿年实现上市，市值达到＿＿＿＿＿＿亿元。

第一章　战略财务

一、公司愿景

为了明确公司未来发展方向，根据公司战略规划，现明确公司愿景为：

二、商业模式

经过公司创始团队的努力，经过＿＿年的奋斗，目前具备一定规模，目前的商业模式是：

公司目前面临进一步发展壮大需求，拟升级（转型）现有商业模式，升级（转型）后商业模式为：

三、营业规划

1. 市场布局方式

根据商业模式定位，未来公司选择市场布局方式为：

（　）（1）经营现有传统商品（服务），传统营销模式，发展线下经销商、代理商（或连锁主体）。

（　）（2）经营传统商品（服务），走"互联网＋"路径，结合线下平台，发展线下"地推"团队，至2020年全国发展＿＿家一级地推公司，＿＿家二级地推公司。

（　）（3）纯平台化经营模式，大力发展平台功能，提升平台服务，获取三种收益：一是收取平台使用费；二是商业居间服务，收取贸易差价；三是沉淀资金，获取资金池收益。

（　）（4）其他：

2. 营业收入规划

根据公司确定的市场布局方式，我们对 2016 年至 2020 年营业收入规划见表 1：

（ ）表 1 传统营销模式营业收入规划

商品(服务)	2016 年	2017 年	2018 年	2019 年	2020 年
合 计					

注：

2016 年省级销售渠道达到＿家，每家贡献＿万元营业收入。

2017 年省级销售渠道达到＿家，每家贡献＿万元营业收入。

2018 年省级销售渠道达到＿家，每家贡献＿万元营业收入。

2019 年省级销售渠道达到＿家，每家贡献＿万元营业收入。

2020 年省级销售渠道达到＿家，每家贡献＿万元营业收入。

（ ）表 1 传统商品(服务)"互联网 +"营业收入规划

商品(服务)	2016 年	2017 年	2018 年	2019 年	2020 年
合 计					

注：

2016 年一级地推公司＿＿＿家，贡献＿万元收入，二级地推公司

_____家，贡献__万元收入。

2017年一级地推公司_____家，贡献__万元收入，二级地推公司_____家，贡献__万元收入。

2018年一级地推公司_____家，贡献__万元收入，二级地推公司_____家，贡献__万元收入。

2019年一级地推公司_____家，贡献__万元收入，二级地推公司_____家，贡献__万元收入。

2020年一级地推公司_____家，贡献__万元收入，二级地推公司_____家，贡献__万元收入。

（ ）表1 平台化经营模式营业收入规划

收入类别	2016 年	2017 年	2018 年	2019 年	2020 年
合 计					

注：

2016年，平台使用费收入_____万元，居间差价收入_____万元，资金收益___万元。

2017年，平台使用费收入_____万元，居间差价收入_____万元，资金收益___万元。

2018年，平台使用费收入_____万元，居间差价收入_____万元，资金收益___万元。

2019年，平台使用费收入_____万元，居间差价收入_____万元，资金收益___万元。

2020 年，平台使用费收入_____万元，居间差价收入_____万元，资金收益___万元。

（ ）表 1　其他模式下营业收入规划

收入类别	2016 年	2017 年	2018 年	2019 年	2020 年
合　计					

四、利润规划

根据上述营业规划，结合不同商品（服务）、不同收入类别的盈利水平，对未来五年盈利情况做如表 2 规划：

表 2　2016 年至 2020 年利润规划

商品(服务)、收入类别	利润率	2016 年	2017 年	2018 年	2019 年	2020 年
合　计						

五、资本规划

此处所称资本，是指股东可以支配的净资产，包括实收资本、资本公积、盈余公积、未分配利润。

1.资本扩张模式选择

根据公司情况，确立资本扩张模式为：

（　）（1）创始人股本裂变模式

（　）（2）上下交叉持股模式

2.招商融资规划

（　）（1）创始人股本裂变模式

公司设定上市前场外三轮融资后，总股本为___亿元。

创始人股东原始投入_____万元。在三轮融资结束后，创始人股东持股 51% 即___亿元。创始人股东实行股权转让方式，每轮融资溢价部分由创始人股东增资到公司，最终达到 51% 即___亿元。

三轮融资见表 3：

（　）表 3　创始人股本裂变模式融资计划

轮次	股份数量	单价	融资额
第 1 轮			
第 2 轮			
第 3 轮			
合　计			

（　）（2）上下交叉持股模式融资计划

公司设定上市前，总股本为___亿元。以此总股本倒推每一个子公司占股比例。

招商融资见表 3：

（ ）表 3　上下交叉持股模式融资计划

子公司级次	2016 年	2017 年	2018 年	2019 年	2020 年	合计
省级（52%）						
地级 （52%×52%）						
合　计						

3. 利润积累规划

详见表 2。

4. 战略性股权融资规划

（1）公司历年净资产预计

通过招商和利润积累，总公司合并报表净资产见表 4。

表 4　历年净资产

项　目	2016 年	2017 年	2018 年	2019 年	2020 年	合计
合并实收资本						
未分配利润						
合　计						

（2）公司估值预计

为稳健起见，公司采用净资产倍数估值法。公司净资产按＿＿倍估值，估值见表 5。

表 5　公司估值预计

项　目	2016 年	2017 年	2018 年	2019 年	2020 年	合计
年初净资产						
本年增加招商						
本年增加利润						

项　目	2016 年	2017 年	2018 年	2019 年	2020 年	合计
本年增加战略融资						
本年净资产累计						
估值倍数						
公司估值额						

（3）战略性融资规划

公司计划第一轮释放___%股权，第二轮释放___%股权，第三轮释放__%股权。具体见表 6（融资额为估值乘以释放比例）。

表 6　战略性股权融资规划

轮次	期初估值额	股份比例	融资额	备注
第 1 轮				
第 2 轮				
第 3 轮				
合　计				

5.上市资本扩张

公司计划 2019 年（或_____年）启动上市工作，从表 5 看该年末净资产为___亿元。

按照净资产_____倍股价计算，市值达到____亿元。

6.资本规模预计

从表 5 可以看到，截止到 2020 年，公司资本（净资产）达到___亿元，从上述"上市资本扩张"分析可以看到，截止到 2020 年公司市值达到___亿元。

六、其他资源整合

1.具备竞争力的技术

（　）购买

（　）让其技术入股

（　）并购其公司

（　）自行研发

2.具备竞争力的产品

（　）购买

（　）让其技术入股

（　）并购其公司

（　）自行研发

3.具备竞争力的销售渠道

（　）商业合作

（　）为其代工

（　）股份整合对方

（　）参与对方股份

（　）加入对方（被整合）

4.具备竞争力团队

（　）为其投资

（　）为其成立创业主体

（　）招募

第二章　股权治理

一、股权现状梳理

1. 股权结构

公司目前的股权结构见表7。

表7　公司目前股权结构

股东名称	股份比例	到位出资金额	到位出资时间	出资方式

2. 股权治理中存在的问题

（　）　理想与追求不一致

（　）　价值观不一致

（　）　股东团队存在矛盾

（　）　公司控制权旁落

（　）　没有问题

二、股权扩张（稀释）的目的

为了增强资本实力，公司启动股权扩张（稀释）计划，其目的是：

（　）1. 增加资本金

（　）2. 增强企业市场竞争力

（　）3. 吸纳和留住优秀人才

（　）4. 整合核心技术

（　）5. 整合竞争力产品

（　）6. 整合供应商

（　）7. 整合销售渠道

（　）8. 创始人股东收回部分投资

三、股权变革主体的选择

1. 当年已有主体及其股份情况

2. 未来上市主体

（　）（1）公司确定未来上市主体为：

（　）（2）拟成立新的主体来运作上市：

四、拟邀请新股东名单及股份比例

见表8，股价按加入时净资产的＿＿＿倍计价。

表8　拟邀请新股东名册

股东名称	股份比例	出资方式	股价计价方法	备注

五、变革方式（"帽子""鞋子"的选择）

（　）1. 戴帽子模式，图示如下：

（　）2. 穿鞋子模式，图示如下：

（　）3. 修帽子（鞋子）模式，图示如下：

六、股权稀释计划

1. 稀释计划

增资扩股，做大蛋糕，是全体创始人股东共同的选择。结合"顶层设计方案"第一章"战略财务"中的招商、战略性股权融资，加上本章邀请加入新股东（含股权激励对象），汇总出股权稀释计划，见表9（先填下面部分，最后再汇总填上面部分）。

表9　股权稀释计划

创始股东名称	创始股东股份比例	稀释因素	释放比例	稀释后比例

创始股东名称	创始股东股份比例	稀释因素	释放比例	稀释后比例
合计	100%			
		1. 招商		
		其中 2016 年		
		其中 2017 年		
		其中 2018 年		
		其中 2019 年		
		其中 2020 年		
		2. 整合资源		
		其中：		
		其中：		
		其中：		
		其中：		
		其中：		
		其中：		
		其中：		
		3. 股权激励		

创始股东名称	创始股东股份比例	稀释因素	释放比例	稀释后比例
		4.战略性融资		

2.进入与退出机制

(1) 进入机制，根据不同股东情况，具体约定，以协议方式约束。

(2) 退出机制，按下列几种或一种方式实施。

( ) 经股东会同意，内部或对外转让，价格协商。

( ) 上市后自由出售，按市价。

( ) 公司回购，回购价按原始投入___倍，最迟于___年年底回购。

第三章　管控模式

管理是战略实现的基础保障。

基于几个方面的因素，公司将可能成立多个主体：一部分上市成为公众公司，一部分不上市继续保留家族企业色彩；一部分企业实行股权激励，一部分企业暂不实行股权激励；多主体相互提供融资平台；多主体相互提供节税支持；股权招商，或整合资源，吸收重组企业；放下历史包袱，化解历史风险，成立新主体运作，旧主体实施收缩战略。

这些主体虽然不注册为集团公司，但可以视为一个集团，即虚拟集团，按照集团方式进行管理，即虚拟集团管理。

一、集团管控模式

根据公司目前和未来五年规模，以及公司企业文化特点，选择（　）作为集团管理模式。

1. 财务管控型

总部关注下属主体的经营成果和财务指标，对具体的运营过程一般不干涉。投资控股集团多采用这种模式。

2. 战略管控型

总部不仅关注下属主体的经营成果和财务指标，更关注各主体间的战略协同。相关多元化、实业投资型集团较多采用此种模式。如果还参与下属主体具体的战略实施过程，就称为战略实施型；如果只是对子公司进行战略管控，而不参与其实施过程，就称为战略指导型。

3. 经营管控型

总部对下属主体的日常运营进行深度管理，主要为单行业集团或相关多元化集团所采用。

二、财务管控模式

根据公司管理文化，以及基层财务团队规模和水平，公司选择（　）作为财务管控模式。

1. 集权式财务管理

集权式财务管控模式是集中资产管理权，不仅涉及决策权，而且包括经营管理权及部分的业务控制权。

2. 分权式财务管理

分权式财务管控模式是总部只保留对下属主体的重大财务事项的决策权或审批权，将日常财务决策权和管理权完全下放到下属主体，下属主体只需将决策结果报总部备案即可。

3. 集权与分权相结合的财务管理

集权与分权结合模式，既发挥集团财务调控作用，激发下属单位的积极性和创造性，又有效控制经营者及下属单位风险，有利于克服过分集权或分权的缺陷，综合集权与分权的优势。

三、管理权限划分

1. 财权、人权、经营权的平衡

（　）（1）财权、人权、经营权均高度集中。

（　）（2）财权、人权、经营权均高度分散。

（　）（3）财权、人权相对集中，经营权相对分散。

2. 组织架构优化

组织架构决定着资源和权力划分基础。

（1）公司现有组织架构图示如下：

（2）优化意见以及优化后的织架构图如下：

3. 管理权限划分

公司出台专门的文件，对各系统中高层管理者权限进行划分。

详见公司____号文件。

四、目标责任体系

1. 目标责任体系建立程序

目标责任体系的建立和落实，是公司管控的核心。

其步骤如下：

第一步，将战略目标分解为阶段性（年度）目标；

第二步，阶段性（年度）目标分解到各月度；

第三步，阶段性（年度）目标分散到各业务板块；

第四步，与各业务板块负责人签订目标责任书；

第五步，实行目标责任考核。

2. 目标责任考核

（　）（1）公司对高级管理人员进行目标责任考核，每人签订目标责任书；

（　）（2）公司将中层管理者也纳入目标责任考核，每人签订目标责任书。

3. EVA 的应用

公司引入 EVA 指标，其计算公式如下：

经济增加值 = 税后净营业利润 - 资本成本 = 税后净营业利润 - 调整后资本 × 平均资本成本率

税后净营业利润 = 净利润 +（利息支出 + 研究开发费用调整项 - 非经常性收益调整项 × 50%）×（1 - 25%）

调整后资本 = 平均所有者权益 + 平均负债合计 - 平均无息流动负债 - 平均在建工程

公司确定按下列方式应用EVA指标：

（　）将EVA指标纳入目标责任书，作为第一个考核指标；

（　）目标责任书独立考核，再用经济增加值指标进行考核结果修正。每年年底制定次年经济增加值指标，次年超过该指标，目标责任书考核分数上浮__%，达到但未超过不浮动，未达到下调___%。

五、签字责任落实

让每一级管理者认真对待签字权，肩负起签字的责任，是管控的关键点之一。

公司出台专门的文件，规定签字责任落实。详见__号文件。

六、全面预算管理

公司实行全面预算管理，提升每年年度目标的达成率。详见__号文件。

第四章　利润倍增

一、当前和未来利润源梳理

1.当前的利润来源

2.未来的利润来源

（　）商品或服务"差价"

（　）股本溢价

（　）资本收益

二、 利润倍增途径规划

在下列途径中，公司决定将（_____）作为增加利润的重点途径。

1. 基本途径

（1） 股本溢价和资本收益

（2） 实施"轻模式"，加快资金周转

2. 辅助途径

（1） 开源——增加销售收入

（2） 节流——砍掉不必要的成本

（3） 节税——在"国"与"企"分配中占据主导

三、 轻模式导入计划

公司计划在（　　　）年导入"轻模式"，简化管理，提升沟通效率，提升供应链效率，加快资金周转。

同时，公司将"流动资金周转次数"指标纳入每一个中、高层管理者考核指标体系。

四、"开源"规划

1. 构建三个层次的销售

根据公司未来发展规划，在三个层次中，公司将实施（　　　）个层次。

（1）"卖自己"：出售我们自己的商品（服务），赚取差价。

（2）"卖平台"：建立行业平台，收取平台使用费。

（3）"卖别人"：建立行业平台，公司充当居间角色，赚取居间费用。

2. 经济下行期的报价策略

公司财务部向营销部门提供三种"底价"：

（1）完全成本（＝制造成本＋期间费用）

（2）制造成本（＝材料＋人工工资＋制造费用）

（3）生产变动成本（＝材料＋人工工资＋需要现金支付的制造费用）

公司确定：

按不低于完全成本报价的业务：

按不低于制造成本报价的业务：

按不低于生产变动成本报价的业务：

3. 老用户销量扩张

（1）控制老用户流失率，排名前＿＿＿＿位的老用户，按家数计算，流失率控制在＿＿＿％以内。

（2）每月制订老用户销量扩张计划，见表10。

表10　老用户销量扩张计划

用户名称	上月销量	本月计划增加量	增加比率	增加措施

4.强化营销团队考核

加强营销团队考核，激励每一个人的斗志，同时拉开收入差距。考核制度见公司____号文件。

5."互联网+"的构想

"互联网+"已经不是趋势，而是眼前的事实。公司"互联网+"描述如下：

6.品牌规划

品牌传播一方面增加业务收入，另一方面增加公司在资本市场的吸引力。

互联网时代"听众"分散，阅读碎片化，传播手段多样化，但同时也降低了企业品牌传播成本。

公司品牌传播计划见表11。

表 11　品牌建设费用投放计划

项目	投放内容	投放频率	经费
商业故事	以故事形式,在网络上传播	组织员工前两个月频繁刷屏,并在多个群里讨论	
微电影	拍成电影,在网上传播	在公众号和各视频网站上发布	
畅销书	出版畅销书,进入图书销售渠道,并宣传	一次性投放,后期宣传	
网络段子	以短小段子中植入广告	每周推出一条,持续两年	
网络软文	围绕产品功能,发布软件	每周推出一篇,持续两年	
知识竞赛	编制竞赛规则,通过网络发布	一次性	
填词大赛	编制竞赛规则,通过网络发布	一次性	
图书及课件案例	让作者或讲师顺带宣传	不限量	
总预算			

五、"节流"规划

1. 节流途径

（　）砍事

（　）砍人

（　）砍机构

（　）压低固定资产

（　）压低存货

（　）舍弃低回报高投入客户

208

2. 节流规划

（1）砍事规划

第一，公司撑场面、走形式的花哨事务，予以砍掉。具体包括：

第二，各级管理干部在审批工作计划以及安排工作时，首先要确定该工作的必要性，不实施该工作是否有影响。

（2）砍人规划

（　）第一，每个岗位进行工作分析，判定工作饱和度，据此严格控制人员编制。

（　）第二，实行末位淘汰制，每月淘汰绩效考核末位人员，或者降级降薪使用该人员。

（3）砍机构规划

（　）公司现有机构中，哪些可以合并？

（　）公司现有机构中，哪些可以撤销？

（4）压低存货

截止到上个月，存货占流动资金比率为＿＿%，预估可降低为＿＿%。

（5）降低人力资源浪费

（　）实行全员考核；

（　）实行工作日志管理。

(6) 其他规划

第五章　税收体系

一、公司税务现状及风险分析

二、风险处理思路

根据行业纳税规范度、公司目前状况，以及"两账"差异，在风险处理方面，确定如下基本思路：

（　）1. 彻底消除

在 6 至 9 个月内，实现完全规范。

（　）2. 分散—转移—部分消化—彻底消化

在 6 至 9 个月内，实现分散、转移和部分消化，1 至 1.5 年内彻底消化。

三、规范运作税收增长测算

以 2014 年全年数据，或者 2015 年 1 至 10 月数据测算。如果公司只做一本账，本身已经很规范的，此环节可以省略。

1. 内外账数据差异

2. 按真实的内账数据测算主要税种纳税额，即理论税额

3. 理论税额与实际税额的差异

四、"分""调""截"规划

（　）1. 全部或局部改变商业模式可行性

（　）2. 全部或局部"变性手术"可行性

（　）3. 向上游发展规划

（1）规范供应商，增加进项额。

（2）自己成立采购主体的可行性。

（3）向上游免税或具备税收优惠政策的领域延伸，或者获取采购发票。

（　）4. 向左右发展规划

（1）我们自己的销售主体，或者小微主体，具备采购量但不需要进项发票，要求供应商把这些进项发票开给核心主体。

（2）劳动密集型环节外包（对方开票可能增加成本，但增加的

成本低于税收成本即可以接受)。

(3) 自己成立"卫星式"小微企业、个体户,支持核心主体节税。

( ) 5. 向下游发展规划

(1) 在公司与客户之间,设立"口袋",公司打折出货

(2) "口袋"主体全部或局部委托核心主体代加工模式

(3) 终端个体销售主体关联度降低(是否成立品牌管理公司)

( ) 6. 向异地发展

(1) "西部大开发"政策

(2) 少数民族地区

(3) 跨境节税

(4) 其他税收洼地

五、其他措施

( ) 1. 资产和费用的重新配置

( ) 2. 账外土地、房产、固定资产的"购入"

( ) 3. 已提足折旧固定资产的利用

( ) 4. 个税的"代开发票"处理

( ) 5. 研发费用的处理

( ) 6. 税收优惠政策的应用

六、节税测算

通过上述措施,公司规范核算情况下,可节税额见表12。

表 12　节税汇总测算

序号	节税措施	节税额测算

七、规范与节税计划

1."合账"计划

2.节税措施启动计划

第六章　财务体系

一、虚拟集团管理

公司若存在多个独立法人，或者存在多个分支机构，在财务方面即需要实行虚拟集团管理。

二、财务组织架构

财务实行垂直管理，业务上归总部管理。分（子）机构财务人员可以考虑派驻制。财务组织架构如下：

三、账套体系

每一个独立主体，实行独立的财务账套。

对于内部管理需要独立核算但不具备独立法人的主体，可以单设账套，也可以实行部门核算。

账套体系如下图所示：

四、报表体系

1.基本报表

基本报表体系，以及合并报表关系，如下图所示：

2.各系统报表

各系统、各部门按财务部要求报送报表，做好报表和信息保密工作。

详见公司__号文件。

五、主要会计政策

1. 会计制度

2. 公司会计年度

3. 记账基础和计价原则

4. 记账本位币

5. 记账方法

6. 外币业务核算方法

7. 坏账的核算方法

8. 存货核算方法

9. 现金等价物的确认标准

10. 长期投资核算方法

11. 固定资产计价和折旧方法

12. 在建工程的核算方法

13. 无形资产计价和摊销方法

14. 长期待摊费用摊销方法

15. 借款费用的会计处理方法

16. 收入确认原则

17. 所得税的会计处理方法

18. 合并会计报表编制方法

（方案全文结束）

三、财政诊断手册

财政诊断手册，是我们根据国内外数十家成功企业实践，以及多位管理专家的研究成果总结出来的，可用以评价企业财税管理水平的高低。

财政诊断手册

诊断目的：

了解企业的真实需求，以便提供个性化辅导。

诊断要求：

1.认真完成狭义财务诊断表和广义财务诊断表（广义财务，即财政。包括采购、制造、销售、仓储管理，它们是狭义财务管理的基础，做好这些基础，财务管理才能上台阶），并打分。

2.若贵公司是非制造企业，则可以省略广义部分。

3.贵公司在未来1年时间内，至少要再进行两次诊断，以判断管理改善情况。

目 录

1.狭义财务管理诊断检查表

2.广义财务管理诊断01：采购管理诊断检查表

3.广义财务管理诊断02：制造管理诊断检查表

4.广义财务管理诊断03：销售管理诊断检查表

5.广义财务管理诊断04：仓储管理诊断检查表

1. 狭义财务管理诊断检查表

问题类别	问题	选择答案	答题栏		评分标准
			答案	得分	
1. 编制报表	1.1 贵公司是否有本期和近两年的会计报表及其附表?	A. 有 B. 有一些 C. 没有			A=5 B=2 C=0
	1.2 是否有本期和近两年的各种账簿和凭证?	A. 有 B. 有一些 C. 没有			A=5 B=3 C=0
	1.3 有无各种财务计划、财务合同和财务报告? 有无各种财务分析、审计检查的报告和资料? 有无完善的会计制度和财务管理制度的有关规定	A. 有 B. 有一些 C. 没有			A=5 B=2 C=0
	1.4 有无发生或发现过财务上的舞弊行为? 如: 伪造凭证、贪污挪用、上下勾结等	A. 没有 B. 有一些 C. 很严重			A=6 B=2 C=0
2. 弊端分析	2.1 是否了解各种资产的实有状况和运用状况? 有无资产的损失现象	A. 了解 B. 了解一些 C. 不清楚			A=3 B=1 C=0
	2.2 是否了解各种负债的实有状况和偿还状况? 有无举债经营行为? 是否事先测算过举债后的收益率和资金成本率	A. 了解 B. 了解一点 C. 不了解			A=4 B=2 C=0
	2.3 是否了解资本、资本积累、公积金和未分配利润的实有数及其使用和处理情况? 有无"虚增利润"或"亏本分利"现象	A. 了解 B. 了解一些 C. 不清楚			A=5 B=2 C=0
	2.4 是否利用本、量、利分析和风险分析等方法,综合测算资本金利润率、资金周转率、资金负债率等主要财务指标的标准值	A. 是 B. 大概估计 C. 不清楚,也不会			A=5 B=2 C=0

问题类别	问题	选择答案	答题栏 答案	答题栏 得分	评分标准
2. 弊端分析	2.5 是否在核对、调整会计报表数值后,用比率分析和结构分析等方法计算本期评价指标	A. 核对并计算所有指标 B. 核对并计算主要指标 C. 偶尔做一做			A=6 B=2 C=0
	2.6 用比较分析法,将本期计算出来的指标值同测定的标准值对比,有无异常情况	A. 正常 B. 一般 C. 很异常			A=5 B=2 C=0
	2.7 用趋势分析法计算定基增长和环基增长值,了解企业经营与利润的发展状况,检查本期有无异常	A. 正常 B. 一般 C. 很异常			A=5 B=2 C=0
	2.8 会用期龄分析法分析应收账款、存货等资料吗	A. 会 B. 会一点 C. 不会			A=6 B=3 C=0
	2.9 支付能力 = ( )	A.100% 或以上 B.50%~100% C.50% 以下			A=5 B=2 C=0
3. 追溯分析	3.1 发货记录与销售收入账户贷方记录核对过吗	A. 有 B. 有时有 C. 没有			A=3 B=1 C=0
	3.2 有无将盘存记录与存货明细账记录的余额进行核对	A. 有 B. 没有			A=2 B=0
	3.3 销售退回账户的借方记录与销售成本账户和存货明细账的借方记录分别核对过吗,计算方法一致吗	A. 有 B. 有时有 C. 没有			A=4 B=2 C=0
	3.4 有无发现销售费用明细账的借方记录或凭证中有异常现象	A. 没有 B. 有			A=2 B=0
	3.5 修理费用项目中装饰费用是否超过预算或计划? 坏账损失项目中有无尚未发生的? 差旅费有无虚报或超标的	A. 没有 B. 有时有 C. 常有			A=4 B=2 C=0

问题类别	问题	选择答案	答题栏 答案	答题栏 得分	评分标准
3. 追溯分析	3.6 有无把罚款、罚息等记入本期财务费用	A. 没有 B. 有			A=3 B=0
	3.7 有无在其他业务项目中，截留收入或先记支出等现象	A. 没有 B. 有时有 C. 常有			A=2 B=1 C=0
	3.8 投资收益或损失是否少记或多摊、虚列？对固定资产的清理，其变价收入有无少记或不入账	A. 没有 B. 有时有 C. 常有			A=5 B=2 C=0
	3.9 有无将预付货款列作应收账款，然后又列作坏账损失，予以侵吞等现象	A. 没有 B. 有时有 C. 有			A=5 B=2 C=0
	3.10 新增固定资产和对外长期投资项目是否事先进行过可行性研究？有无专人跟踪？是否会影响企业营运资金的质量	A. 有 B. 有时有 C. 没有			A=5 B=2 C=0

2. 广义财务管理诊断 01：采购管理诊断检查表

问题类别	问题	选择答案	答题栏 答案	答题栏 得分	评分标准
1. 部门组织	1.1 有无文件化的组织架构图	A. 有，且与实际相符 B. 有，但与实际不相符 C. 没有			A=3 B=1 C=0
2. 采购人员水平	2.1 文化水平	A. 大专以上为主 B. 高中或中专为主 C. 初中以下为主			A=3 B=2 C=1
	2.2 在相同岗位平均工龄	A.1~2 年 B.3~5 年 C.9 年 D.10 年以上			A=1 B=2 C=3 D=4

问题类别	问题	选择答案	答题栏 答案	答题栏 得分	评分标准
3. 采购制度	3.1 有无制定采购程序	A. 有 B. 无			A=2 B=0
	3.2 是否按照采购程序作业	A. 是 B. 否			A=2 B=0
4. 采购计划和预算	4.1 有无定期采购计划	A. 有 B. 无			A=2 B=0
	4.2 有无制定物料清单（BOM）	A. 有 B. 无			A=2 B=0
	4.3 制订采购计划的根据是什么	A. 以生产计划 B. 凭经验			A=2 B=0
	4.4 贵公司采用书面技术计算采购批量	A. 概率法 B. 经济批量法 C. 凭经验			A=2 B=2 C=0
5. 采购资讯	5.1 有无采购资料	A. 标准件手册(需要 否,有无) B. 金属材料手册(需要 否,有无) C. 化工手册(需要 否,有无) D. 电子元器件手册(需要 否,有无) E. 电线电缆手册(需要 否,有无) F. 供应商名册 G. 外协件验收标准			A~E 需要,且有的加1分；需要,无的扣1分；其余为0分。F~G 有1项加1分
	5.2 有无采购统计资料	A. 价格变化记录 B. 供应商供货质量记录 C. 供应商供货数量记录 D. 供应商供货时间记录 E. 采购员定购采购记录 F. 采购合同记录统计 G. 其他			每有一项加1分

问题类别	问题	选择答案	答题栏		评分标准
			答案	得分	
6. 电脑化	6.1 采购作业有无实现电脑化	A. 有 B. 没有			A=2 B=0
	6.2 有无系统软件	A. 有 MRP 或 ERP B. 有专用采购软件 C. 进销存软件 D. 无			A=3 B=2 C=1 D=0
	6.3 有无使用电子商务采购	A. 有 B. 无			A=3 B=0
7. 供应商管理	7.1 是否定期评估供应商	A. 是 B. 不是			A=2 B=0
	7.2 受控的供应商占总供应商的比例	A.100% 全部 B.50% 以上大部分 C.50% 以下 D.0			A=3 B=2 C=1 D=0
	7.3 有无合格厂商一览表	A. 有 B. 无			A=2 B=0
	7.4 对服务性供应商是否一并列入管制	A. 是 B. 无			A=3 B=0
	7.5 平均同一材料有几个合格供应商	A.1 个 B.2 个 C.3 个以上			A=1 B=2 C=4
8. 采购控制	8.1 对采购物料的议价、签约及订单发出有无完整之作业程序	A. 有 B. 无			A=3 B=0
	8.2 物料的规格、品质要求或特殊要求是否有文件说明	A. 全部有 B. 大部分有 C. 少部分有 D. 无			A=3 B=2 C=1 D=0

问题类别	问题	选择答案	答题栏		评分标准
			答案	得分	
8. 采购控制	8.3 是否向合格供应商采购	A. 全部是 B. 大部分是 C. 少部分 D. 无			A=3 B=2 C=1 D=0
	8.4 供应商交货准时率	A.95% 以上 B.85%~95% C.60%~85% D.60% 以下			A=3 B=2 C=1 D=0
	8.5 有无交期进度跟催制度	A. 有 B. 无			A=2 B=0
	8.6 供应商多次延期交货时如何处置	A. 不采取任何行动 B. 与供应商沟通促其改进 C. 罚款 D. 将其列为不合格供应商不再向其采购			A=0 B=1 C=2 D=3
9. 采购产品之验证	9.1 是否对所有采购物料都要检验后方可进仓	A. 全部是 B. 大部分是 C. 少部分 D. 全部不是			A=3 B=2 C=1 D=0
	9.2 有无责成供应商提供有关物料的证明文件(如材质证明、出厂商检合格证明等)	A. 有 B. 无			A=2 B=0
	9.3 有无与供应商签订验证方法及品质保证的协定？（如抽样标准、重要检查项目等）	A. 全部有 B. 大部分有 C. 少部分有 D. 无			A=3 B=2 C=1 D=0

问题类别	问题	选择答案	答题栏 答案	答题栏 得分	评分标准
10. 采购绩效	10.1 贵公司对采购绩效是否进行评估工作	A. 是 B. 否			A=2 B=0
	10.2 呆料资金比例	A.5% 以上 B.3%~5% C.0%~3% D.0%			A=0 B=1 C=2 D=4
	10.3 错误采购率	A.10% 以上 B.5%~10% C.1%~5% D.1% 以下			A=0 B=1 C=2 D=4
11. 培训	11.1 采购人员经过哪些培训	A. 材料常识（制造质量） B. 检验标准 C. 抽验标准 D. 采购文件及制度 E. 采购技巧			每项加 1分
	11.2 对培训结果是否进行评估	A. 是 B. 否			A=2 B=0

3. 广义财务管理诊断 02：制造管理诊断检查表

问题类别	问题	选择答案	答题栏 答案	答题栏 得分	评分标准
1. 生产排程	1.1 生产计划执行完成率	A.95%~100% B.90%~95% C.85%~90% D.85% 以下			A=3 B=2 C=1 D=0
	1.2 有无《生产排程管理办法》及相关规定	A. 有 B. 无			A=2 B=0
	1.3 有无执行《生产排程管理办法》?（执行效果力度如何？）	A. 未执行 B. 偶尔执行 C. 通常执行 D. 严格执行			A=0 B=1 C=2 D=3

问题类别	问题	选择答案	答题栏 答案	答题栏 得分	评分标准
2. 生产线存货管理	2.1 有无成立专门委员会或相关组织推行 5S（标识、区域规范等）	A. 有 B. 无			A=2 B=0
	2.2 物料、在制品在车间有无按区域标识分区存放	A. 有 B. 大部分 C. 无			A=2 B=1 C=0
	2.3 在制品转序有无流转单据	A. 有 B. 无			A=2 B=0
	2.4 物料领用、发放是否按生产排程执行	A. 是 B. 通常是 C. 不是			A=2 B=1 C=0
	2.5 不配套积压产品是否得到补料和及时处理	A. 是 B. 通常 C. 未			A=2 B=1 C=0
3. 生产进度管制	3.1 有无在制品、材料进销存台账和出货进销存台账	A. 有 B. 无			A=2 B=0
4. 设备工艺管理	4.1 有无作业指导书	A. 有 B. 无			A=2 B=0
	4.2 有无设备定期维护保养计划	A. 有 B. 无			A=2 B=0
	4.3 有无《设备安全操作规程》及相关培训	A. 有 B. 无			A=2 B=0
	4.4 有无设备管理程序或相关规定	A. 有 B. 无			A=2 B=0

问题类别	问题	选择答案	答题栏		评分标准
			答案	得分	
5. 设备工艺管理	5.1 有无建立设备台账?（如设备一览表、设备履历表等）	A. 有 B. 无			A=2 B=0
	5.2 有无建立模具台账	A. 有 B. 无			A=2 B=0
	5.3 有无建立《模具领用发放管理办法》	A. 有 B. 无			A=2 B=0
	5.4 机器设备有无悬挂操作说明书	A. 有 B. 无			A=2 B=0
6. 多能工训练	6.1 在重要工序或关键工序有无多能工训练	A. 有 B. 无			A=2 B=0
	6.2 在特殊工序有无多能工训练	A. 有 B. 无			A=2 B=0
	6.3 有无多能工训练计划	A. 有 B. 无			A=2 B=0
7. 生产效率	7.1 有无设置 IE 工程师(从事工业工程的人，工厂里面负责人员调配、模具制作、作业指导书编制、统管生产安排)，开展流程改造、工艺改进工作	A. 有 B. 无			A=2 B=0
	7.2 是否存在瓶颈工序和工序能力不平衡	A. 有 B. 无			A=2 B=0
	7.3 是否有工序产能规划或有无书面的产能定额	A. 有 B. 无			A=2 B=0
	7.4 有无定期或不定期的生产协调会或建立生产例会制度	A. 有 B. 无			A=2 B=0

问题类别	问题	选择答案	答题栏 答案	答题栏 得分	评分标准
8.品质管制	8.1 物料过程损耗是否与个人工资挂钩或有无落实到生产一线员工,损耗水平有无与相关企管员收入挂钩	A. 全有 B. 部分有 C. 无			A=2 B=1 C=0
	8.2 不合格品处理权责是否明确? 有无形成书面制度文件	A. 明确,有书面文件 B. 其他			A=2 B=0
	8.3 不合格品是否被标识、隔离或管制	A. 管制 B. 隔离 C. 其他			A=2 B=1 C=0
	8.4 返工、返修产品是否有相关检验与测试并留下记录资料	A. 有相关检验和测试记录 B. 有测试无记录 C. 其他			A=2 B=1 C=0
	8.5 特采品是否加以标识隔离管制	A. 隔离管制 B. 隔离未处理 C. 其他			A=2 B=1 C=0
9.QCC(品管圈)活动	9.1 针对制造过程重大质量问题或严重不合格项有无成立QCC活动小组,进行品质攻关	A. 成立QCC小组或有专门组织去解决 B. 其他			A=2 B=0
10.作业管制	10.1 产品在所有阶段均有明确标识	A. 全有标识 B. 部分有 C. 没有			A=2 B=1 C=0
	10.2 特殊制程作业员是否经过资格确认	A. 有资格确认 B. 无资格确认			A=2 B=0
	10.3 有无品质、产量评比目视管理	A. 有评比,有目视管理 B. 有评比,无目视管理 C. 全无			A=2 B=1 C=0
	10.4 有无紧急任务通告专版(栏)	A. 有 B. 无			A=2 B=0

问题类别	问题	选择答案	答题栏		评分标准
			答案	得分	
11. 生产协调	11.1 有无产能定额规划工作? 有无书面产能定额	A. 有 B. 无			A=2 B=0
	11.2 出现异常有无生产协调调度会	A. 有 B. 无			A=2 B=0
	11.3 是否制定有关物料在进料制程及成品运输时的搬动管理程序	A. 进料、制程、成品全有 B. 部分有 C. 无			A=2 B=1 C=0
	11.4 是否提供了指定的搬运工具或其他防止物料产品损伤或劣化的搬运方法和手段	A. 是 B. 否			A=2 B=0
	11.5 是否有样品管理办法及样品编号一览表	A. 有 B. 有其中一样式 C. 无			A=2 B=1 C=0
12. 现场管理	12.1 有无制定材料及产品储存管制程序,如提供安全储存场所	A. 有 B. 无			A=2 B=0
	12.2 是否制定物料收发管制办法、制定各种产品的包装保存及标记的明确规定,如先进先出、定期盘点、对账、物料摆放存放是否井然有序等等	A. 四项全有 B. 仅有前 3 项 C. 有 1~2 项 D. 无			A=3 B=2 C=1 D=0
	12.3 是否制定实施书面规定及实施设备预防保养相关作业程序	A. 是 B. 未实施			A=2 B=0
	12.4 各项统计手法"两图一表"或工具是否已被使用正确无误	A. 是 B. 有"两图一表"(排列图、因果图、对策表)但未正确使用 C. 其他			A=3 B=1 C=0

问题类别	问题	选择答案	答题栏 答案	答题栏 得分	评分标准
12. 现场管理	12.5 是否有各阶段(物料、接受、制程、最终产品出货)的检验与测试作业程序和标准书	A. 全部有 B. 有其中3个 C. 其他			A=3 B=2 C=0
	12.6 待验的物料、制程、最终产品出货是否有明显的标识加以识别	A. 全有 B. 其中2项有 C. 无			A=3 B=2 C=0
	12.7 特准放行的产品是否有完成特殊程序?是否有相关标识或可追溯性	A. 有 B. 无			A=2 B=0
	12.8 进料制程及成品验收阶段有无建立抽样方案	A. 有 B. 无			A=2 B=0

4. 广义财务管理诊断 03：销售管理诊断检查表

问题类别	问题	选择答案	答题栏 答案	答题栏 得分	评分标准
1. 销售接单	1.1 销售接单员在上岗前接受这方面的职业培训	A. 产品知识 B. 客户服务技能 C. 电话礼仪 D. 与客户面谈技巧 E. 生产管理基本知识			ABCD答中一个得0.5分
2. 客户投诉	2.1 公司在接到客户投诉后一般几天内给予答复	A. 一天 B. 一个星期 C. 一个月			A=2 B=1 C=0
	2.2 公司是否把客户投诉(或抱怨)当作改进客户服务质量的一次机会	A. 是 B. 不是			A=2 B=0

问题类别	问题	选择答案	答题栏		评分标准
			答案	得分	
2. 客户投诉	2.3 有无保留客户投诉的记录	A. 有 B. 无(一个月以上时间)			A=2 B=0
	2.4 有无对客户投诉的原因进行统计分析	A. 有 B. 无			A=2 B=0
3. 合同评审	3.1 有无合同评审程序	A. 有 B. 无			A=2 B=0
	3.2 有无对常规产品与特殊产品的合同评审进行区别对待	A. 有 B. 无			A=2 B=0
	3.3 有无保留合同评审记录(三个月的记录)	A. 有 B. 无			A=2 B=0
	3.4 有无虽然经过订单评审但仍然不能满足客户的要求(产品性能要求、质量要求等)	A. 无 B. 有			A=2 B=0
	3.5 订单变更时是否需做重新评审	A. 是 B. 否			A=2 B=0
4. 广告	4.1 在广告规划之前有无提前制定有关的目标市场、市场定位和营销组合决策	A. 有 B. 无			A=2 B=0
	4.2 在制定广告方案时有无进行决策分析	A. 有 B. 无			A=2 B=0
5. 营销策略	5.1 有无对市场进行细分,并对不同的细分市场采取相应的市场营销策略	A. 有 B. 无			A=2 B=0
	5.2 有无书面的营销规划	A. 有 B. 无			A=2 B=0

问题类别	问题	选择答案	答题栏		评分标准
			答案	得分	
5. 营销策略	5.3 有无做年度广告预算	A. 有 B. 无			A=2 B=0
	5.4 有无对广告效果进行分析	A. 有 B. 无			A=2 B=0
	5.5 有无销售人员管理制度	A. 有 B. 无			A=2 B=0
	5.6 有无销售人员招聘管理制度	A. 有 B. 无			A=2 B=0
6. 销售人员管理	6.1 销售代表在上岗之前有无经过培训	A. 有 B. 无			A=2 B=0
	6.2 销售人员上岗之前经过书面培训	A. 产品知识 B. 推销技能 C.A+B			A=1 B=1 C=2
	6.3 销售人员的薪金由哪部分构成	A. 固定工资 B. 底薪＋提成 C. 底薪＋提成＋奖金			A=1 B=1 C=2
	6.4 有无给销售代表制定销售指标	A. 有 B. 无			A=2 B=0
	6.5 跟同行业相比较本公司销售人员的薪金是否具有竞争力	A. 有竞争力 B. 无竞争力			A=2 B=0
	6.6 销售人员有无实行淘汰制度	A. 有 B. 无			A=2 B=0
	6.7 公司销售人员的流失率约为多少	A.<5% B.8%~15% C.>20%			A=1 B=2 C=0
	6.8 有无请专业培训公司对销售代表进行培训	A. 有 B. 无			A=2 B=0
	6.9 有无销售培训年度预算	A. 有 B. 无			A=2 B=0

问题类别	问题	选择答案	答题栏		评分标准
			答案	得分	
6. 销售人员管理	6.10 怎样决定销售人员队伍的规模	A. 在能够承受的条件下,人越多越好 B. 通过比较每个人计划销售量与预期销售额,来决定推销人员数量 C. 在市场营销计划中进行详细的计算,即访问率 × 每次访问实现销售的平均值 × 需要实现销售额的人员数量			A=0 B=1 C=2
	6.11 公司是否将自己的推销方法与主要竞争者的方法进行比较	A. 我们的推销队伍是最棒的 B. 我们雇到竞争者的推销员后,就搞清楚他们是怎样动作的 C. 我们始终观察竞争者的行动			A=0 B=1 C=2
	6.12 采用什么措施来激励销售业务员	A. 金钱 B. 金钱 + 物质 C. 金钱 + 物质 + 股权激励			A=1 B=1 C=2
	6.13 公司是否认为对销售人员必要的培训是提升销售业绩的一种有效方法	A. 是 B. 否			A=2 B=0
7. 业务管理	7.1 有无做年度销售预测	A. 有 B. 无			A=2 B=0
	7.2 有无贷款回收管理办法	A. 口头 B. 书面			A=0 B=2
8. 通路管理	8.1 有无经销商管理制度	A. 有 B. 无			A=2 B=0
	8.2 有无经销商评价考核制度	A. 书面 B. 口头 C. 无			A=1 B=1 C=2

问题类别	问题	选择答案	答题栏		评分标准
			答案	得分	
8. 通路管理	8.3 有无对经销商进行分级别管理	A. 有 B. 无			A=2 B=0
	8.4 采取何种措施来激励经销商	A. 奖金 B. 精神鼓励 C.（A+B）+ 物质(仅作参考)			A=1 B=1 C=2
	8.5 有无业务员对经销商进行管理	A. 有 B. 无			A=2 B=0
	8.6 有无对经销商资料档案进行管理	A. 有 B. 无			A=2 B=0
	8.7 有无对经销商的信用额度进行管理	A. 有 B. 无			A=2 B=0
9. 销售费用	9.1 有无对年度销售费用做总体的预算	A. 有 B. 无			A=2 B=0
	9.2 广告费用占销售费用的比例有多少	A.<20% B.>20%			A=2 B=0
	9.3 销售人员费用(人员工资、差旅费用)占销售费用的比例为多少	A.<30% B.>30%			A=2 B=1
10. 市场营销组织	10.1 公司的市场营销组织是如何演变的	A. 无须更多考虑,靠其自我演变发展 B. 为纠正弱点而发展起来 C. 它被设计成一体化形式,总是为了响应市场营销计划的需要量			A=0 B=1 C=2

问题类别	问题	选择答案	答题栏 答案	答题栏 得分	评分标准
10.市场营销组织	10.2 市场营销组织是变化的吗	A. 不。我们认为变化具有破坏性质 B. 是的,我们认为变化与静止一样好 C. 我们认为组织是实现目标的动态工具,组织应随着变化做相应的调整			A=0 B=1 C=2
	10.3 在发展组织时,是否考虑交流的需要	A. 我们认为有效的市场营销组织要注意交流问题 B. 我们强调内部职能问题 C. 我们设计一个能够处理和支持内部上下级及内部与外部的有效交流的组织系统			A=0 B=1 C=2
11.营销情报	11.1 市场营销组织是否有规律地进行市场研究	A. 我们只是在推出新产品和能够负担起的情况下,才进行市场研究 B. 我们经常研究市场,以求判断是否走在正确的轨道上 C. 我们在新产品推出之前、之中和之后一直研究市场,并总是在不断地发现市场环境的变化			A=0 B=1 C=2
	11.2 公司向市场营销研究活动投入多少资金	A. 尽可能少 B. 将每年一定百分比的销售额投入营销研究中 C. 只要能对市场活动获得深入认识,花多少钱都可以			A=0 B=1 C=2

问题类别	问题	选择答案	答题栏		评分标准
			答案	得分	
11. 营销情报	11.3 有无专人进行市场情报研究	A. 有 B. 无			A=2 B=1 C=0.5 D=0
	11.4 有无定期的市场情报研究书面报告	A. 每月 B. 季度 C. 年度 D. 没有			A=2 B=1 C=0.5 D=0

5. 广义财务管理诊断 04：仓储管理诊断检查表

问题类别	问题	选择答案	答题栏		评分标准
			答案	得分	
1. 组织架构	1.1 有无文件化职责管理规范和架构图	A. 有, 且与实际相符 B. 有, 且与实际不符 C. 无			A=3 B=1 C=0
2. 标识	2.1 有无仓库平面示意图	A. 有 B. 无			A=3 B=0
	2.2 有无储区分区规划(合格品区、不合格品区、待检区等)	A. 合格品区 B. 不合格品区 C. 待检区 D. 特采			每有一项加1分
	2.3 物品所处状态是否标明且放置于所属储区	A. 全部是 B. 大部分 C. 少部分 D. 无			A=3 B=2 C=1 D=0
	2.4 有无分区和物品状态(待检、合格、不合格、特采)的标识	A. 全部有 B. 大部分有 C. 少部分有 D. 无			A=3 B=2 C=1 D=0

问题 类别	问题	选择答案	答题栏		评分 标准
			答案	得分	
3. 搬运	3.1 贵公司有无制定有关物料在进料、制程及成品运送时的搬运管制程序和规范	A. 有 B. 无			A=3 B=0
	3.2 公司有无提供正确的栈板、容器或搬运工具、搬运路线及载高载重限制,以防止物料在搬运过程中因震动、冲击、摩擦、重压及温度等状况所引起的损坏	A. 有 B. 无			A=3 B=0
4. 储存	4.1 贵公司有无制定材料及产品的储存管制程序和规范	A. 有 B. 无			A=3 B=0
	4.2 有无防火安全设施	A. 消防栓 B. 灭火器 C. 安全灯 D. 其他			每项 加1 分
	4.3 是否提供安全储存条件和设施以防止物料及产品变质	A. 防高温(需要否,有无) B. 防化学腐蚀(需要否,有无) C. 防潮湿(需要否,有无) D. 防光照 E. 其他			需要, 且有 的加1 分 需要, 无的 扣1 分 其余 为0 分
	4.4 有无制定物料收发的管制办法,以明定物料领用、入库、退库等核决权责	A. 有 B. 无			A=3 B=0
	4.5 对呆废料有无制定相应的措施以及时处理	A. 有 B. 有措施无执行 C. 无			A=3 B=1 C=0

问题类别	问题	选择答案	答题栏		评分标准
			答案	得分	
4. 储存	4.6 有无具体措施以保证物料发放执行先进先出程序	A. 有 B. 否			A=3 B=0
	4.7 对有储存寿命的材料及产品,是否明定储存期限	A. 是 B. 否			A=3 B=0
	4.8 物料摆放是否井然有序	A. 是 B. 否			A=2 B=0
5. 检验	5.1 是否定期对库存材料及产品进行复检	A. 是 B. 否			A=2 B=0
	5.2 对过期材料有无鉴定处置程序	A. 有 B. 无			A=3 B=0
6. 盘点	6.1 贵公司是否定期盘点	A. 是 B. 否			A=2 B=0
	6.2 对盘盈、盘亏有无相应处理措施	A. 是 B. 无			A=2 B=0
	6.3 物料账、物、卡是否一致	A. 全部是 B. 大部分是 C. 少部分一致			A=2 B=1 C=0
	6.4 盘点账目准确率	A.99.9% 以上 B.99%~99.9% C.95%~99% D.95% 以下			A=3 B=2 C=1 D=0
	6.5 调账审核权有无规定	A. 有 B. 无			A=3 B=0
7. 包装	7.1 选用的包装材料是否符合产品标准有关要求	A. 全部是 B. 大部分是 C. 少部分是 D. 全部不是			A=3 B=2 C=1 D=0
	7.2 有无附包装试装检验程序	A. 有 B. 无			A=3 B=0

问题类别	问题	选择答案	答题栏		评分标准
			答案	得分	
7. 包装	7.3 包装的标识(签别用)是否明确规定	A. 危险品标识(需要否,有无) B. 防雨标识(需要否,有无) C. 防震标识(需要否,有无) D. 放置方向标识(需要否,有无) E. 产品名称、型号 F. 件数 G. 重量 H. 公司名称			A~D需要且有加1分,需要而无扣1分 E~H每有一项加1分
8. 领发料	8.1 是否严格按生产作业计划发料	A. 是 B. 否			A=3 B=0
	8.2 对超领物料有无严格的审批程序	A. 有 B. 无			A=3 B=0
9. "5S"管理	9.1 贵公司库区有无推行"5S"管理活动	A. 有 B. 无			A=3 B=0
	9.2 有无设定"5S"责任区	A. 是 B. 无			A=3 B=0
	9.3 是否定期对"5S"活动进行检查	A. 是 B. 无			A=3 B=0
10. 电脑化	10.1 仓储管理是否已实现电脑化管理	A. 是 B. 否			A=3 B=0
	10.2 有无使用 MRP、ERP 或其他库存软件	A. 有 B. 无			A=3 B=0

诊断总结

一、诊断评分

诊断项目	评分合计
1.狭义财务管理诊断检查表	
2.广义财务管理诊断01:采购管理诊断检查表	
3.广义财务管理诊断02:制造管理诊断检查表	
4.广义财务管理诊断03:销售管理诊断检查表	
5.广义财务管理诊断04:仓储管理诊断检查表	

二、现状总结

三、整改目标与计划

四、课堂演练方案

我们的经典咨询服务有一个集中训练阶段,在这个阶段,我们会让学员在课堂上做演练,所用方案就是我们下面提供的三个方案模板。

1.财税顶层方案

财政化运作课堂演练 01
财税基础方案

目的：

本方案作为第一天晚上的作业。

通过本作业练习，掌握重点知识，并为规范财税"两账合一"做好基础准备。

本方案是节税工程方案的重要前提，请大家认真对待。

要求：

1. 用数据演练。

2. 内外账差异梳理部分，需要用企业真实数据来做。

3. 如果不存在内外账，则内外账差异部分可以不做。

目录

一、以数据演算，证明如何节省企业所得税90%，节省增值税40%

二、列出贵公司的"痛点"

三、根据老师讲述的内容，列举"顶层7步"与税收的关系（列举3至5项）

四、内外账差异梳理

241

一、 以数据演算，证明如何节省企业所得税 90%，节省增值税 40%

二、 列出贵公司的"痛点"

三、 根据老师讲述的内容，列举"顶层 7 步"与税收的关系（列举 3 至 5 项）

四、内外账差异梳理

（要求：使用贵公司上一年数据，用表格形式，对"资产负债表"和"利润表"中每个项目进行对比，列出数据差异，并注明差异原因。）

2. 税收预算方案

财政化运作课堂演练 02
税收预算方案

目的：

本方案作为第二天晚上的作业。

通过本作业练习，掌握重点知识，并为第三天晚上"节税工程"方案做好基础准备。

本方案亦是节税工程方案的重要前提，请大家认真对待。

要求：

1.用数据演练。

2.税收预算部分，需要用企业真实痛点、真实困难、真实数据来做。

目录

一、根据老师所讲的内容，列举"管控三问"与税收的关系（列举5至8项）

二、年度目标设定

（根据公司战略，设定未来一年目标：1.收入目标、2.成本目标、3.费用目标、4.利润目标、5.增值税目标、6.所得税目标）

三、目标分解

（将年度目标细化到每一个月）

四、税收预算

（根据下列提示，按步骤完成）

第一步：以表格形式列出未来一年内，每月销售收入产生的销项税额。

第二步：以表格形式列出未来一年内，每月采购明细，列出无发票采购额度，有发票采购额度，其中3%的多少，16%的多少，并算出进项税额。

第三步：以表格形式列出未来一年内，每月费用明细，列出无发票费用额度，有发票费用额度，其中3%的多少，6%的多少，并算出进项税额。

第四步：根据前三步分析，列出未来一年内，照章纳税情况下，增值税是多少，所得税是多少，并对比本方案"二、年度目标设定"中的税收目标，算出差距。

第五步：根据第四步纳税与税收目标的差距，用表格形式，详细列出"发票缺口"，包括材料发票和费用发票。

3. 节税工程方案

财政化运作课堂演练03
节税工程方案

目的：

这是第三天晚上的作业。

目的是解决企业税务风险，降低企业税收负担。

要求：

1.用企业真实数据、真实条件，进行节税规划。

2.计算出具体的节税金额。

3.所有措施，必须合法、合理、安全。

4.本方案用电子表做（公司名字可以用字母替代），次日挑选上台演练。

目录：

第一章　顶层规划

对照节税工程三大布局、16字精髓所对应的方法，思考企业产业链规划，画出企业架构图。

在架构图中，要体现股权关系、业务关系、税收关系。

第二章　税负测算

一、实际税负测算

根据公司实际纳税额，除以真实销售收入，计算出实际税负，并评价该操作下的风险大小。

二、理论税负测算

假设公司完全照章纳税，应该缴纳多少税收。该税收除以真实的销售收入，计算出理论税负，评价该税负下，企业的经营压力和成本压力。

第三章　节税措施

要求逐一对照老师所讲的方法，判定对本公司的适合性，并确定是立即采取，还是未来采用。

节税工程方法对照判定表

方法	是否适用	采用时间

方法	是否适用	采用时间

第四章　节税测算

要求根据适合本企业的措施，逐一计算出节税额（必须采用企业真实数据）。

理论税收额		
实际税收额		
节税措施	方法	节税额
1		
2		
3		
4		
5		
6		
7		
8		
9		
10		
11		
12		
13		
14		
15		
16		
节税额合计		
按理论税负节税额		节税比率	
按实际税负节税额		节税比率	

第五章　落地计划

落地计划，必须有具体的责任人、跟踪人，有启动时间和完成时间限制，有奖励约定。

财税顶层设计落地计划表

单位名称：

序号	计划内容	责任人	跟踪人	启动时间	完成时间	奖罚约定

编制人员：　　　　审核人员：　　　　编制时间：

第六章　两账合一计划

不存在两本账的企业，不做本章作业。

要求：用企业真实数据，将两账合一计划具体到每个月和具体的数据。

第七章　目标责任书

一、目标

二、责任人

三、奖惩约定

第四章
财税顶层设计及节税工程基础工作底稿

我们从事财税顶层设计和节税工程，有一系列工作底稿，包括基础工作底稿和个性化底稿。其中基础工作底稿属于通用性，适用于各个企业。个性化底稿是我们的咨询师团队到企业后，根据企业实际情况制定的工作底稿。我们这里提供一套通用底稿，供读者朋友参考。

一、基本工作程序

通用底稿01　基本工作程序

实施节税工程或财税顶层设计，需要提前（进场前）了解客户基本情况，并将"财税顶层设计落地咨询"问题清单（工作底稿02）、工作计划及统计表（工作底稿03）、基础信息收集清单（本底稿04—12）发给客户，让客户提前准备资料、统计数据、罗列出需要解决的问题和提供信息，这样节省双方工作时间（注意：底稿01及编号12之后的底稿不传给客户）。

基本工作程序如下：

第一步，进场前的交流与了解。

第二步，进场第一个半天，与企业负责人、财务团队交流，了解企业基本情况，包括：

（1）企业历史沿革；

（2）产业架构；

（3）企业架构；

（4）业务模式；

（5）业务流程、产品情况；

（6）采购情况；

（7）销售情况；

（8）其他需要掌握的信息。

第三步，除了第二步信息，还需要提问下列问题：

（1）战略层面的规划，有没有上市、挂牌、并购规划，有没有股权激励规划；

（2）历史股权产权方面的问题，比如国有股份、集体改制、外资身份等，是否存在不规范的地方，并查阅相关章程和协议；

（3）节税手段是什么，进项发票和成本发票是怎么解决的；

（4）股东结构，股东工资收入，分红情况；

（5）是否存在存货账实差异；

（6）是否存在账外资产；

（7）社保如何解决的；

（8）个人银行卡使用情况；

（9）厂房、土地产权情况，征地时与政府签合同时，是否考虑土地补贴税收问题，并查阅与政府的协议；

（10）股东个人资产与公司资产是否有混用情况，费用如何承担，个人开支与公司开支是否混在一起，个人卡是否混用；

（11）有无已经折旧完了，仍在使用的固定资产；

（12）核算模式与账套体系；

（13）其他信息。

第四步，查看现场，增加感性认识，注意对现场材料、产品、生产过程的了解。

第五步，第一天下午及接下来的工作，与财务深度交流，完成工作底稿，必要时与其他系统负责人交流。

第六步，查阅会计凭证和账表，记录核算、内控、管理方面不规范的地方。

第七步，完成财税方案，并与客户交流定稿。

第八步，工作确认，落地工作计划，并与客户共同签字盖章。

第九步，后续持续跟踪落地服务，并每次签订工作确认书。

二、"财税顶层设计落地咨询"问题清单

通用底稿02 "财税顶层设计落地咨询"问题清单

一、面临的税务问题

二、财税管理方面的问题

三、 财务核算中的问题

四、 其他与财税相关的问题

三、工作计划及统计表

通用底稿03　工作计划及统计表

第一阶段　调研与解决方案

进场时间:

工作内容	日期	参与单位和人员	需准备资料	需现场收集的资料

计划中同时要求提供四个附件

第二阶段　落地跟踪服务

（现场根据方案内容制订计划表）

附件 1　采购统计表

材料名称	供应商家	发票形式	付款方式	金　额

附件 2　成本构成表

产品名称或类别	金额	成本构成比例(％)				
		材料		人工	费用	
		有进项比例	无进项但有普通发票比例		有进项费用比例	无进项但有普通发票比例

附件3 销售收入构成表

产品名称或类别	金额	销售收入构成比例（%）				
		产品价款	安装调试服务价款（开发票情况,分开开？税率？）	物流运输价款（开发票情况,分开开？税率？）	押金	代垫款项

附件4 期间费用表

费用类别	金额	发票形式	付款方式	费用比例	与去年增长情况	开支部门或人员

四、基础信息收集清单

通用底稿 04 基础信息收集清单

1. 公司简介（若口头讲述，则详细记录）。

2. 公司官网网址。

3. 有多少个企业主体？公司性质及股权结构如何？必要时提供每个公司的营业执照、生产或经营许可证复印件。

4. 产品介绍、公司研发机构及投入情况。

5. 公司章程（若无，则记录股东、股份比例等内容），关注股份比例、控制权、决策权等内容。

6. 银行财务报表、税务财务报表、真实财务报表（将公司名称抹掉后复印）。

7. 公司是否是高新技术企业？

8. 公司是否享受西部大开发政策？或者享受其他税收优惠政策？

9. 公司享受哪些政策扶持？

10. 有无跨地域设立独立的法人机构？

11. 是否存在多个独立法人？这些法人的职能是什么？相互之间的业务关系是怎样的（是上下游还是平行关系，给予描述）？

12. 各独立法人企业真实财务报表（可以涂掉公司名字），账套体系、核算模式、纳税模式（是否合并纳税）介绍。

五、企业战略规划信息收集

通用底稿05 企业战略规划信息收集

1. 公司有无形成文字的战略规划？如有请提供。

2. 公司有无重大资本运作计划？如有请提供时间表。

3. 公司组织形式（比如一般纳税人、小规模纳税人）及控制方式（股权比例等）描述。

4. 公司产业布局情况描述。

5. 公司产业地域布局描述。

6. 股权激励规划。

7. 跨界、转型规划。

六、业务模式及流程描述

通用底稿06 业务模式及流程描述

1. 公司生产什么产品？或者提供什么服务？

2. 公司产品生产出来，或者采购回来，怎么卖出去（直销、代理、直接出口、代理出口、开专卖店、加盟店、直营店等信息）？

3. 公司的业务模式是怎样的（代工、贴牌、自产自销、来料加工）、业务形态是怎样的（是否集中采购、集中研发、集中生产、集中销售）？

4.公司的业务流程是怎样的？

七、采购信息收集

通用底稿07 采购信息收集

1. 贵公司采购，是总公司集中采购，还是各分支机构自行采购？

2. 购回的材料是集中存放还是分散到各个地方存放？

3. 有无完善的入库、出库手续和台账？

4. 是否定期盘点？

5. 是否采取了软件核算与管理？软件是否与财务软件联网？

6. 材料库房现场了解资料存放情况并记录。

八、仓储信息收集

通用底稿08 仓储信息收集

注：材料仓、成品仓分别调研，均使用本底稿。

1. 材料仓、成品仓设置基本情况（有几个？地点？是集中存放还是分散存放？）

2. 是否有规范的入库、出库管理？并收集入库、出库单空白样本。

3. 设置有哪些台账和报表？

4. 是否使用软件管理？软件名称是什么？软件是否与财务系统联网？

5. 现场资料管理情况，是否具备保密性？资料是否定期转移到异地存放？

6. 是否每月盘点？盘点组织者、参与人是哪些？

九、生产信息收集

通用底稿09 生产信息收集

1. 贵公司有多少个生产基地或车间？是集中在一个地方，还是分散在不同地方？

2. 生产基地所在地属于规范性的工业园区，还是在工业园区之外？当地管理部门对工厂管理是否严格，税收征管是否严格？

3. 生产流程描述（从下料到出产品）。

4. 在生产流程中，哪些环节机械化程度高？哪些环节机械化程度低？机械化程度低的环节，劳动力成本占总成本大致比例是多少？

5. 生产部门建有哪些台账和报表？这些台账和报表保密程度如何？

6. 是否设有生产调度部门或计划部门？有多少人？生产计划、作业单、各类统计表是否安全保管？是否定期转移归档？

7. 公司的生产是否需要特殊许可证？该证件办理是否有很大的难度？

8. 贵公司生产是否属于劳动密集型？人力成本抵扣问题是如何解决的？

十、销售信息收集

通用底稿 10 销售信息收集

1. 市场区域情况（多少个省、市），税收优惠区域是否有大量销售（比如新疆、西藏）？有没有在国际避税港注册公司？

2. 销售模式（经销商模式、直营店模式、总代理＋经销商模式、直接销售模式）。

3. 经销商是专卖我们的产品，还是搭售我们的产品？

4. 最大的 20 家经销商，平均年销售额达多少万元？

5. 经销商是否办理独立的营业执照？有多大比例的经销商没有独立办照？

6. 客户是否需要发票？需要发票的比例有多大？

7. 货款的回收情况如何？上一年应收账款额度有多少万元？

8. 销售系统的组织架构是怎样的？总共有多少销售人员？

9. 销售系统设有哪些台账和报表？是否使用软件？什么软件？

软件是否与财务系统联网？

10. 是否设有订单处理部门？该部门是否使用软件？在哪里办公？有多少人？

11. 是否以投标方式进行销售？投标方对企业主体是否有限制？

十一、财务信息收集

通用底稿 11 财务信息收集

账务处理

1. 是否存在公司初次购买房屋、汽车等资产，权益人却写成股东而不是支付资金的单位的情形？

2. 公司费用与股东个人消费是否混杂在一起？

3. 未成立工会组织的，仍按工资总额一定比例计提工会经费，支出时也未取得工会组织开具的专用单据。是否存在？

4. 是否存在不按计税标准计提固定资产折旧，申报企业所得税时又未做调整，或者存在跨年度补提折旧情形？

5. 生产型企业在计算产品成本、生产成本时，记账凭证后面没有附料、工、费清单，计算没有清晰的依据。是否存在？

6. 以现金方式发工资，无员工签字的工资单，工资单与用工合同、社保清单是否匹配？

7. 开办费用是如何处理的？

8. 预提费用是否合理合法？

9. 商业保险计入当期费用？

10. 暂估入账时，是否存在把相关的进项税也进行暂估？

11. 职员报销时，是否存在过期、连号或税法限额（如餐饮）报销的发票报销？

12. 应付账款多年挂账，账面存在超出 3 年未偿还，未作纳税调整？

13. 发出商品是如何核算的？移库异地时是否履行纳税义务？

14. 非正常损耗材料以及研发用材料，是否作进项转出？

15. 销售废料，是否计提并缴纳增值税？

16. 对外捐赠材料、产品时，是否分解为按公允价值对外销售及对外捐赠两项业务处理？

17. 公司组织员工外出旅游，直接作为公司费用支出，未合并入工资总额计处缴纳个人所得税？

18. 关联企业提供房产，未申报房产税。

产品销售

1. 产品移库是如何处理的？

（相关政策：《增值税暂行条例实施细则》第四条、国税发〔1998〕137号《国家税务总局关于企业所属机构间移送货物征收增值税的问题的通知》）

处理方式一：物流公司代管

处理方式二：委托代销模式

（代销的政策依据：财税〔2005〕165号《财政部 国家税务总局关于增值税若干政策的通知》。以收到代销清单确认收入，时间限制为180天）。

2. 工厂与专卖店之间的价格是如何确定的？

（完善合同，进行合理的解释和说明）

3. 售后服务是统一实施，还是由各门店或经销商实施？收入和费用是如何配比的?

4. 客户投诉处理成本是如何分配的? 是否全部由厂家承担?

5. 促销赠品是如何处理的? 包括发票、税收与核算。

6. 销售过程中有无会员卡, 会员卡是如何管理的?

7. 购物券是如何管理的?

8. 销售过程中有无储值卡, 是如何管理的? 跨店使用如何处理?

9. 固定资产进项抵扣, 是否属于可以抵扣范围?

10. 价外费用的核算是如何处理的? 是否核算销项税额? 或者直接冲抵了费用?

11. 供应商返利是如何处理的? 是否冲减了进项税额? 不属于返利的价外收入, 是否缴纳增值税?

12. 关联企业之间商品定价是否得到税务的认可?

13. 有没有第三方代开发票的行为 (即甲付款给乙, 发票却是丙开给甲)?

十二、人事行政信息调研

通用底稿12 人事行政信息调研

1. 请提供公司现有组织架构图。

2. 公司总人数是多少？缴纳社保的人数是多少？按多少工资基数缴纳？

3. 公司有哪些宣传资料？（内刊、简报、橱窗等。）

4. 是否使用办公系统？

5. 劳动纠纷是否突出？

6. 公司有哪些软件？有没有专门的信息管理部门？信息管理人员有多少名？有多少台服务器？存放在什么位置？

十三、财务管理与物资管理调查诊断

通用底稿 13　财务管理与物资管理调查诊断

财务管理调查表

区分	调查项目	主要检查事项	记事
会计组织	1. 规模	会计组织与经营规模是否匹配	
	2. 结算体系	总部与各分部结算的关系	
	3. 账簿	辅助账簿与总控制账的关系	
	4. 凭证	会计单位与其他单位的传递	
	5. 电算化	会计电算化程度,使用软件	
处理手续	1. 速度	结算表的迅速程度	
		迟延的原因	
	2. 传票的流动	开发、检证、出纳等记账程序及手续如何	
		传票的流通及内部牵制是否确立	
	3. 账簿的样式	会计部门的账簿传票与其他部门的类似及重复情形	
		传票样式的改善与事务简化	
		传票类的样式的标准化	
财产管理	1. 余额	应付账款与应收账款的差额	
		票据的利用方法是否适当	

区分	调查项目	主要检查事项	记事
财产管理	2. 存货资产	评价存货的计价方法是否适当	
		账目上的存量与实物存量的差异如何处理	
		存货是否过多	
	3. 固定资产	卡片/台账建立情况	
		标签张贴情况	
		明细账的设立、账簿记录情况	
		账面价格与实际价格的差额	
		资本支出与费用支出的区分是否适当	
	4. 准备金	坏账、价格变动、"八项"减值准备等准备金是否提存	
	5. 其他	火灾保险等的处理是否适当	
会计资料的利用	1. 预算	资金表的编制	
		综合预算的编制	
		实际绩效及计划的考虑	
		预算与绩效的比较检查	
	2. 成本计算	成本计算的方式是否适当	
		标准成本的计算	
		各部门收支的计算	
	3. 利润计划	固定费用与变动费用的区分是否适当	
		能量利用率的计算是否适当	
		各项费用的预测	
		适应经营条件的变化、损益平衡点的计算及经营目标的制定	
		能量利用率提高与成本降低的关系	
	4. 加工费用	现行加工成本是否过高	
		加工成本与人工成本的比较	
		加工成本变化的原因	

274

区分	调查项目	主要检查事项	记事
会计资料的利用	5. 经营统计	经营统计的重要性的检查	
		不同期间的比较	
		经营统计的有效应用	
税务关系	1. 凭证	税务凭证领用、保管手续是否健全	
		凭证保管是否良好完整	
	2. 责任	税务是否由专人负责	
		是否有责任制度	
	3. 公告	税法、税务公告是否有专人搜集	
		保存是否完好	
	4. 缴税	纳税计算与缴纳是否正确	
		是否发生过税金错缴事项	
		是否发生过罚款与滞纳金	
	5. 税务筹划	企业是否进行税务筹划	
		减少哪些企业税负	

物料管理调查表

内容	调查项目	主要检查事项	记事
采购管理	1. 物料计划	计划的形式及手续是否适当	
		是否与生产计划相配合	
	2. 物料管制	材料零件的标准化及常备化	
		存货的管制是否适当	
	3. 采购之基准	市场本位、时期本位、品质本位	
		供应商的选择标准	
	4. 采购价格	现行采购价格是否适当	
		是否进行市场调查	

内容	调查项目	主要检查事项	记事
采购管理	5. 付款方式	现行交易方式及价格品质的合适性	
		供应商及付款方式检查评价	
外协管理	1. 卫星工厂之选定	设定固定的选择基准	
		能力及技术调查	
	2. 指导检查	进货时的合格检查	
		不良率的品质问题	
		技术指导	
	3. 工程管理	工厂及交货期	
		各工场目前的负荷量	
		联络与追踪的合适性	
	4. 付款方式	单价、付款方法、交货期、品质等	
仓库管理	1. 进货检查	进货手续与检查基准	
		不良品的处理	
	2. 保管及请领	保管中的遗失及破损的危险	
		适当存量成本	
		仓库内部构造及保管方法	
		请领手续的记录是否确实	
	3. 存货	期限是否确实应付要求	
		误差程度	
	4. 其他	有无呆滞物料	
		残料的使用方法	

十四、财务凭证查阅记录表

通用底稿 14 财务凭证查阅记录表

注意：重点检查 1 月、2 月、11 月和 12 月凭证，关注核算方法、税务规范、内控规范

凭证号	核算内容	问题记录

十五、税收风险检点表

通用底稿 15 税收风险检点表

风险点	是否存在	解决思路
报表层面的风险点		
1. 税负率明确低于同地区同行业水平		
2. 成本结构明显区别于同行业同类产品,比如可抵扣进项的成本明显偏高,可能被视为多转了成本		
3. 成本结构与产品配方不符,比如有的企业发生一个产品耗用多个包装盒的低级错误,再比如,投入材料与产品没有关系		
4. 成本结构发生明显变化,而又没有推出新配方产品		
5. 毛利率年与年之间、月份与月份之间起伏明显,又没有合理的解释		
6. 毛利率或纯利率远远高出同行,或者远远低于同行,都可能被重点检查		
7. 期间费用率偏高,大部分毛利被费用"吃掉",导致企业微利或亏损,很容易被发现隐瞒收入。或者,期间费用明显偏低,提示可能"另外有一本账",大量白条费用做在"另一本账"上面		
8. 制造费用存在异常,比如水电费与产能不匹配、外加工支出与产量不匹配		
9. 资产负债表结构异常,有形资产多,产值却很小,"大公司做小生意",可能被怀疑有两本账		
10. 物流费用占的比重偏高,可能被发现隐瞒了收入。		
11. 现金流呈负数,可能牵出"两本账"		
12. 存货账实差异大,账多存少(虚库),或者存货时间太长,一直没有动用		
13. 生产环节"在产品"账多实少,被视为多转了成本		

风险点	是否存在	解决思路
14. 产能分析出现异常,包括设备产能评估、人工产能评估、材耗产能评估、制造费用产能评估、期间费用产能评估,这些产能如果明显低于同行水平,可能存在隐瞒收入		
15. 公司一直亏钱或微利,股东却大量借钱给公司,可能被怀疑有销售收入直接进了股东的口袋		
16. 预收账款挂账时间太长,被强行要求确认收入履行纳税义务		
17. 频繁出现大额现金收支,以及大额现金长期挂在账上,可能存在账外收支		
18. 股东几乎没有缴个税,而股东个人资产很多,提示股东有"账外收入"		
账务层面的风险点		
1. 股东个人费用在公司报销。这种情况将被视为分红,企业须代扣代缴个人所得税		
2. 用公司资金购买资产,资产所有人写成股东,资产的费用、折旧却在公司列支。这里有多个问题:股东涉嫌挪用公司资金、股东变相分红当缴个人所得税,股东资产费用、折旧在公司列支也将被视为分红,须缴个人所得税		
3. 没有成立工会,却计提工会经费,发生支出时,没有取得工会组织开具的专用凭据。所得税汇算时,这将被调整		
4. 跨年度列支费用,比如上年12月的票据拿到本年来列支		
5. 不按标准计提折旧		
6. 制造企业结转完工产品成本,结转销售成本时,无相关附件,或者存在随意性,或者不能自圆其说		
7. 以现金支付工资时,无相关人员签字		
8. 工资名单与社保名单、合同名单不一致		
9. 商业保险计入费用,在税前列支		

风险点	是否存在	解决思路
10. 生产用原材料暂估入账,把进项税额也暂估在内,虚增成本		
11. 过期发票、套号发票、连号发票、假发票等入账列支费用		
12. 货款收回后,挂在往来科目中,长期不确认收入		
13. 非正常损失材料、非经营性耗用材料,没有作进项转出		
14. 捐赠、发福利等视同销售行为,没有确认销售收入		
15. 福利性质旅游和奖励性质旅游混在一起。前者属于福利费,后者属于工资性收入		
16. 非本公司人员在本公司报销费用,比如帮助客户、领导、外部专家报销机票、旅游开支等		
17. 产品移库处理不当,被要求确认为收入		
18. 总公司与子公司、分公司之间关联关系没有撇清,存在价格转移,被税务要求按市场定价确认收入		
19. 未经批准,总公司与分公司合并纳税		
20. 应征消费税的小汽车其费用不得抵扣进项(营改增前)		
21. 打折销售、买一送一、销售返利等处理不当,导致增加税收		
22. 股东借支,长期不归还,被视为变相分红,要求缴个人所得税		
23. 直营店缺乏独立营业执照,涉税事项牵涉总公司;另外,本来可以按个体身份纳税的门店,却要求按总公司一起查账征收		
24. 对外投资协议不完善,被税务认定为借款,因此所得税的投资收益须再交一次所得税		
25. 借款给关联企业,不收利息,或者利息不入账。不收利息属于"利益输出",不入账属于隐瞒收入		

风险点	是否存在	解决思路
26. 固定资产或待摊销支出,没有取得正规发票,折旧和摊销额不能税前列支		
27. 费用项目混淆:业务招待费、广告宣传费、培训费、福利费等有扣除限额的费用,是重点检查项目		
28. 边角余料销售收入明显较高		
29. 财政补贴性资金,核算不当导致税务风险		
30. 关系法人之间无偿划转资产,包括设备,以及无偿提供房产等,均要视同销售或租赁,确认收入纳税		
31. 应收、预收、应付、预付等科目存在虚假户头,并且长期挂账,可能牵出"两本账"		
32. 非生产经营性资产,比如员工上下班接送班车,不得抵扣进项税		
33. 非公司名下车辆,费用不得在公司报销列支(租给公司的除外)		
34. 不同法人主体之间借货还货,虽然不涉及货币收支,但依然是销售行为,应当缴纳增值税		
35. 企业将银行借款或自有资金无偿借给关联企业,或非关联企业,涉及增值税、所得税风险		
36. 宣传活动赠送礼品,须代扣代缴个税		
37. 资本公积转增资本,如果涉及个人股东,须代扣代缴个人所得税。因此,不要直接转增资本。股东个人借款转资本,也存在类似风险		
38. "外账"附件与"内账"明显不一样,包括版式、纸张、签名等		
39. 几乎没有白条,与当前的环境不符,可能提示还有一本账		
40. 差旅费用、招待费用等少得可怜,明显与公司规模不符,提示可能因为现金流不足,有大量费用没有入账,或者有大量白条费用进入了"另一本账"		

风险点	是否存在	解决思路
发票层面的风险点		
1. 收到专用发票,却没有用于抵扣,也没有入账。当某一天供应商涉税时,顺着这些发票摸查过来,就可能发现本企业存在"体外循环""两本账"		
2. 供应商不能开专用发票,供应商让它的上家开给本企业。这种专用发票,不能用于抵扣		
3. 专用发票商品品名与实际清单不符,或者没有清单		
4. 大头小尾发票,手工的是撕下来开,机打的也存在税控机打一联,然后用普通打印机伪造一联的情形。"阴阳发票"性质类似,与客户联和记账联、存根联抬头不一致		
5. 买发票的风险:买来假发票、套号发票,也有卖真发票的卖给你,但在当月最后一天作废处理,你拿到的发票就成阴废票		
6. 客户方涉税,或者国企受反腐调查,可能把你买发票事的查出来		
7. 第三方开发票委托付款的风险。增值税法规要求,必须"票、款、物三统一"		
账户管理层面的风险点		
1. 在银行开具辅助账户,不向税务申报,收入进入这个账户,不确认收入。这种查出来性质比较严重		
2. 个人卡长期用于收款,而金额进出很大,累计金额也大。这很容易受到监管,从而查出未确认收入		
3. 个人卡用于收取货款,却同时用于支付供应商款,一旦供应商涉税被查,这些个人卡也就暴露了		
4. 个人卡用于收取货款,同时通知经销商,导致很多人知道这些卡在用于收取货款		
5. 股东个人卡信息被泄露		
6. 反洗钱监控,牵出个人卡收取大量货款的风险		

十六、老板访谈记录

通用底稿 16 老板访谈记录

此记录用于单独和老板沟通，看老板有哪些方面的需求。

一、 历史问题方面

二、 股权方面

三、 融资方面

四、产权方面

五、 管控方面

六、税收方面

七、财富管理方面

十七、方案指引提纲

通用底稿 17　方案提纲指引
方案要求详细，具可操作性，有创新性，忌理论化。

版本 01　财税规范类

此类方案，基本包括三部分内容：

第一部分　历史风险解决（对主要的历史硬伤进行风险分析，并提出解决方案）

第二部分　顶层架构与节税体系（节税主体、业务流程的规划，并按节税工程的方法解决税收问题）

第三部分　财务核算规范（对财务核算不规范的地方实施规范，并对核算难点实施解决）

版本 02　顶层设计 + 财税规范类

此类方案，顶层设计主要为老板服务（因此需要和老板单独深入沟通），财税规范更多地为财务服务。内容包括下列几个部分：

第一部分 顶层设计（包括企业财政6个板块内容，主要把老板的思路进行细化和提升）

第二部分 历史风险解决（对主要的历史硬伤进行风险分析，并提出解决方案）

第三部分 顶层架构与节税体系（节税主体、业务流程的规划，并按节税工程的方法解决税收问题）

第四部分 财务核算规范（对财务核算不规范的地方实施规范，并对核算难点实施解决）

版本03 顶层设计＋财税规范＋财富管理类

此类方案，是在版本02基础上，增加财富管理内容。包括下面几个部分：

第一部分 顶层设计（包括企业财政6个板块内容，主要把老板的思路进行细化和提升）

第二部分 历史风险解决（对主要的历史硬伤进行风险分析，并提出解决方案）

第三部分 顶层架构与节税体系（节税主体、业务流程的规划，并按节税工程的方法解决税收问题）

第四部分 财务核算规范（对财务核算不规范的地方进行规范，并对核算难点实施解决）

第五部分 财富管理（包括风险分析、重资产分离、利润管理与分配、跨国节税、接班人团队建设建议等）

十八、财务资料收集清单表

通用底稿18 财务资料收集清单表

提示：收集范围包括报表、财务制度、成本核算方法文件、财务分析文件等。

序号	名称	主要内容

十九、财务管理评价

通用底稿 19　财务管理评价

　　财务管理评价的基础，一是查看制度健全情况，二是通过查阅凭证、账表看制度落实情况。

一、内部控制方面的评价

二、成本费用控制方面的评价

三、财务分析方面的评价

四、其他管理方面的评价

第四单元

财税顶层设计及节税工程案例展示

第一章
案例说明

　　节税工程，是从企业顶层设计出发，解决企业税务问题。因此，我们为企业提供节税服务时，实际上要对企业的顶层架构、管控体系、财务规范一并进行提升。我们这里提供一个具有代表性的完整案例，和一个节选案例，供读者参考。

　　第一个案例之所有代表性，理由有二：其一，企业基础很弱，基本上是"逃税"求生存；其二，这个案例包括了顶层规划、管控、规范和节税，能够体现"财税顶层设计"的全面服务内容。并且，这个案例中的节税方法，属于我们的基本技能，读者容易学习借鉴。

　　第二个节选案例，则从"模式"创新层面解决企业难题，对读者有较多启发意义。

　　自节税工程诞生以来，我们服务了数千家企业，各行各业的案例都有。如果有对我们的案例感兴趣的读者，可以参加我们的课程"总裁税务兵法实操班"，也可以参加我们的"财税顶层设计定制咨询"服务。

第二章
案例展示

一、某调味品企业"财税顶层设计方案"

目　录

（二）精细化核算的意义及目标

（三）财务内控体制实现的愿景

四、节税方面的基本指导思想

（一）主体风险化解

（二）利润转移

（三）风险分解

第二部分　产业布局与管理规划

一、概述

二、发展远景

（一）远景描述

（二）行业地位

三、产业布局

（一）产业布局规划

（二）产业布局下的企业形态

（三）各主体下的股权结构

（四）各主体经营定位

（五）今后的重点目标

四、管理规划

（一）"总部"与各主体的关系

（二）集团管控模式

第三部分　节税工程系统

一、"节税"的可行性与必要性

（一）股东利益向上、下游环节转移，不影响整体收益

（二）公司"内外账"差异比较分析

（三）财务内控流程及制度

第一部分　现状、问题及目标

一、工作情况介绍

自 2015 年 6 月起，我们组织专家团队对 MT 有限公司业务层面和财务核算层面进行了全面深入的调研，把握了 MT 的基本情况，并对财务工作、业务工作遇到的问题提供解决方法。

（一）业务层面

我们对公司的销售、生产、仓储等环节进行了现场查看学习、流程调研，并对与财税相关的环节进行了统计和测算。在此基础上，基本熟悉了公司的信息流、物流、资金流的基本线路。

（二）财务层面

对财务层面的调研，是我们最主要的工作之一。

经过 6 月和 7 月的多次现场调研，我们对公司 2014 年财务核算情况进行了解（包括内、外账套），并对相关数据进行了分析。

我们的目的是要保证三个方面的需求：税负降低、税收安全、不影响资本运作（新三板或中小板）。

（三）现场交流

在调研过程中，专家团队与销售、生产、仓储、财务等方面的人员进行现场交流，就公司存在的问题进行了沟通，并提出了相关建议。

二、财税管理现状、存在的问题及评价

（一）正面评价

以我们多年的经验判断，并对比相同规模、相同性质的企业，

MT的财务核算、财务管理规范程度较好，属于中上等水平。这得力于公司管理、文化、财务团队的认真负责。总之，比其他生产型企业的核算水平要高很多，也规范很多。

就税收方面，公司也利用了相关的税收政策进行合理规避，降低了相关方面的税收，某些方法也是可取的。比如努力取得增值税发票、代开劳务派遣发票等。

（二）负面评价

如果按准上市公司标准来要求，MT的财税规范程度还需要有所提升。

一是税收风险。

MT一开始就设置了"两本账"，这为上市埋下了严重的隐患，这个问题必须解决，否则挂牌不可能通过，税收风险高。

目前，税务风险是制约公司发展的最大问题。虽然公司近几年在销量、市场、利润等指标方面取得了较快的增长，但是税收问题始终是公司最大的隐患。公司要突破、要发展、要创新，必须花工夫解决。

二是成本核算。

MT外账成本核算不规范，精细化程度差，没有按照相关会计准则的要求设置会计科目。按照规定，"生产成本"科目应当设置"直接材料"、"直接人工"和"制造费用"等科目；在2014年的账套中，没有单独设置"直接材料""直接人工"科目。

三是财务管理系统不健全。

（1）财务管理制度有待完善

如果按照上市公司的标准，财务首先就不过关，会计政策的使用、会计核算方法等方面需要完善。

（2）会计科目使用方面

在查看凭证过程中，我们发现在科目使用以及核算方法方面，与会计制度和准则有较多处出入。

如管理费用—董事会费用，2014年外账此科目没有金额，建议适当增加一些费用在此科目中。

四是资金管理。

2014年年末公司账面资金余额超过1亿元，现金流充裕，但收益不高。建议适当用活这部分资金。

五是公司组织架构。

目前，公司组织架构设置不合理，不符合上市公司的要求。财务中心的组织架构包括财务部、审计部、供应部等部门。按照相关要求，审计部门单独成立，不应该在财务中心之下，建议调整。

三、财税再造系统实现的目标

(一) 降低税负的空间与难点

一是公司如果启动上市工作，上市规范和节税本质上会有一定冲突。比如，上市公司需要业绩支撑股价，业绩通常和税收成正比关系。因此，我们在设计本规范过程中，以合理降低税负、不影响上市运作为原则，尤其不能采取产能调节等措施。

二是目前企业的情况，还不能充分利用"节税工程"中的三大手段，即"分江——科学地选择企业组织形式和控制方式"、"调水——在地域上或产业上合理布局生产资源和生产能力"、"截角——整合及再造企业经营流程"。

基于这两个主要的难点，我们在制订本方案时，将把目光放长远一些，在一至两年内实现规划中的各类节税措施。同时，我们将在财税规范层面提供最大化的服务，以协助MT尽早上市、壮大经营规模和资金规模，降低税负和税务风险，并创造条件落地节税措施。

（二）精细化核算的意义及目标

精细化的核算与企业的内部管理是密切相关的，精细核算的目标在于满足企业管理需要，又能促进企业内部管理水平的提高。原则上企业会计核算的目的主要有两个：一是向各类报表使用者提供相关财务信息；二是满足企业内部管理的需要，为管理者进行各类考核、决策提供信息依据。因此，会计核算在企业日常管理中起着不可代替的作用。

精细化的核算不仅要求财务人员除了掌握本职工作外，还要求了解企业的生产业务、销售业务等方面的经营情况，这样才能对企业的业务做出准确的、有用的财务分析与判断。

从当前的情况看，公司财务人员还应该进一步提升财务技能，强化业务层面的学习，结合企业的实际情况，完善公司的财务核算体系。

（三）财务内控体制实现的愿景

企业财务内控是企业为了实现经营目标，保护资产完整，保证对国家法律法规的遵循，提高企业运营效率和运营效果而实施的一系列控制活动。财务内控主要包括控制环境、风险管理、控制活动、信息与沟通、监督等五个要素。

按照上市要求，企业内部控制是主办券商尽职调查和内核时关注的重点，也是证券业协会等主管备案审查的机构评价的核心。从内部控制的途径来看，包括公司治理机制、职责授权控制、预算控制制度、业务程序控制、道德风险控制、不相容职务分离控制等。因此，内部控制不仅要有制度，而且要有执行和监督，并且有记录和反馈，否则仍然会流于形式，影响上市。我们的目标就是按照上市的要求，梳理、完善公司的财务内控体系，逐步达到上市的标准。

四、节税方面的基本指导思想

（一）主体风险化解

公司生产基地拥有品牌，拥有土地、房屋等重资产，是公司的根据地，因而风险非常集中，必须从根本上解决生产基地的风险问题。

（二）利润转移

生产基地与经销商属于上下游关系，存在一定的利益关系。因此，可以将生产环节的利润压低，在各地设立自己的销售公司或办事处，让利润在销售环节去实现。在原材料供应方面，我们要进一步甄选供应商，选择能够提供增值税发票并能长期合作的厂商，这样在提供发票的同时能够规范化操作。

（三）风险分解

我们通过对公司业务模式的改变，向下游销售环节的延伸，上游采购环节的拓展，达到化解公司生产环节的风险，并从整体上降低公司的纳税风险。适当强化目前的财务核算体系，将成本核算体系健全，认真核算成本，从而通过成本的降低而转移风险；适当增设办事处，拓展销售市场，增加市场竞争力，并以此转移部分利润，降低目前公司生产环节的风险。

由于公司加盟商多，相互独立，风险较为分散（单个店出现风险，通常不影响全局）。风险向销售环节转移，先采取常规控制手段控制，在未来（计划2016—2018年）公司进一步强大后再从根本上予以解决。

说明：如果生产环节、销售环节都一并从根本上化解风险，付出的税负成本太高，因此，我们采取向上游环节转移，下游环节转移、分散、控制的方式，中游环节的模式改变，并在利益最大化和风险最小化之间求得平衡。

第二部分 产业布局与管理规划

一、概述

发展战略规划，2～3年内有两个"不变"是需要强调的：

一是业务方向不变。即以生产"调味品"为核心，辐射相关产业多元化，并且是上下游一体化（农业、快消食品、物流服务、电子商务等板块）这个方向不变。公司领导层应当坚持"有所为有所不为"，不为其他领域的投资机会和高回报所诱惑，不能放弃现有业务而转向其他业务即战略转移。

二是持续追求规模化的趋势不变。在未来三年即到2018年力争达到销售规模10亿元，以"调味品"为主，这个定位要坚持不变。

二、发展远景

（一）远景描述

经过与公司业务部门等沟通，我们可以描述出公司的远景：充分发挥公司在调味品资源的优势，以调味品销售为核心，采取上下游一体化的策略，经过三年发展，即至2018年年底，调味品营业收入力争突破10亿元，在行业中具备一定影响力。

通过三年的努力，公司形成产、供、销一体化，能够整合上、中、下游的大型集团公司，并在行业中享有较大的知名度，行业品牌位居前列，企业形象进一步提升，在供应商、客户、消费者中形成良好的口碑，行业地位更加突出。

经过三年的快速发展，为公司进一步快速发展打下三大基础：经济基础（积累较多的利润，形成成熟的盈利模式）、人才基础（拥有一支稳定的，能够满足公司长久发展需求的人才队伍）、管理基础（管理模式成熟，管理创新能力突出，具备向新扩张领域输出管理模式和团队的能力）。

（二）行业地位

到 2018 年年底，公司行业地位大幅提升，已经完全跻身行业品牌前列，综合实力和经营规划处于行业品牌领先地位。

三、产业布局

（一）产业布局规划

互联网的快速发展正在迅速改变着企业的形态，甚至改变着行业的边界，越来越多的跨界企业诞生。调味品行业虽然是一个较为特殊的行业，但跨界也是大势所趋，仅在一个领域发展，前景可能受到影响，资本运作和税收筹划空间也较小。MT 必须坚持上下游一体化的多元化战略，利用自己最优势的资源，做自己最熟悉的产业，上游向农业产业进军，下游拓展销售渠道，中游做好物流服务，做好研发设计，涉足电子商务，实现产业链的经营发展。如图 1 所示。

（二）产业布局下的企业形态

企业所有的竞争，包括人才的竞争，最后都需要归结为资本的竞争。市场机会总是被资本所侵占，而缺乏资本的企业即使发现了机会也没有能力把握机会。

我们规划企业型态的目的，在于将来为资本竞争铺路。

第一，至 2018 年年底，MT 集团公司至少是一家年产值 10 亿元、以调味品为主的大型企业，并涉及投资、农产品、快消品、物流服务、电子商务、劳务服务等多行业。

第二，根据情况，进军农业生产，成立一家农产品生产及加工的企业，一方面降低原材料成本，另一方面也是节税的重要环节，通过采购农产品，提高进项发票取得率。

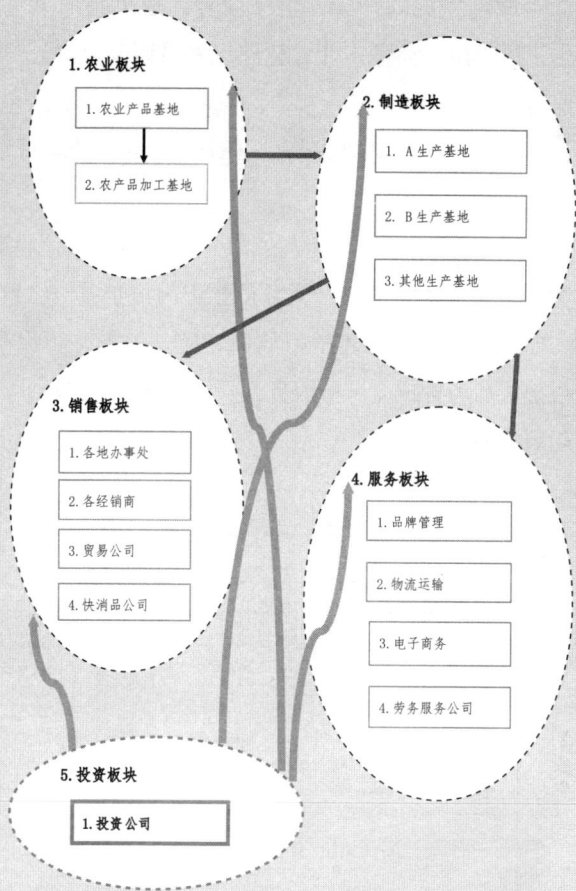

图 1　产业布局

第三，在未来三年内，逐步在全国建立办事处，以"个体"名义存在。时机成熟后在办事处基础上设置销售型公司或品牌服务类公司。

第四，信息化时代，轻公司在盈利能力方面远远超过重资产企业，在未来三年内建立信息化的物流服务中心，将来建议设置为公司或以个体名义。

第五，互联网发展的今天，电子商务产业也是一个重要板块。从目前开始，进军电子商务产业（建议以网络销售为主），可以成立公司或其他形式。

第六，拉长产业链，拓宽业务。未来三年内，公司可以适当进军快速消费品行业。

第七，企业最重要的资产是人，即公司的员工。企业要想保持强有力的竞争力，人才是关键，人才的学习力更是重中之重。因此，未来三年，成立 MT 公司人才学习的商学院。目前，可以是培训中心，时机成熟之后考虑成立劳务服务性质的公司。

上述规划如图 2 所示。

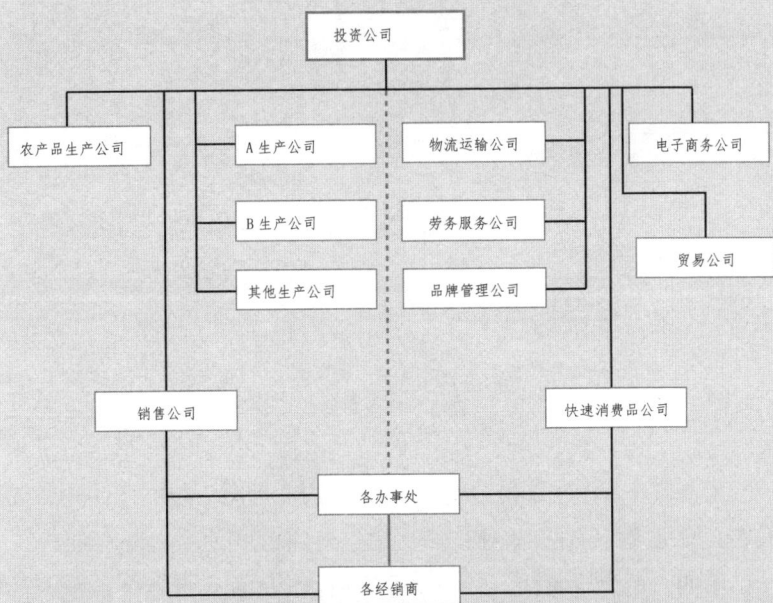

图 2　公司形态

（三）各主体下的股权结构

投资公司绝对由 W 总及家人控股（W 总股份可以在 99% 以上），当然日后可以合法转让给自己的子女。

投资公司绝对控股 A 生产基地、B 生产基地、其他生产公司、快速消费品公司以及控股电商公司。

农产品生产公司，为了降低关联度由投资公司参股，但不控股。实质上，还是由 W 总家人控制。

其余主体，均不用现有股东名字（包括法人代表和股东），降低关联度。待国家税收环境进一步规范，或者资本运作需要时，再做股权重组。

（四）各主体经营定位

1. 投资公司

经营投资、资产管理、资产租赁。公司现有重资产（土地、厂房）均重组到投资公司，未来购买土地和房产，也以该公司名义。

名下资产租给各个主体使用。未来总部生产基地将是投资公司的重要资产，包括其他生产基地都是重要资产。

2. 贸易公司

经营农产品贸易或者其他商品交易，多品类多规格，甚至可以不赚钱，上量之后赚取进项发票。

3. A 生产公司

生产调味品，以目前经营的业务范围为主。

4. 其他生产公司

根据公司业务的发展情况，可以在全国各地设置生产基地。

5. 物流运输公司

从事物流贸易，在满足自己需要的同时，对外经营，产生"富余"发票开给自己。

6. 劳务服务公司

从事劳务派遣业务。这类公司即使对外经营，产生"富余"发票的可能也不多，故建议不采取自营方式。另一方面，结合"营改增"政策，可以将相关人员进行劳务派遣。

7. 品牌管理公司

品牌运营、招商、管理、服务。

8. 销售公司

相当于各品牌在各区域的"总代理"。与办事处性质一样，同时管理各片区内的经销商，维护市场。

9. 电子商务公司

顺应"互联网+"时代的要求，进军电子商务领域。

(五) 今后的重点目标

要实现 MT 公司未来目标，迈开第一步最关键。因此，当期和今后一个时期的工作相当重要，我们可以概括为 16 个字：管理升级，财税规范，销售做大，强势突破。

1. 管理升级

在过去几年里，公司业务板块相对单一，团队规模相对较小，管理以简单高效为目的。当前，公司即将跨入集团化运营，管理面临着升级的需求。这将是一项重要的基础工作。

2. 财税规范

一个企业要长治久安，就不能碰触税收政策的红线；一个企业要参与市场竞争，必然要实施成本管控战略，包括税收成本的管控。

此外，与公司上规模、多元化战略相适应的，是财务核算与管理的提升。从我们查阅公司前期的核算来看，规范程度虽然高，但还不能支持管理和决策需要，对外还不能符合税收政策需要。

3. 销售做大

销售板块是核心，是十分重要的。从公司发展的历程可以看出，销售是公司目前甚至未来三年内的现金主要来源。在未来战略中，只有销售做强，其他业务板块才有发展的空间。

因此，做强销售这一块，务必是今后的重要工作。只有这一块进一步做强，才能为其他板块的启动提供资金支持和管理经验支持。

4. 强势突破

从目前市场环境和公司自身发展来看，市场竞争加剧，公司要想在逆境中突出重围、求得生存、更进一步，唯有迎难而上，攻坚克难，破除发展中的一切阻力，才能在瞬息万变的市场中占有一席之地。

强势突破不是一句口号，更不是一句空话。这关系到 MT 公司未来的发展，需要公司所有人共同努力、共同推进。上至公司高层，下至基层，必须破旧立新，在变革中有所为有所不为。

四、管理规划

根据上述规划（图 2 所示的公司形态），MT 公司实际上已经具备了集团公司的性质。因此，我们完全可以按照集团公司性质去进行管理规划。

（一）"总部"与各主体的关系

1. 虚拟总部定位

（1）角色

实行"虚拟集团"管理，即事实上按集团公司运作，但不注册集团公司。按照上述规划，"CD 投资公司"就是集团总部，就是总公司。投资公司的管理部门就是整个集团的管理部门。生产职能全部下放到生产基地。

（2）职能

负责整个集团战略运营、财务管控、人力资源管理、产品研发、采购管理。

（3）权力

在战略运营、财务管控、人力资源管理、产品研发、采购管理上具有决定权。整个集团采取"五集中五分散"的管理模式：战略、财务、人力资源、研发、采购五个方面权力集中；品牌运营（具体落实到品牌管理公司）、生产、品质控制、销售、行政五方面权力适度分散。此外，集团总部还担负着资源整合、管理服务和公共关系管理职能。

综上所述，虚拟总部定位为：集团运营管理主体。

2.其余各主体定位

生产基地负责产品生产；品牌管理公司负责品牌管理运营与销售；集团公司负责人事、财务、采购方面等。

这些主体中，涉及战略运营、财务、人力资源、研发、采购方面的人员，由总部派驻，实行双重管理。

与总部相对应，这些主体称为"子公司"。

3.各主体法律关系与股权关系设计

生产基地与集团公司（投资公司）、品牌公司、电子商务公司、贸易公司之间，互为独立法人主体。生产基地的股东，从形式上，不出任任何公司的股东。

（二）集团管控模式

1.法人治理

治理机构的设立是完善法人治理的重要基础。完善的法人治理机构包括股东会、董事会、监事会和管理层。我们认为目前可以只设股东会、董事长和总经理，三年后集团管理模式运营成熟，营业规模进一步扩大后考虑设立"三会"。

在公司发展过程中，有两点相当重要：一是保证既定的发展方向和战略不变；二是保证出现偏差时能够及时得到纠正。

在没有设立董事会、监事会的状况下，如何保证上面两点呢？我们提出聘请独立董事的建议，由独立董事来担负监督职能。

2. 独立董事

独立董事是指独立于公司股东之外，不在公司内部任职，与公司或公司经营管理者没有重要的业务联系或专业联系，负责对公司事务做出独立判断的董事。

我们不是上市公司，目前聘请独立董事，完全没有必要套用上市公司那些职责和权利。我们要讲求实用性、有效性和目的性。公司的独立董事，其条件是深刻理解、认同公司战略和运营管理规划，具备较强的管理、分析、判断技能。其职责就是对经营层提出意见和建议，并起到一定的监督作用和推动作用。

3. 战略修正

这里的战略修正，不是改变既定方向，而是对偏差进行修正，并对前进过程中出现的问题寻求解决办法。

战略修正建议采取常态化的定期的讨论会议形式，核心管理团队、股东、独立董事参加，每季度一次战略务虚会和发展检讨会。通过每个季度的推进，步步为营，确保战略目标的实现。

4. 管控体系

在3年内，公司考虑实行"经营管控型"（这种模式相对管理得比较细、比较纵深），第4年根据发展情况可以考虑"战略管控型"（重考核、轻过程的管理）。但我们目前又不是简单地套用理论上的"经营管控型"，必须做出我们的修改和创新。

（1）虚拟集团管理

建议5年内不在工商部门注册集团公司，但实行集团化管理。

总经办、财务中心、人事行政中心属集团服务机构，同时也是整个集团的监督、督导机构。由总经办牵头，建立整个集团的责任体系，实现权利分配与责任承担相匹配。同时，由总经办牵头，建立整个集团的业绩评价体系，将集团目标分解到各个业务单元（主体），并配备相应的资源，制定相应的措施，以保证目标实现。

（2）财权人权集中，经营权相对分散

我们研究了数百家民营企业，发现在中国国情下，最适合的管理模式是"集权与分权相结合的管理模式"。人事权、财务权高度集中；经营权相对分散。这种模式可以加强总部对子公司的控制力度，类似于"中央集权制"。

A. 人事管理

1）各子公司中高层管理者的升迁任免由总部决定。

2）总部人事行政中心派驻人事专员到各子公司。

3）中层以下人员升迁任免由子公司决定。

B. 财务管理

1）总部财务中心向各子公司派驻会计和出纳。

2）各子公司独立核算，但资金上实行备用金管理。

3）财务人员一律由总部决定升迁任免。

4）子公司负责人在授权范围内签批借支和报销。

C. 经营管理

1）各生产基地等公司运营由各子主体自行决定，制订方案报总部批准，总部对其实行目标考核。

2）贸易公司、销售公司等根据实际情况由总部决定考核。

子公司作为独立法人，需要独立对外承担责任，总部可以提供协助。但劳动关系、财税关系，主要由总部负责协调。在上述基本思想前提下，每建立一个子主体，就要制定一套详细的权责划分文件。

第三部分　节税工程系统

一、"节税"的可行性与必要性

主体企业即 MT 彻底化解税务风险，基本方法也是唯一的方法，就是核算透明化，实行内外一本账。在实施这一措施之前，需要测算税负情况，及落实细节相关工作，并做好一系列的配套措施。本节详细讲述这些细节和配套工作。

（一）股东利益向上、下游环节转移，不影响整体收益

1. 向上游环节转移拓展，不影响整体利益

根据之前的战略规划，我们可以适当将部分利润向上游进行转移，分解生产基地的风险。我们核查公司 2014 年 1—12 月的材料采购中，有部分鲜姜、青葱、鲜蒜等农产品。因此，我们建议 2016 年或 2017 年成立农产品公司的税收策划，通过农产品公司向 MT 供应农产品。

成立的农产品公司将农产品直接卖给公司，当然价格可以提高，缓解生产基地的增值税进项问题。根据《增值税暂行条例》第十五条规定："（一）下列项目免征增值税：农业生产者销售自产的农产品。"农业生产者包括从事农业生产的单位和个人。另根据《中华人民共和国企业所得税法实施条例》第八十六条规定："企业从事下列项目的所得，免征企业所得税：1.蔬菜、谷物、薯类、油料、豆类、棉花、麻类、糖料、水果、坚果的种植。"因此成立的农业公司可以免征增值税和企业所得税。

公司规范之后，可以直接从农业生产者手中购进农产品。根据

《增值税暂行条例》第八条第三款规定："购进农产品，除取得增值税专用发票或者海关进口增值税专用缴款书外，按照农产品收购金额或者销售发票上注明的农产品和13%的扣除率计算进项税额。进项税额计算公示：进项税额 = 买价 × 扣除率。"

因此，利益转移的同时，风险转移到上游环节，并且得到分散。当然，前提是必须规避上下游之间的关联关系，避免陷入转让定价税务政策的陷阱。

2. 向下游环节延伸，转移利润

下游销售环节包括经销商、办事处、直营店。经销商虽然与我们有关联，但本质上是个体经营，因此重点向办事处（一般不用办理营业执照）和直营店转移部分利润。故此要改变现有的销售模式：将以前是经销商直接到总部提货并打款，改为公司将产品移库至各个办事处和直营店，经销商从办事处和直营店提货（本质上还是经销商打款，中间进行过渡）。

设置办事处同时要设置直营店，主要在于办事处物流和资金流的量往往都比较大，如果不设法人实体不纳税，则有风险，而且不具备"屏障"功能；如果设立法人实体照章纳税，税负又太高。设立直营店，增加销售量只是次要功能，主要功能在于解决法人实体问题。有了法人实体，可以起到"屏障"功能，但因为是个体户，纳税又很低。

（二）公司"内外账"差异比较分析

2014年公司外账销售收入2.52亿元（不含税），增值税销项税近4300万元，增值税进项税约2780万元，2014年应交增值税1520万元，增值税税负约6%。附加税（城建税7%、教育附加税3%、地方教育附加2%）181万元，价调基金17.67万元，企业所得税292万元，税负1.16%。应交增值税及附加、价调基金、企业所得税合计 2012 万元。

2014 年内账销售收入 4.99 亿元（含税），折算为不含税收入 4.27 亿元。假设按照 2014 年外账增值税税负 6% 测算，公司实际应交增值税 2560 万元。附加税（城建税 7%、教育附加税 3%、地方教育附加 2%）307 万元，价调基金 30 万元。企业所得税 400 万元，合计 3297 万元。

两者之差 1285 万元。详见下表。

2014 年公司内、外账应交税金差异表（万元）

序号	项目	外账	真实账	差异
1	应交增值税 17%	1,520.00	2,560.00	1,040.00
2	城建税 7%	106.40	179.20	72.80
3	教育附加 3%	45.60	76.80	31.20
4	地方教育附加 2%	30.40	51.20	20.80
5	价调基金 0.07%	17.67	30.00	12.33
6	企业所得税	292.00	400.00	108.00
	合计	2,012.07	3,297.20	1,285.13

如果按照真实的收入缴纳税收，公司要多承担 1285 万元。为了保证公司持续发展，税收负担不增加或略有增加，并在公司能承担的合理范围之内，我们建议从 2016 年开始，按照我们的方法进行操作，逐步达到内外账合一，阳光化操作。

（三）实施"节税"的前提

如果 2016 年立即实施并账，公司的税收风险特别大，而且极有可能面临补交以前的税款，主要在于收入增加过快，对税务部门不好解释；另外，公司内部的管理无法跟上，并账就要规范，就要按照正常的操作模式，就要改变原来的一些操作方法和流程，就要透明化操作。

因此，我们建议并账应当循序渐进，以时间来进行消化，切不可操之过急，通过两年的努力逐步消化内部管理的一些问题，在内外部环境都可以的情况下，操作起来是安全的，税收风险是在可控范围之内的。

同时，我们以2014年内账数据（收入、成本、费用等）为依据，测算公司通过相关方法能够节省的税收。

二、"节税"的基本思路及方法

（一）"方案一"的基本思路及方法

1. 基本思路：分流收入到销售环节

（1）基本思路是降低销售收入，降低B票类的销售收入（经销商部分），非B票类的收入还是按照原来的模式，降低的部分在其他环节体现，但不影响股东利益（降低的收入还是在股东的掌控之中）。

（2）适当分离部分成本费用，在其他环节核算，但也不影响公司的利益。

（3）建议成立若干个办事处，办事处以"个体工商户"的名义在全国各地都成立。比如，以目前的销售网络，在江苏、重庆、贵州、云南等地方成立。我们将降低的收入"分流"到办事处。同时成立物流运输类个体户或者公司，将物流费用从公司中分离，在新成立的物流公司中列支。

（4）改变现有的销售模式，目前经销商提货是通过公司总部，如果按照"方案一"要增加一个环节，这个环节就是新成立的办事处。经销商通过办事处提货，办事处通过公司总部提货。即公司先将货物卖给办事处，办事处再卖给经销商。

（5）按照上述思路，公司产品的价格体系、业务单据打印、相关销售合同等方面均要作调整或改变。

2. 基本方法

（1）调整 2014 年内账销售费用、管理费用数据

假设以 2014 年公司真实的数据进行测算，我们需要对销售费用、管理费用的部分数据进行调整。

调整的目的在于将部分费用分离出去，或扣除部分税款。见下表一。

2014 年 1—12 月需要调整费用明细表（表一）

科目	二级明细	类别	金额	税额	不含税金额	调减金额	备注
销售费用	1. 运杂费	片区运杂费	7,289,981.75		7,289,981.75	7,289,981.75	通过成立物流公司支付此笔费用
		客户运杂费	1,931,636.00		1,931,636.00	1,931,636.00	
		小计	9,221,617.75		9,221,617.75	9,221,617.75	
	2. 广告费	广告	16,878,796.06	955,403.55	15,923,392.51	955,403.55	按照 6% 税率测算
	3. 促销费报销	促销报销	13,964,289.90		13,964,289.90	13,964,289.90	
	4. 返利	鲜香及香辣返利	33,858,542.53		33,858,542.53	33,858,542.53	以折扣方式算在收入中
		冬调返利	5,322,684.00		5,322,684.00	5,322,684.00	
		小计	39,181,226.53	—	39,181,226.53	39,181,226.53	
	5. 赠品	味精	3,740,607.68		3,740,607.68	3,740,607.68	不记入费用，直接记入产品的生产成本中
		鸡精	16,535,230.31		16,535,230.31	16,535,230.31	
		火锅	3,360,598.18		3,360,598.18	3,360,598.18	
		冬调	4,053,445.96		4,053,445.96	4,053,445.96	
		产品内奖	4,012,758.43		4,012,758.43	4,012,758.43	
		礼品装	63,853.52		63,853.52	63,853.52	
		礼品	11,767,821.90	1,709,854.46	10,057,967.44	1,709,854.46	以 17% 税率测算，并记入费用
		小计	43,534,315.98	1,709,854.46	41,824,461.52	33,476,348.54	
	销售费用小计		122,780,246.22	2,665,258.01	120,114,988.21	96,798,886.27	
管理费用	6. 董事会费		13,622,139.46		13,622,139.46	10,000,000.00	假设绝大部分费用 1000 万元无发票
	管理费用小计		13,622,139.46	—	13,622,139.46	10,000,000.00	
	合计		136,402,385.68	2,665,258.01	133,737,127.67	106,798,886.27	

相关说明：

运杂费用：2014 年发生费用为 9,221,617.75 元。我们认为这部分

315

运杂费用可以通过成立物流运输类公司支付，不必在 MT 公司支付。可以从销售费用中扣减。另外，这部分费用也可以通过外包的形式支付。

广告费用：2014 年发生含税金额为 16,878,796.06 元。考虑到增值税因素，我们认为可以按照服务业 6% 的税率，将广告费用的增值税剔除，即实际广告费用 15,923,392.51 元，增值税 955,403.55 元（可以用于抵扣进项）。

促销费用报销：2014 年发生额 13,964,289.90 元。根据调研，这部分费用是经销商按照公司政策报销的费用。我们认为可以直接抵扣货款，以折扣的形式反映在账面中，扣减公司收入。

返利：2014 年返利费用 39,181,226.53 元。根据调研，返利费用是公司按照营销政策给予经销商的支持，实质上就是折扣。因此，这部分费用可以作为折扣减少公司收入。

赠品：2014 年发生赠品费用 43,534,315.98 元，其中公司自制类赠品 31,766,494.08 元，外购含税赠品（礼品）11,767,821.90 元。因此，公司自身生产的产品可以直接计入产品成本，不必入销售费用。外购礼品作为赠品赠送给客户要扣除增值税 1,709,854.46 元，实际礼品费用 10,057,967.44 元记入销售费用。

董事会费用：2014 年发生费用 13,622,139.46 元。根据调研，此笔费用是公司主要领导的费用，绝大部分没有相关合法的票据。因此，我们假设有 1000 万元没有合法的票据，需要通过其他途径支出。

综上所述，2014 年需要扣减的销售费用 96,798,886.27 元，其中增值税 2,665,258.01 元。2014 年需要扣减的管理费用 1000 万元。

（2）调整 2014 年内账的实际生产成本、销售成本

①调整 2014 年生产成本

2014 年内账的生产成本分为直接材料、直接人工和费用，由于

公司在核算时未将原材料的增值税扣除，因此在规范操作时应将增值税扣除。

根据调研，我们与公司财务人员交流，公司购买的原材料绝大部分能够提供增值税专用发票，仅有少部分不能提供。因此，能够提供绝大部分的发票为节税提供了很好的条件，我们要求对不能提供发票的供应商进行更换或者用其他方式取得。

由于公司生产的特殊性，每月几乎没有在产品，2014年公司内账"生产成本"科目当期无余额，全部结转为库存商品。因此，这对我们调整2014年生产成本的数据提供了便利。调整后的数据，见下表。

调整2014年内账生产成本表（表二）

序号	成本科目	项目	含税金额及比例		增值税税额	不含税金额及比例		备注
			含税金额（元）	比例		不含税金额（元）	比例	
1	直接材料	原材料	207,704,657.38	88.65%	27,091,911.83	180,612,745.55	87.15%	原材料增值税率15%，包装17%
		包装物	31,963,276.73		4,644,236.79	27,319,039.94		
2	直接人工	工资	10,284,291.00	3.80%	0.00	10,284,291.00	4.31%	
3	费用	划袋处理	8,191,655.94	7.54%	0.00	8,191,655.94	8.54%	
		制造费用	12,193,911.82		0.00	12,193,911.82		
	合计		270,337,792.87	100.00%	31,736,148.62	238,601,644.25	100.00%	

相关说明：

原材料：2014年生产领用原材料（含税）207,704,657.38元，公司采购原材料有部分农产品，增值税税率13%。因此结合公司2014年实际采购情况及为测算方便，我们假设生产领用原材料金额（含税）有15%是增值税，即增值税税额27,091,911.83元，不含税原材料金额180,612,745.55元。换言之，公司2014年至少应当采购原材料（含税）207,704,657.38元。

包装物：2014年生产领用包装物（含税）31,963,276.73元。根据了解，这部分取得了17%的增值税专用发票，增值税税额4,644,236.79元，不含税金额27,319,039.94元。

剔除增值税因素，2014年公司生产成本中直接材料金额207,931,785.49元。

直接人工：2014年发生额10,284,291.00元。

费用：包括划袋处理和制造费用，2014年发生额分别为8,191,655.94元、12,193,911.82元。假设不考虑增值税因素，2014年发生额就是不含税金额。

综上所述，经过调整，2014年公司生产成本中直接材料、直接人工和费用的发生额分别为：207,931,785.49元、10,284,291.00元和20,385,567.76元，分别占当期生产成本的比例为：87.15%、4.31%和8.54%。

②调整2014年销售成本

2014年公司内账销售成本226,602,797.09元。销售费用中"赠品"除"礼品"外的发生额31,766,494.08元，按照之前所述，这部分赠品可以计入销售成本，不必列支费用。因此，我们需要重新对销售成本进行调整，并剔除增值税，实际发生的销售成本见下表。

调整2014年销售成本表(表三)

项目	类别	含税金额(元)	增税税额	不含税金额(元)	备注
销售成本	原销售成本	226,602,797.09	30,329,407.25	228,039,883.92	
	赠品成本	31,766,494.08			不含礼品
销售成本合计		258,369,291.17	30,329,407.25	228,039,883.92	

项目	类别	含税金额(元)	增税税额	不含税金额(元)	备注
销售成本	直接材料	229,044,376.62	30,329,407.25	198,714,969.38	
	其中：原材料	198,497,908.98	25,891,031.61	172,606,877.38	
	包装物	30,546,467.64	4,438,375.64	26,108,092.00	
	直接人工	9,818,033.06		9,818,033.06	
	制造费用	19,506,881.48		19,506,881.48	
合计		258,369,291.17	30,329,407.25	228,039,883.92	

相关说明：

2014 年原销售成本 226,602,797.09 元，赠品（不含礼品）31,766,494.08 元，两者合计 258,369,291.17 元。考虑到增值税因素，经过测算，材料部分的增值税额为 30,329,407.25 元，制造费用不考虑增值税，实际销售成本 228,039,883.92 元。

直接材料、直接人工和费用的数据是根据前面生产成本的比例进行测算的。我们假设 2014 年公司内账销售成本与生产成本耗用的直接材料、人工、费用的比例是一致的。

（3）调整 2014 年真实收入

2014 年内账销售收入 4.99 亿元（含税），折算为不含税收入 4.27 亿元，增值税销项税额 72,558,521.43 元。其中，B 票类收入（经销商）402,175,026.60 元，非 B 票类收入 24,639,805.32 元。

2014 年 1—12 月内账销售收入(表四)

序号	项目	含税金额	销项税额	不含税额	备注
1	B 票类	470,544,781.12	68,369,754.52	402,175,026.60	
2	非 B 票类	28,828,572.22	4,188,766.90	24,639,805.32	
合计		499,373,353.34	72,558,521.43	426,814,831.91	

（4）测算 2014 年折扣后公司盈利情况（见表五）

方案一　2014 年公司折扣后盈利分析表（表五）

序号	年度	2014（1~12月）	2014（1~12月）	2014（1~12月）	2014（1~12月）	2014（1~12月）	2014（1~12月）	2014（1~12月）	备注
1	折扣率	0.80	0.75	0.73	0.72	0.71	0.70	0.68	
2	收入（含税）	499,373,353.34	499,373,353.34	499,373,353.34	499,373,353.34	499,373,353.34	499,373,353.34	499,373,353.34	
	收入（不含税）	426,814,831.91	426,814,831.91	426,814,831.91	426,814,831.91	426,814,831.91	426,814,831.91	426,814,831.91	
	其中：非 B 票	24,639,805.32	24,639,805.32	24,639,805.32	24,639,805.32	24,639,805.32	24,639,805.32	24,639,805.32	
	B 票	402,175,026.60	402,175,026.60	402,175,026.60	402,175,026.60	402,175,026.60	402,175,026.60	402,175,026.60	
3	折扣收入（含税）	405,264,397.12	381,737,158.06	372,326,262.44	367,620,814.63	362,915,366.82	358,209,919.00	348,799,023.38	
	折扣收入（不含税）	346,379,826.59	326,271,075.26	318,227,574.73	314,205,824.47	310,184,074.20	306,162,323.94	298,118,823.40	仅限 B 票折扣
4	收入差额（含税）	94,108,956.22	117,636,195.28	127,047,090.90	131,752,538.71	136,457,986.52	141,163,434.34	150,574,329.96	
	收入差额（不含税）	80,435,005.32	100,543,756.65	108,587,257.18	112,609,007.45	116,630,757.71	120,652,507.98	128,696,008.51	
5	销项税额（17%）	58,884,570.52	55,466,082.80	54,098,687.70	53,414,990.16	52,731,292.61	52,047,595.07	50,680,199.98	
6	进项税额：	34,401,406.64	34,401,406.64	34,401,406.64	34,401,406.64	34,401,406.64	34,401,406.64	34,401,406.64	
	其中：原材料	27,091,911.83	27,091,911.83	27,091,911.83	27,091,911.83	27,091,911.83	27,091,911.83	27,091,911.83	
	包装物	4,644,236.79	4,644,236.79	4,644,236.79	4,644,236.79	4,644,236.79	4,644,236.79	4,644,236.79	
	礼品	1,709,854.46	1,709,854.46	1,709,854.46	1,709,854.46	1,709,854.46	1,709,854.46	1,709,854.46	
	广告费	955,403.55	955,403.55	955,403.55	955,403.55	955,403.55	955,403.55	955,403.55	
7	应交增值税	24,483,163.88	21,064,676.16	19,697,281.07	19,013,583.52	18,329,885.98	17,646,188.43	16,278,793.34	
	增值税税负	7.07%	6.46%	6.19%	6.05%	5.91%	5.76%	5.46%	
8	销售成本（不含税）	228,039,883.92	228,039,883.92	228,039,883.92	228,039,883.92	228,039,883.92	228,039,883.92	228,039,883.92	扣除税额
	销售成本（含税）	258,369,291.17	258,369,291.17	258,369,291.17	258,369,291.17	258,369,291.17	258,369,291.17	258,369,291.17	
	其中：原销售成本	226,602,797.09	226,602,797.09	226,602,797.09	226,602,797.09	226,602,797.09	226,602,797.09	226,602,797.09	
	赠品成本	31,766,494.08	31,766,494.08	31,766,494.08	31,766,494.08	31,766,494.08	31,766,494.08	31,766,494.08	
9	销售毛利额	118,339,942.67	98,231,191.34	90,187,690.81	86,165,940.55	82,144,190.28	78,122,440.02	70,078,939.48	
	毛利率	34.16%	30.11%	28.34%	27.42%	26.48%	25.52%	23.51%	
10	其他收入小计	3,456,970.33	3,456,970.33	3,456,970.33	3,456,970.33	3,456,970.33	3,456,970.33	3,456,970.33	
	其他业务收入	158,351.30	158,351.30	158,351.30	158,351.30	158,351.30	158,351.30	158,351.30	参照2014年内账数据
	营业外收入	3,298,619.03	3,298,619.03	3,298,619.03	3,298,619.03	3,298,619.03	3,298,619.03	3,298,619.03	
	其中：房租	795,534.00	795,534.00	795,534.00	795,534.00	795,534.00	795,534.00	795,534.00	
	质量违约金	120,414.69	120,414.69	120,414.69	120,414.69	120,414.69	120,414.69	120,414.69	
	其他	2,382,670.34	2,382,670.34	2,382,670.34	2,382,670.34	2,382,670.34	2,382,670.34	2,382,670.34	
11	原销售费用	156,650,172.45	156,650,172.45	156,650,172.45	156,650,172.45	156,650,172.45	156,650,172.45	156,650,172.45	参照2014年内账数据
	其中：扣减费用	96,798,886.27	96,798,886.27	96,798,886.27	96,798,886.27	96,798,886.27	96,798,886.27	96,798,886.27	
	销售费用	59,851,286.18	59,851,286.18	59,851,286.18	59,851,286.18	59,851,286.18	59,851,286.18	59,851,286.18	
12	原管理费用	29,821,612.84	29,821,612.84	29,821,612.84	29,821,612.84	29,821,612.84	29,821,612.84	29,821,612.84	参照2014年内账数据
	其中：扣减费用	10,000,000.00	10,000,000.00	10,000,000.00	10,000,000.00	10,000,000.00	10,000,000.00	10,000,000.00	
	管理费用	19,821,612.84	19,821,612.84	19,821,612.84	19,821,612.84	19,821,612.84	19,821,612.84	19,821,612.84	参照2014年内账数据
13	财务费用	61,668.06	61,668.06	61,668.06	61,668.06	61,668.06	61,668.06	61,668.06	参照2014年内账数据
14	其他支出	653,255.24	653,255.24	653,255.24	653,255.24	653,255.24	653,255.24	653,255.24	参照2014年内账数据

序号	年度	2014 (1~12月)	2014 (1~12月)	2014 (1~12月)	2014 (1~12月)	2014 (1~12月)	2014 (1~12月)	2014 (1~12月)	备注
15	营业税金及附加	3,180,445.54	2,756,150.89	2,586,433.03	2,501,574.10	2,416,715.17	2,331,856.24	2,162,138.38	
	其中:城建税 7%	1,713,821.47	1,474,527.33	1,378,809.67	1,330,950.85	1,283,092.02	1,235,233.19	1,139,515.53	以应交增值税为基数
	教育附加 3%	734,494.92	631,940.28	590,918.43	570,407.51	549,896.58	529,385.65	488,363.80	以应交增值税为基数
	地方教育附加 2%	489,663.28	421,293.52	393,945.62	380,271.67	366,597.72	352,923.77	325,575.87	以应交增值税为基数
	价格基金 0.07%	242,465.88	228,389.75	222,759.30	219,944.08	217,128.85	214,313.63	208,683.18	以营业收入为基数
16	利润	38,228,645.14	18,544,188.47	10,670,405.80	6,733,514.46	2,796,623.13	-1,140,268.21	-9,014,050.88	
17	企业所得税	9,557,161.29	4,636,047.12	2,667,601.45	1,683,378.62	699,155.78	0.00	0.00	
18	总体税额小计	37,220,770.72	28,456,874.17	24,951,315.55	23,198,536.24	21,445,756.93	19,978,044.67	18,440,931.72	
	应交增值税	24,483,163.88	21,064,676.16	19,697,281.07	19,013,583.52	18,329,885.98	17,646,188.43	16,278,793.34	
	营业税金及附加	3,180,445.54	2,756,150.89	2,586,433.03	2,501,574.10	2,416,715.17	2,331,856.24	2,162,138.38	
	企业所得税	9,557,161.29	4,636,047.12	2,667,601.45	1,683,378.62	699,155.78	0.00	0.00	
19	目前上交税额	20,120,700.00	20,120,700.00	20,120,700.00	20,120,700.00	20,120,700.00	20,120,700.00	20,120,700.00	
	应交增值税	15,200,000.00	15,200,000.00	15,200,000.00	15,200,000.00	15,200,000.00	15,200,000.00	15,200,000.00	
	营业税金及附加	2,000,700.00	2,000,700.00	2,000,700.00	2,000,700.00	2,000,700.00	2,000,700.00	2,000,700.00	
	企业所得税	2,920,000.00	2,920,000.00	2,920,000.00	2,920,000.00	2,920,000.00	2,920,000.00	2,920,000.00	
20	差额	17,100,070.72	8,336,174.17	4,830,615.55	3,077,836.24	1,325,056.93	-142,655.33	-1,679,768.28	

根据表五测算，为了保证公司能够有相应的毛利和利润，2014年公司折扣率应保持在 0.71～1。"0.71"表示在原来收入基础上按照 71% 计算收入，"1"表示就是以原来收入为基数。折扣在 0.71～0.73，公司毛利率在 26.48%～28.34%，也与当前的情况接近。如果在 0.71 折以下，公司会出现亏损，这可能存在税务风险，对公司未来发展不利。

根据表五测算，如果 2014 年折扣在 0.71～0.73，公司承担的税收成本比原来多 133 万元、308 万元、480 万元，这对于公司来说也是可以的。同时，增值税税负率在 6% 左右，也与目前公司的增值税税负基本一致。

折扣，仅针对 B 票及经销商进行折扣，不针对商超。这里的折扣包括了返利及促销报销费用。因此，我们在具体操作时要考虑。

增值税进项：根据2014年生产成本中耗用的原材料、包装物进行测算。根据公司的实际情况，原材料及包装物绝大部分都能取得增值税专票。

其他业务收入，其他支出、财务费用按照2014年实际发生额作为测算依据。

管理费用：主要是董事会费不能全部进入费用。根据调研，这部分费用绝大部分没有正规的票据，因此我们假设有1000万元通过其他途径支出，这部分作为公司的备查账目。

（二）"方案二"的基本思路及方法

1.基本思路：分流收入到销售环节，同时分离费用到外围企业

（1）基本思路与"方案一"相似，即分离部分成本费用，在外围企业环节核算；成立若干办事处，以个体工商户的名义成立；成立物流运输的个体户或者公司，支付物流费用；形式上调整现有的销售模式，公司整体利益向下游环节转移。

（2）成立品牌管理公司。一方面，品牌管理公司管理各地的市场，经销商经营"MT"品牌，向品牌公司提出申请加盟，并收取一定金额的加盟费用（实际是分流部分货款）；另一方面，将公司目前大部分销售人员劳动关系"转移"到品牌管理公司，销售人员实际上就是MT味业品牌的市场管理人员，服务于MT味业，又服务于品牌公司。

（3）公司拥有"MT"品牌，成立品牌管理公司后，逐步将"MT"品牌从公司剥离或以合同形式授予品牌管理公司运营。品牌管理公司再以合同形式授予经销商使用品牌并支付品牌使用费。

（4）按照上述思路，公司产品的价格体系、业务流程、销售合同等方面均要作调整或改变。

2. 基本方法

（1）调整 2014 年内账销售费用、管理费用、收入、生产成本及销售成本

基本方法与"方案一"一致，假设以 2014 年数据为依据，并对 2014 年的销售费用、管理费用、生产成本及销售成本进行调整。

调整生产成本采用"表二"数据；调整销售成本采用"表三"数据；调整收入按照"表四"数据；调整的销售费用参考"表一"数据。

管理费用完全参考"表一"数据，也要调减董事会费的相关费用。

财务费用和营业支出，使用 2014 年内账数据。

（2）合理安排品牌管理公司的收入

成立的品牌管理公司向经销商收取加盟费用并进行市场指导，因此收取的加盟费用也不能过低或过高，要适中。换言之，品牌管理公司保持微利，只要能够支付市场销售人员工资、日常经营办公费用即可。

品牌管理公司成立的地点可以在 CZ 省，也可以在省外。同时，为了节约增值税，我们建议可以成立多个，每一个品牌公司收入连续 12 月不能超过 500 万元，超过税率为 6%，未超过税率为 3%。当然为了管理方便，也可以成立一个。

2014 年公司内账支付销售人员工资及社保等金额 2030.00 万元，假设"品牌管理公司"2014 年取得含税收入 2500.00 万元，应交增值税（品牌管理公司增值税税率 6%）141.51 万元，附加税（城建、教育）16.98 万元，价调基金 1.65 万元，合计 160.14 万元。见表六。

品牌管理公司税负情况（表六）

序号	项目	税率	税额（万元）	备注
1	收入	2,500.00		假设 2014 年 2500 万元
2	不含税收入	2,358.49		
3	应交增值税	6.00%	141.51	
4	城建税	7.00%	9.91	
5	教育附加	3.00%	4.25	
6	地方教育附加	2.00%	2.83	
7	价调基金	0.07%	1.65	
合计		—	160.14	

另一方面，如果销售人员的工资等费用不在 MT 列支，那么公司相应的销售费用将减少，根据"表一"数据，要调减销售费用96,798,886.27 元，再减去销售人员工资，实际销售费用 39,585,634.16元。见表七。

调整 2014 年销售费用（表七）

序号	项目	金额（元）	备注
1	原销售费用	156,650,172.45	参加 2014 年内账
	调减金额	96,798,886.27	见"表一"
2	销售人员工资社保	20,265,652.02	参加 2014 年内账
	其中：工资	17,965,979.40	
	社保	2,299,672.62	
3	实际销售费用	39,585,634.16	

为了测算方便，在表七中，销售人员工资及社保的金额为2030.00 万元。

（3）测算成立品牌管理公司后，MT盈利情况（见表八）

成立品牌管理公司,2014年公司盈利分析表(表八)

序号	年度	2014（1~12月）	2014（1~12月）	2014（1~12月）	2014（1~12月）	2014（1~12月）	2014（1~12月）	2014（1~12月）	备注
1	折扣率	0.680	0.675	0.670	0.665	0.660	0.655	0.650	
2	收入(含税)	499,373,353.34	499,373,353.34	499,373,353.34	499,373,353.34	499,373,353.34	499,373,353.34	499,373,353.34	
	收入(不含税)	426,814,831.91	426,814,831.91	426,814,831.91	426,814,831.91	426,814,831.91	426,814,831.91	426,814,831.91	
	其中:非B票	24,639,805.32	24,639,805.32	24,639,805.32	24,639,805.32	24,639,805.32	24,639,805.32	24,639,805.32	
	B票	402,175,026.59	402,175,026.59	402,175,026.59	402,175,026.59	402,175,026.59	402,175,026.59	402,175,026.59	
3	折扣收入(含税)	348,799,023.38	346,446,299.48	344,093,575.57	341,740,851.67	339,388,127.76	337,035,403.86	334,682,679.95	仅限B票折扣
	折扣收入(不含税)	298,118,823.40	296,107,948.27	294,097,073.14	292,086,198.01	290,075,322.87	288,064,447.74	286,053,572.61	
	其中:非B票	24,639,805.32	24,639,805.32	24,639,805.32	24,639,805.32	24,639,805.32	24,639,805.32	24,639,805.32	
	B票	273,479,018.08	271,468,142.95	269,457,267.82	267,446,392.69	265,435,517.55	263,424,642.42	261,413,767.29	
4	收入差额(含税)	150,574,329.96	152,927,053.86	155,279,777.77	157,632,501.67	159,985,225.58	162,337,949.48	164,690,673.39	
	收入差额(不含税)	128,696,008.51	130,706,883.64	132,717,758.78	134,728,633.91	136,739,509.04	138,750,384.18	140,761,259.31	
5	销项税额（17%）	50,680,199.98	50,338,351.21	49,996,502.43	49,654,653.66	49,312,804.89	48,970,956.12	48,629,107.34	
6	进项税额	34,401,406.64	34,401,406.64	34,401,406.64	34,401,406.64	34,401,406.64	34,401,406.64	34,401,406.64	
	其中:原材料	27,091,911.83	27,091,911.83	27,091,911.83	27,091,911.83	27,091,911.83	27,091,911.83	27,091,911.83	
	包装物	4,644,236.79	4,644,236.79	4,644,236.79	4,644,236.79	4,644,236.79	4,644,236.79	4,644,236.79	
	礼品	1,709,854.46	1,709,854.46	1,709,854.46	1,709,854.46	1,709,854.46	1,709,854.46	1,709,854.46	
	广告费	955,403.55	955,403.55	955,403.55	955,403.55	955,403.55	955,403.55	955,403.55	
7	应交增值税	16,278,793.34	15,936,944.57	15,595,095.80	15,253,247.02	14,911,398.25	14,569,549.48	14,227,700.71	
	增值税税负	5.46%	5.38%	5.30%	5.22%	5.14%	5.06%	4.97%	

序号	年度	2014（1~12月）	2014（1~12月）	2014（1~12月）	2014（1~12月）	2014（1~12月）	2014（1~12月）	2014（1~12月）	备注
8	销售成本（不含税）	228,039,883.92	228,039,883.92	228,039,883.92	228,039,883.92	228,039,883.92	228,039,883.92	228,039,883.92	扣除税额
	销售成本（含税）	258,369,291.17	258,369,291.17	258,369,291.17	258,369,291.17	258,369,291.17	258,369,291.17	258,369,291.17	
	其中：原销售成本	226,602,797.09	226,602,797.09	226,602,797.09	226,602,797.09	226,602,797.09	226,602,797.09	226,602,797.09	
	赠品成本	31,766,494.08	31,766,494.08	31,766,494.08	31,766,494.08	31,766,494.08	31,766,494.08	31,766,494.08	
9	销售毛利额	70,078,939.48	68,068,064.35	66,057,189.22	64,046,314.09	62,035,438.95	60,024,563.82	58,013,688.69	
	毛利率	23.51%	22.99%	22.46%	21.93%	21.39%	20.84%	20.28%	
10	其他收入小计	3,456,970.33	3,456,970.33	3,456,970.33	3,456,970.33	3,456,970.33	3,456,970.33	3,456,970.33	参照2014年内账数据
	其他业务收入	158,351.30	158,351.30	158,351.30	158,351.30	158,351.30	158,351.30	158,351.30	
	营业外收入	3,298,619.03	3,298,619.03	3,298,619.03	3,298,619.03	3,298,619.03	3,298,619.03	3,298,619.03	
	其中：房租	795,534.00	795,534.00	795,534.00	795,534.00	795,534.00	795,534.00	795,534.00	
	质量违约金	120,414.69	120,414.69	120,414.69	120,414.69	120,414.69	120,414.69	120,414.69	
	其他	2,382,670.34	2,382,670.34	2,382,670.34	2,382,670.34	2,382,670.34	2,382,670.34	2,382,670.34	
11	原销售费用	156,650,172.45	156,650,172.45	156,650,172.45	156,650,172.45	156,650,172.45	156,650,172.45	156,650,172.45	见2014年内账数据
	其中：扣减费用	96,798,886.27	96,798,886.27	96,798,886.27	96,798,886.27	96,798,886.27	96,798,886.27	96,798,886.27	见"表一"
	销售人员工资	20,300,000.00	20,300,000.00	20,300,000.00	20,300,000.00	20,300,000.00	20,300,000.00	20,300,000.00	见"表六"
	销售费用	39,551,286.18	39,551,286.18	39,551,286.18	39,551,286.18	39,551,286.18	39,551,286.18	39,551,286.18	
12	原管理费用	29,821,612.84	29,821,612.84	29,821,612.84	29,821,612.84	29,821,612.84	29,821,612.84	29,821,612.84	见2014年内账数据
	其中：扣减费用	10,000,000.00	10,000,000.00	10,000,000.00	10,000,000.00	10,000,000.00	10,000,000.00	10,000,000.00	见"表一"
	管理费用	19,821,612.84	19,821,612.84	19,821,612.84	19,821,612.84	19,821,612.84	19,821,612.84	19,821,612.84	见2014年内账数据
13	财务费用	61,668.06	61,668.06	61,668.06	61,668.06	61,668.06	61,668.06	61,668.06	见2014年内账数据

序号	年度	2014（1~12月）	2014（1~12月）	2014（1~12月）	2014（1~12月）	2014（1~12月）	2014（1~12月）	2014（1~12月）	备注
14	其他支出	653,255.24	653,255.24	653,255.24	653,255.24	653,255.24	653,255.24	653,255.24	见2014年内账数据
15	营业税金及附加	2,162,138.38	2,119,708.91	2,077,279.45	2,034,849.98	1,992,420.52	1,949,991.05	1,907,561.59	
	其中:城建税7%	1,139,515.53	1,115,586.12	1,091,656.71	1,067,727.29	1,043,797.88	1,019,868.46	995,939.04	以应交增值税为基数
	教育附加3%	488,363.80	478,108.34	467,852.87	457,597.41	447,341.95	437,086.48	426,831.02	以应交增值税为基数
	地方教育附加2%	325,575.87	318,738.89	311,901.92	305,064.94	298,227.97	291,390.99	284,554.01	以应交增值税为基数
	价调基金0.07%	208,683.18	207,275.56	205,867.95	204,460.34	203,052.73	201,645.11	200,237.50	以营业收入为基数
16	利润	11,285,949.12	9,317,503.45	7,349,057.79	5,380,612.12	3,412,166.45	1,443,720.78	-524,724.88	
17	企业所得税	2,821,487.28	2,329,375.86	1,837,264.45	1,345,153.03	853,041.61	360,930.20	0.00	
18	总体税额小计	22,863,819.00	21,987,429.35	21,111,039.69	20,234,650.04	19,358,260.38	18,481,870.73	17,736,662.29	
	其中:增值税	16,278,793.34	15,936,944.57	15,595,095.80	15,253,247.02	14,911,398.25	14,569,549.48	14,227,700.71	
	营业税金及附加	2,162,138.38	2,119,708.91	2,077,279.45	2,034,849.98	1,992,420.52	1,949,991.05	1,907,561.59	
	企业所得税	2,821,487.28	2,329,375.86	1,837,264.45	1,345,153.03	853,041.61	360,930.20	0.00	
	"品牌公司"税负	1,601,400.00	1,601,400.00	1,601,400.00	1,601,400.00	1,601,400.00	1,601,400.00	1,601,400.00	
19	目前上交税额	20,120,700.00	20,120,700.00	20,120,700.00	20,120,700.00	20,120,700.00	20,120,700.00	20,120,700.00	
	其中:增值税	15,200,000.00	15,200,000.00	15,200,000.00	15,200,000.00	15,200,000.00	15,200,000.00	15,200,000.00	
	营业税金及附加	2,000,700.00	2,000,700.00	2,000,700.00	2,000,700.00	2,000,700.00	2,000,700.00	2,000,700.00	
	企业所得税	2,920,000.00	2,920,000.00	2,920,000.00	2,920,000.00	2,920,000.00	2,920,000.00	2,920,000.00	
20	差额	2,743,119.00	1,866,729.35	990,339.69	113,950.04	-762,439.62	-1,638,829.27	-2,384,037.71	

根据"表七"测算的结果，如果公司成立了品牌管理公司，生产基地即公司收入保持在一定水平，即折扣范围在原来收入的0.65～0.68，公司整体上的税负也不会增加很多，甚至会降低。

如果折扣是0.68，公司利润1128万元，承担的税收比原来多274万元；

如果折扣为0.675，公司利润931万元，承担税收比原来多186万元；

如果折扣为0.67，公司利润734万元，承担税收比原来多99万元；

如果折扣为0.665，公司利润538万元，承担税收比原来多11万元；

如果折扣为0.65，公司利润341万元，承担税收比原来少76万元；

如果折扣为0.655，公司利润144万元，承担税收比原来少163万元。

如果折扣是0.65，公司承担的税收比原来少238万元，但是MT利润为负数即亏损，这对公司不利，也存在风险。

三、"节税"工作说明

（一）"方案一"及"方案二"说明

不管采用方案一还是方案二，我们的目标都是降低公司的整体税负，利用小微企业或个体工商户的优惠政策进行"节税"策划。在采用方案一或方案二时，需要公司成立物流运输公司、办事处和品牌管理公司，这些公司主要是为了分流部分利润，达到节税的目的。

物流公司的性质可以是公司，也可以是个体户。2014年公司内账，物流运输费用约920万元，建议成立个体户性质的物流企业。

在各地成立的办事处，原则上为个体户性质，公司大部分利润向办事处转移。

成立品牌管理公司一方面是为了宣传"MT"品牌，扩大销售网络，管理全国市场，负责经销商的加盟等；另一方面，是将原来归属公司的销售人员剥离到品牌管理公司进行管理。

（二）相关业务流程的重新规划

实施上述方案，我们要重新规划公司的业务流程，如价格体系、资金流向、信息流向及物流方面。

1. 价格体系

（1）业务层面

不管是方案一还是方案二，我们都要降低公司的出厂单价，也即进行折扣销售，要实实在在地降价（业务层面必须降低折扣，如果业务不降，只是财务"降"，就又成为"两本账"了），并为降低折扣找到理由；另外，生产基地即公司与下游（成立的办事处）的关联度也要降低。

（2）财务层面如何操作

财务外账配合业务层面操作的步骤，逐月下调折扣（当然不是一刀切，有高有低，比如有些产品可以降得多一些，有些可以降得少一些），在配套措施到位时，下调到需要的折扣率。这个过程需要半年至一年时间。

另外，公司一定要取得进项发票，进一步加强取得增值税专用发票的力度，对没有增值税专用发票的供应商进行更换，确保公司利益。

（3）财务与业务部门的配合

业务部门的降价措施以及降低折扣的计划，必须与财务部共同测算与商量。如果没有财务部的签字，活动方案和定价方案不得生效。

2. 物流走向

（1）现有的销售模式

我们现在的销售模式是：经销商直接从生产基地要货，然后经销商再直接卖给终端客户；还有极少部分是公司直营店直接向公司要货，然后卖给终端客户（图3）。

图3　现有销售模式

这种销售模式有三个问题：

①市场在经销商手中，我们对市场控制力度弱，这种模式不需要大量囤货，不需要积压资金。如此一来，经销商"跳槽"的代价低，容易流失。

②售前、售后服务功能，均为集中在总部，服务难度大，响应速度较慢。

③信息安全度低、经销商掌握我们的信息，这样对我们不是很安全。

（2）改变目前的销售模式

根据方案一及方案二，我们需要在各地设立办事处（个体户）。通过办事处向公司要货，然后办事处将货物卖给经销商，经销商再将产品销售给终端客户。此外，办事处主要负责当地市场售前、售后服务，以及当地市场开拓。变革后的销售模式如图4所示。

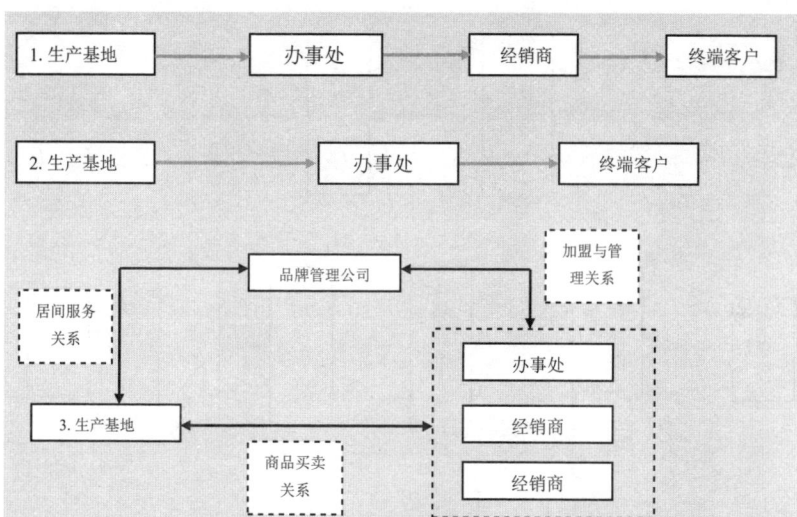

图 4　物流路线

图 4 是改变之后的物流线路，公司向办事处发货，办事处直接卖给经销商。办事处就是公司自己能够控制的。

实际上，我们设置办事处的目的就是在公司与经销商之间设置了一道"防火墙"，这道防火墙是安全的，也是必要的。在实际操作上，公司一定要在相关销售单据上体现"卖给"办事处，并将货物运输到办事处或办事处指定的销售点。

3. 信息流向

信息流与资金流的保密程度是一样的，目前来说，外账信息流处于外围，内账信息流处于中间。这里有个重要原则：经销商不开发票收入，都不能与总部商务打交道，如图 5 所示。

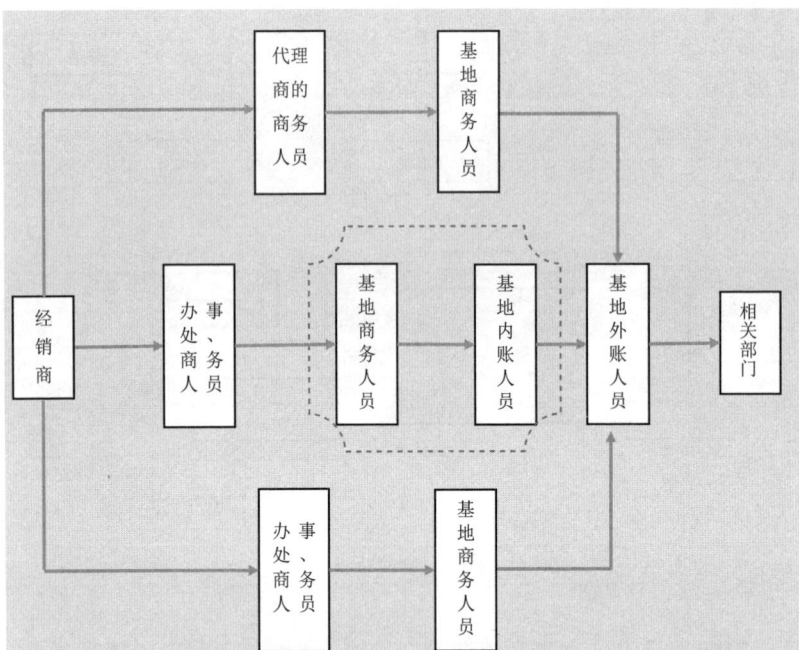

图5 信息流向

由于办事处起到防火墙的功能，因此，在办事处的信息流向上我们要做好备查账目登记。

4.资金流向

资金流向最重要也最关键，是证明业务真实性的主要依据。我们已经改变了物流线路，因此资金线路要和物流线路保持一致。即公司将货物卖给办事处，办事处就应该将资金支付给公司。根据调研，公司下游经销商几乎都是个体户，都采用私卡。同时，公司为每个经销商都设置了一张私卡，我们完全可以利用这些私卡，即这些私卡就是办事处的私卡。经销商将货款打入这些私卡，这些私卡通过转账或取现金的方式支付给公司对公账户。

在很长一段时间内，经销商不规范还会存在。不能让经销商的不规范牵累到总公司，所以采取这种资金流动处理方式实现风险隔离，我们称之为防火墙。这一处理方式，也是实现总公司"两账合一"的前提（图6）。

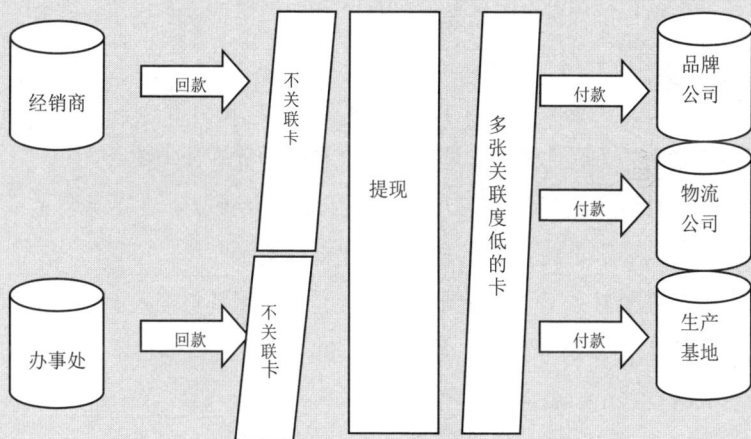

图6 资金流向

四、业务层面配合节税工作

财务只是业务的反映，仅从财务上着手，是做不好节税的。

业务是财务的保证，业务层面相关法人实体人、财、物、场地、信息、考核等彻底分离了，财务上才能实现分离。因此，我们要做好"六个"分离工作。

（一）人员分离

人员隶属关系是否真正分离，影响是多方面的：工资和社保核算的归属（避免不是该法人实体的人却在该实体买了社保）、所掌握信息的独立性、业务单据的独立性等。

人员独立，除了高管可以兼任外，某个法人实体整个业务链上的人员，包括人事、行政、财务、生产、销售等都必须独立，每个人都必须清楚自己属于哪个主体，而不能简单地认为自己就是MT的员工。

整个集团（虚拟集团）人力资源实行统一管理，总公司人力资源负责人承担领导责任，各法人实体人力资源负责人承担第一责任。

（二）资金分离

资金分离的必要性在于：避免因为资金的不分离，导致不同法人实体之间的关联性说不清楚，从而在税务面前举证失败。

在条件允许的情况下，可以实行出纳人员独立。在不具备这一条件时，则要求出纳人员分清每一家企业的资金归属。

整个集团财务工作实行统一管理，总公司财务负责人承担领导责任，各法人实体财务负责人承担第一责任。本项工作由总公司财务负责人督促并组织规划。

（三）物资分离

在新的业务模式下，原则上不允许借用物资，特殊情况下需要借用物资时，若是生产基地与基地公司之间的借用，由生产基地财务负责人签批。若是生产基地与品牌管理公司之间的借用，则由两边的财务部负责人签批。

（四）场地分离

在地理位置上分离，也是人员分离、信息分离的重要基础。包括物资存放分离和人员工作地点分离。物资放在一起，就分不清你的我的，到头来混在一起。

人员天天坐一起，就分不清你我，掌握的信息也分不开。

（五）信息分离

所谓信息分离，指的是传递信息的线路分离，被动接触信息的人员分离。该知晓的知晓，不该知晓的就不得知晓。

一方面，各类报表必须独立，除高层管理者外，这个法人实体的人员不得去接触另一个法人实体的信息；另一方面，人员办公地点和工作内容独立，避免被动接触到其他实体的信息。

软件中的报表信息，一方面，不同的法人实体使用不同的软件（指的是不在同一套软件中运行。在同一套软件中建不同的账套都不允许）；另一方面，同一法人中的不同人员则用权限来管理。

与软件相对应的，是服务器的分离。

（六）考核分离

当对不同法人主体的费用进行严格考核时，办公室、库房、人员工资社保、办公费用等自然就分开了，因为各主体的负责人会主动操这份心，会认真分清"你的"和"我的"。

针对不同法人主体的物资、折旧费用进行考核时，各法人主体之间借用、调用物资和设备时，手续自然就完善了，因为手续不完善，考核时自己的物资和设备就可能短少，自己的物资消耗和设备折旧就可能虚增。各主体的负责人会主动去操这份心，谁也不会允许别人随随便便把自己地盘上的东西拿走。

总之，在新的模式下，既然设立了若干个独立的法人主体，就要从实质上独立开来。若业务不独立，财务独立，结果还是回到"假"的层面，无法解决风险问题。

第四部分　精细化核算系统

一、精细化核算对企业发展的重要性
（一）精细化管理的内涵及精细化核算的目标
精细化管理是一种管理理念和管理技术，是通过规则的系统化和

细化，坚持标准化、数据化和信息化的原则，使组织管理各单元精确、高效、协同和持续运行。

核算精细化管理的目标就是以财务管理为中心，以全面预算管理为主线，以风险可控为前提，以效益最大化为目标，把成本控制到最优，真正做到风险可控、成本最小化、效益最大化。

（二）精细化核算管理的内容及企业的现状、需求

1. 会计行为规范的精细化

会计核算工作中的每一个行为都有一定的规范和要求。每一个会计人员都应遵守这种规范，从而使会计行为更加职业化和标准化。同时，企业应建立和完善包括会计核算工作规范、会计核算过程控制和会计核算工作考核等方面的规章制度，提高工作效率。

目前，外账为应付税务检查的税务账，而内账完全是依内部管理需求而制定的管理账，无论内账还是外账，都已经远离会计准则要求、会计规范化要求，因此，必须在内外账合并前实现会计行为的规范化。

2. 会计核算和控制精细化

一方面，企业应详细规定会计核算的基本程序以及各个环节的工作内容和需注意问题，以便会计人员对发生的经济业务进行规范的记录并最终为信息使用者提供决策有用的会计信息；另一方面，企业必须抓住会计工作运行过程的关键点，将各关键点连接成一个控制网络，从而形成一个对企业经营控制全过程、全方位的监控系统。

企业成本核算的现状：成本核算较为粗放，制造费用的分配依据性较差，未建立标准成本体系，无法正确核算每一工序、每一产品的正确成本。虽然公司的现状并非以成本为导向，但随着市场竞争力的加强，以及企业多元化的发展，成本管理为导向将会提高企业的竞争力。因此，必须建立完整的成本核算体系，对关键成本实

施有效控制与监控，实现按工序、按生产线正确核算产品成本。

3. 会计分析精细化

会计精细化分析主要是对经营中的问题从多个角度去展现、从多个层次去跟踪，以发掘提高企业生产力和利润的方法。

根据对公司报表体系的了解，在成本核算分析、销售利润分析方面，并没有系统的报表分析体系。因此，建立相应的报表分析体系势在必行，并且应依管理者的理念、需求建立相应的报表分析体系，提倡采用"功能、规范、优化、简化"的理念设置管理分析报表体系。

4. 会计考核精细化

建立精细化的会计考核制度，避免执行不力和制度虚设现象，确保会计核算工作精细化的执行效果。

针对会计考核精细化，应完善公司的财务组织架构，建立有效的岗位职责说明书，并按相关职责进行财务考核，以便提升精细化核算的整体水平。

（三）根据企业的现状，我们对公司精细化核算提出的要求

1. 成本控制方面

引入配方成本分析体系，利用边际成本法制定标准成本，正确地分配间接费用，正确核算每一工序、每一生产线的成本费用，达到单位成本精确到任一工序，实现成本核算精细化的目的。

2. 收入确认方面

充分考虑折扣销售、空袋换货、赠品销售等因素，规避核算导致的税务风险，以及满足报表分析取数自动化的需求。同时，为实现内外账合并，逐步由含税收入转变为不含税收入，正确地对产品进行定价。

3.费用确认方面

应依权责发生制进行费用确认，充分考虑不规范费用，对替代费用、销售人员工资及费用处理进行优化，并重塑费用控制流程，以实现精益化核算。

后续，将以举例的方式反映精细化核算的关键点，并指导公司财务人员完成上述几方面的精细化核算。

二、财务核算体系的调整

（一）财务组织架构对核算体系的要求

对公司提供的"财务中心架构体系"进行微调，以适应核算体系的要求，如图7所示：

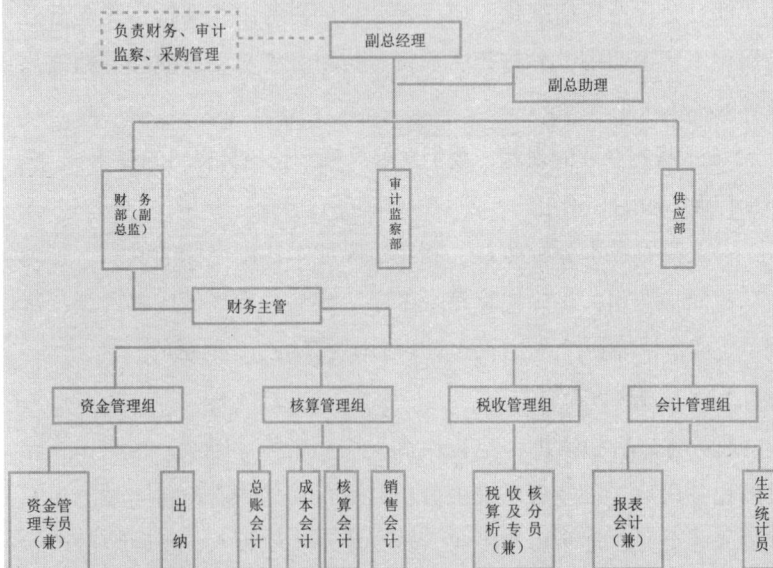

图7 财务组织架构

调整说明：

专设资金管理专员，可以由资金管理组组长兼任，有利于提高资金的使用效率；专设成本会计岗位，并设置成本核算员协助成本核算工作；设置税收管理岗位，由其他岗位人员兼任，统筹处理公司的税收核算及税务风险分析，负责与税务机关、事务所等外部单位的沟通；专设报表会计岗位，负责报表模板的优化、简化，报表数据的收集、统计，进行专项财务分析等工作，内外账合并后，此岗位可进行备查账的处理工作。

微调后的财务组织架构，应对成本会计岗位、税收核算及分析专员岗位、报表会计岗位落到实处，制定相应的岗位职责说明书，加强财务工作的有效执行。

（二）根据产业布局及管理规划设置账套

1.账套体系的建立

独立法人主体均应设立账套，即生产基地、品牌管理公司、农业生产基地应建立对外的独立账套，多个办事处可成立一个账套，应作为四条主线，形成虚拟集团合并账套体系。

2.产供销管理数据的提取（下述文中编号为公司账套编号）

（1）生产数据提取：从"0201生产中心"提取生产数据；

（2）采购数据提取：

第一步：04农业生产基地与02031农产品采购部的数据合并；

第二步：合并后的农产品采购数据与非农产品采购数据合并，提取出完整采购数据。

（3）销售数据提取：

第一步：02022、03、05下各片区销售数据进行片区合并；

第二步：片区合并后数据形成经销商销售数据；

第三步：将经销商销售数据与商超管理部、其他管理部数据进行合并。

3. 虚拟合并报表数据提取（下述文中编号为公司账套编号）

（1）根据上述"2"提取产供销数据；

（2）从 0202、03、05 提取销售费用数据；

（3）0203、04 提取采购费用数据；

（4）其他费用仍在 02 账套下提取；

（5）资产在各自主体账套下提取。

（三）根据产业布局及管理规划设置报表体系

1. 建立标准的对外报表体系

为满足工商、税务、券商等外部机构的需求，严格按《企业会计准则第 30 号——财务报表列报》的要求，应设置标准的资产负债表、利润表、现金流量表、所有者权益变动表，以及报表附注。所述报表应当从各自的主体账套中提取相应的数据。

2. 建立满足管理层需要的管理报表体系及财务分析体系

根据调研，公司的管理报表较为零散，不便于进行管理分析。提供成本管理分析报表，可便于成本管控部门进行成本分析，销售部门制定正确的销售定价策略，老板通过报表系统对公司进行有效的监控。

下述为我们的经验，财务部门应向管理层提供财务层面的管理分析报表及财务分析报告，对公司急需建立（或优化）的管理报表及财务分析提出的建议如下：

（1）建立"生产成本管理分析报表"

建立生产成本管理分析报表的目的在于：成本管控人员根据单位成本与配方成本进行对比，分析差异原因，并寻找降低成本的突破口。

（2）建立"产品利润分析报表"

建立产品利润分析报表的目的在于：分析销售定价是否合理，当利润贡献上升时，所对应的利润贡献率是否下降，以及对该产品的市场或渠道区域分布等因素进行分析，便于及时调整营销策略。

（3）建立"客户（或渠道）利润贡献表"

此管理分析报表的建立，采用部分数据公开及部分数据保密相结合的方式，如销售成本可采用计划成本的方式，促销费、奖励部分后期发生的费用可采取预计的方式，便于销售总监根据各渠道的利润贡献情况及时制定相应的方针政策，以确保销售任务及时完成。

另外，还应建立"销售费用分析报表"、财务分析报告等为主的管理分析体系。后续，我们将结合公司的实际情况，以及上述"（二）根据产业布局及管理规划设置财套"的账套体系建立的安排，协助公司进行分析报表数据提取的信息化处理及体系的建立。

（四）会计科目设置调整

1. 科目设置应满足后续开展"对标管理"的相关工作

对标管理是指企业以行业内或行业外的一流企业作为标杆，从各个方面与标杆企业进行比较、分析、判断，通过学习他人的先进经验来改善自身的不足，从而赶超标杆企业，不断追求优秀业绩的良性循环过程。

如果公司设置的科目体系不符合"对标管理"的要素，将无法进行管理分析，设定的管理分析报表体系将失去意义。

2. 现有科目的调整建议

（1）成本核算科目的调整

根据［财会〔2013〕17号关于印发《企业产品成本核算制度（试行）》的通知］的要求，制造企业一般设置直接材料、燃料和动力、直接人工和制造费用，且根据我们多年的经验，成本类科目设置建议如下：

科目编码	科目名称	科目级次	辅助账类型（核算项目）	科目设置说明
5001	生产成本	1		
5001.01	直接材料成本	2		
5001.02	包装物成本	2		
5001.03	直接人工成本	2	按产品类别进行辅助核算（如特级 MT 鸡精）	用以核算工资、福利费、社会保险费等直接人工成本
5001.04	划袋处理	2		
5001.05	燃料动力成本转入	2		用以核算水电气等直接燃料成本
5001.06	制造费用转入	2		
5101	制造费用	1	按生产线进行辅助核算（如鸡精生产线）	下设二级或三级明细科目
5102	燃料动力成本	1		

注：燃料动力成本可考虑仍在制造费用中进行核算

（2）费用型科目设置优化

嵌入"根据产业布局及管理规划设置账套"的账套体系的设立。

（3）收入类科目核算建议

嵌入"根据产业布局及管理规划设置账套"的账套体系的设立。

三、核算方法的改进

（一）收入确认方法改进

1. 收入核算改进图（图8）

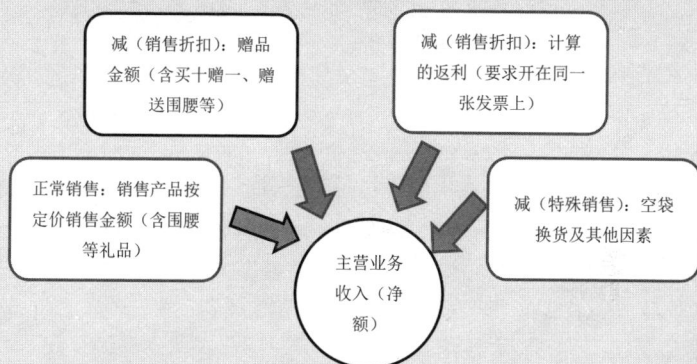

图8　收入核算改进

2. 经销商的收入确认改进

销售单开具信息（表九）

项目	货物名称	规格型号	数量	含税单价	价税合计	含税成本单价	政策
	运费		-1	684	-684		
	折扣		-1	25249	-25249		
	回收袋子费用		-10700	0.1	-1070		
空袋换货	MT特级鸡精	454×20	10	14.9	149	5.23	
赠品	MT特级鸡精	454×20	480	14.9	7152	5.23	特级8送1
空袋换货	MT特级鸡精	454×20	1060	14.9	15794	5.23	

项目	货物名称	规格型号	数量	含税单价	价税合计	含税成本单价	政策
订货会产品	MT 特级鸡精	454×20	3840	14.9	57216	5.23	
订货会产品	99%MT 细晶	200×50	2250	3.32	7470	1.80	
赠品	99%MT 细晶	200×50	150	3.32	498	1.80	味精15送1
赠品	MT 精装特级鸡精	15×300	300	0.27	80	0.17	
赠品	BX 鸡味汤料	400×22	154	5.36	826	2.81	XBX 15送1
订货会产品	BX 鸡味汤料	400×22	2310	5.36	12390	2.81	
赠品	蓝大褂		12	50	600	24.6	特级2组送1件
赠品	蓝大褂		3	50	150	24.6	同上

现账务处理信息：

借：预收账款　　　　　　　　　　　　75,322 元

　　销售费用—空袋回收　　　　　　　1,070 元

　　销售费用—运杂费—客户运杂费　　　　684 元

　　贷：主营业务收入—鸡精　　　　　93,607 元

　　　　主营业务收入—味精　　　　　7,968 元

　　　　主营业务收入—礼品　　　　　　750 元

　　　　主营业务收入—折扣　　　　－25,249 元

　　借：主营业务成本—鸡精　　　　26,574.30 元

	主营业务成本—味精	4,050.00 元
	销售费用—赠品—鸡精	8,590.24 元
	销售费用—赠品—味精	270.00 元
	销售费用—赠品—礼品	369.00 元
贷：	库存商品—鸡精	35,164.54 元
	库存商品—味精	4,320.00 元
	库存商品—礼品	369.00 元

上述账务处理存在的问题：

（1）收入方面：空袋回收未真实地反映期末存货情况；客户运杂费涉及税务风险，即收入金额应包含并缴纳增值税；空袋换货未按规定进行红字冲销。

（2）成本方面：销售费用—赠品的确认，此部分成本与收入未完整进行对比，未完整地反映真实的毛利情况。

优化后账务处理信息：

经检查相关资料，空袋换货现象较多，为真实反映本月的收入、成本及利润，空袋换货应冲销以前期间确认的收入及成本，并建议加强生产包装组的内控管理，逐步解决存在空袋的情况：

借：预收账款	−15,943 元	
贷：主营业务收入—鸡精（空袋换货）		−15,943 元

借：预收账款	91,265 元	
原材料—旧包装袋	1,070 元	
贷：主营业务收入—鸡精（经销商）		93,607 元
主营业务收入—味精（经销商）		7,968 元

主营业务收入—礼品（经销商）　　　　　750 元

主营业务收入—折扣　　　　　　　　　−9,249 元

主营业务收入—自提运费抵减　　　　　−684 元

借：主营业务成本—鸡精（经销商）　　　26,574.30 元

　　主营业务成本—味精（经销商）　　　4,050.00 元

　　主营业务成本—鸡精（赠品）　　　　2,994.14 元

　　主营业务成本—味精（赠品）　　　　270.00 元

　　主营业务成本—礼品（赠品）　　　　369.00 元

　　主营业务成本—空袋换货（经销商）　5,596.10 元

贷：库存商品—鸡精　　　　　　　　　35,164.54 元

　　库存商品—味精　　　　　　　　　4,320.00 元

　　库存商品—礼品　　　　　　　　　369.00 元

3. 内账含税收入应逐步转换为不含税收入并进行账务处理

根据我们对相关数据的分析，公司真实的利润数据见下表：

利润调整表（表十）

项　目	报表金额 / 元	调整后金额 / 元	调整说明
营业收入	499,654,441.59	381,631,559.97	销售收入扣除促销费 1,396 万元及返利 3,918 万元，并还原为不含税收入
减：营业成本	226,641,487.24	240,089,664.49	包含赠品成本（4,353 万元）并扣除领用存货应包含的进项税额（3,009 万元）
注：毛利率	54.64%	37.09%	
营业税金及附加	21,910,773.33	5,051,153.33	剔除本年缴纳的增值税进项税 1,489 万元

项 目	报表金额 / 元	调整后金额 / 元	调整说明
销售费用	156,650,172.45	59,970,340.04	扣除促销费 1,396 万元、返利 3,918 万元、赠品成本 4,353 万元
管理费用	29,821,612.84	29,821,612.84	未剔除董事会费
财务费用	61,668.06	61,668.06	
营业利润	64,568,727.67	46,637,121.20	
加:营业外收入	3,298,619.03	25,389,606.61	
其中:税费转入		22,090,987.58	转入未缴纳的税费
减:营业外支出	653,255.24	653,255.24	
利润总额	67,214,091.46	71,373,472.57	
减:所得税费用		2,928,326.11	
净利润	67,214,091.46	68,445,146.46	多计提税费 123 万元,调整至净利润

从上表可以看出，公司的实际毛利率为 37.09%，而原报表反映的毛利率为 54.64%，未按会计准则进行会计核算导致高估收入、低估成本、高估毛利率，根据"节税工程系统"的内容，必须实行内外账合并，因此收入及成本还原将属于必须克服的难题。针对收入还原，建议按以下步骤进行：

（1）分类计算本年度综合进项税率（本年度进项金额 / 全年采购入库金额），以 2015 年年末数据为基准，将原材料、库存商品、包装物、其他物资，还原成不含税金额。

（2）2016 年入库的材料均按不含税成本入账处理，配方成本、标准成本（如有或计划实施）的成本核算口径均调整成不含税口径。

（3）2016 年的销售，以不含税销售价格进行收入入账处理，期末将应缴未缴纳的税费转入"营业外收入"处理。

（4）促销费、返利费用应通过对销售政策一些细节的合理规划，实现作为销售收入的抵减。

如将年度账期规划为每年 12 月 20 日为年度销售回款的截止日，据以计算本年某经销商应返的折扣金额。

后续将根据促销费、返利费的账务处理进行详细的规划。

（5）对科目进行设置时，应尽量考虑可以实现自动取数进行报表调整，从而对"不含税报表"进行"含税收入报表"调整，便于管理层、销售部进行营销策略分析。

4. 含税收入转换为不含税收入，定价策略思维模式的转变

下表为 12 月生产 MT 鸡精含税与不含税的对比：

12 月 MT 鸡精含税与不含税对比分析表（表十一）

项　　目	含税金额 / 元	进项税率（估）	不含税金额 / 元	备　　注
原材料	4,209,512.46	12.00%	3,704,370.96	部分税率为 11%，部分不能取得发票
包装物	592,976.03	14.53%	506,816.61	可以全额取得发票
上期在产品	953.08	12.00%	838.71	
划袋处理	19,729.84	10.00%	17,756.86	
返工料投入	−7,444.64	13.00%	−6,476.84	
制造费用	190,459.01		190,459.01	
工资	131,746.84		131,746.84	
期末在产品	18,036.09	12.00%	15,871.76	

项　目	含税金额/元	进项税率（估）	不含税金额/元	备　注
完工产品	5,119,896.53		4,529,640.40	
完工重量	441,925.18		441,925.18	
单位成本	11.59		10.25	
销售定价	32.82	14.53%	28.05	14.9元/袋(454g)
毛利率（定价）	64.70%		63.46%	

从上表可以看出，依不含税定价模式，定价毛利率为63.46%，而含税毛利率为64.70%，差异较小；如按不含税成本单价与含税售价，定价毛利率为68.77%，差异却较大，可能会影响营销策略的制定。在后续的"节税工程系统"实施中，应将销售定价模式作为一个重点分析的内容，避免因为核算模式的改变，从而导致销售定价不真实的情况发生。

5. 经销商促销费、返利费处理建议

目前，内账处理中将促销费、返利费记入销售费用进行账务处理，导致销售费用核算不真实及高估主营业务收入，并且受"以票控税"的影响，此部分销售费用极有可能无法得到税前扣除。因此，在并账之前，促销费、返利费必须作为收入核算的抵减，并且应反映在同一张发票上。以下为促销费、返利费账务处理的初步思路，并根据后续"节税工程系统"的实施情况进行合理调整。

折扣项目	折扣率	考核期	折扣结算时间	账务处理建议
任务达成折扣	按完成回款任务比率,给予5%、3%、2%、不享受折扣四种折扣率	年度回款	次年首月结算、第二月兑现	每次拉货时预计折扣,年终统一清算
等级考核折扣	A、B、C、D进行等级评估,给予等级考核折扣	年度各项销售指标		提前考虑"考核基准日",在年底前完成等级预考核

（1）任务达成折扣：建议片区营销顾问预计该经销商任务完成比率，在每月确认收入时进行如下账务处理（假设回款及拉货100万元，预计享受5%折扣率）：

借：银行存款等　　　　　　　　　　　　　　　100万元

　　贷：主营业务收入—鸡精等（××经销商）　　100万元

　　贷：主营业务收入—任务达成折扣预提（××经销商）　-5万元

　　贷：预收账款—任务达成折扣预提（××经销商）　5万元

年底调整该经销商仅能享受3%折扣，则做如下处理（无成本结转）：

借：预收账款　　　　　　　　　　　　　　　　2万元

　　贷：主营业务收入—任务达成折扣调整（××经销商）2万元

次年进行结算时拉货处理：

借：预收账款　　　　　　　　　　　　　　　　3万元

　　贷：主营业务收入—任务达成折扣调整（××经销商）3万元

（2）等级考核折扣：建议营销部对考核时间进行调整，考核截止时间从 12 月 31 日调整至 12 月 20 日，销售部门会同财务部门对经销商进行考核，尽量使考核计算的折扣在本年度得以体现。

（二）成本核算方法的改进

1. 内奖成本的正确核算

在生产过程中，可能会在一些产品中放入一个围腰、一包特色或新产品，但目前的成本是无法细化核算的，我们可以通过成本组合的方式实现。假设 MT 特级鸡精的物料代码为 253624，而特色产品的代码为 567824，则组合后的 MT 特级鸡精的物料代码为 253624-1，通过软件实现成本合并，精确计算正确的单位成本。

2. 正确区分直接成本与间接成本

主要的原料、人工应作为直接成本核算，动力成本、折旧、辅料应作为间接成本进行核算。

3. 完善制造费用分配体系

公司的制造费用分配率是按重量进行分配的，但生产线及各班组的人员、设备、房屋是完全独立的，因此，必须对制造费用进行细化核算，按生产线、班组进行明细核算，以确定正确的制造费用分配率，如味精生产，仅应分摊鲜香味精包装线的设备及房屋折旧、动力及其他制造费用。

4. 成本分析体系的制定及完善

（1）优化现有的报表体系

成本核算报表是对成本进行动态分析的基础数据，在设计成本核算报表时，应着重突出重要因素，如味精生产成本的核算报表，应重点反映原料主要成本——味精、包装物成本，并进行动态分析；又如，香辣产品投入产出差异较大且返工较多，可加上投入产出比率分析、划袋处理分析等内容。

成本核算报表应反映单位成本构成及占比，并进行对比分析，如 MT 特级鸡精应反映主要原料构成及单位成本、包装物成本。

（2）定期进行报表分析

根据报表所反映的数据，进行季度、半年度、年度分析，以便及时调整销售定价、安全库存等信息。

根据了解到的数据，我们对两种香辣产品进行了对比分析（销售数据以经销商数据为依据），其结果如下：

产品对比分析表(表十二)

产品名称	12月成本单价及构成（元/kg）					销售定价（元/kg）	毛利率	2014年销量/kg	2014年成本估算金额	2014年年末库存	
	原料成本	包装(含改装外包)	生产工资(含改装)	制造费用	小计					金额	重量/kg
行次	1	2	3	4	5	6	7	8	9=8×5	10	11
麻辣烫底料	11.29	1.86	1.05	2.28	16.48	22.00	25.09%	39,900	657,539	7,037,545	538,481
清油火锅底料	8.58	1.73	0.97	2.05	13.33	27.33	51.24%	13,082	174,369	214,931	19,976

对以上数据分析如下：

麻辣烫底料：生产成本较其他火锅底料的成本稍高，但售价较低，毛利空间较小，退货频率也较高，库存积压非常严重，应进一步分析其背后的真实原因：产品开发（配方）失败 & 营销策略定位 & 其他原因，以改善配方、调整营销政策等提高产品的市场占有份额，快速消化积压库存。

清油火锅底料：生产成本较麻辣烫底料在原料成本方面低 2.71 元/kg，但定价却稍高，毛利高达 50%，全年提货数量却较少，应进一步分析数据的真实意义：是否给到经销商的价格过高，导致经销商不愿意销售我们的火锅底料，还是口感没有其他专业生产火锅底料的好。

通过对以上数据的分析，寻找对标数据，公司的主业是鸡精，生产火锅底料较其他专业生产企业来讲属于副业。应将我们的数据与公司其他产品、以前期间的成本数据，以及其他企业同类型产品的数据进行对比，寻找差异原因，分析我们的优势与不足，从而调整相应的应对策略。

5. 正确核算在产品与产成品

原则上，公司在产品很少，在在产品的材料成本分配方面，仅考虑原料成本，未考虑制造费用的分摊，从目前来讲是可行的，但如果要上资本市场还是远远不够的。因此，必须正确核算在产品应分摊的制造费用。

（三）费用核算方法的改进

1. 必须依权责发生制的核算原则进行费用核算

根据我们的了解，尤其是商超费用，结算较为滞后，有的滞后时间长达一年，这样不利于我们进行经营分析，因此必须以权责发生制为原则，正确核算当期的费用，特殊情况下至少一个季度应进行正确核算。

2. 变动费用与固定费用的合理划分

根据费用核算的属性，将费用分为变动费用、半固定费用、固定费用，如水电燃气等动力费用，可以采取安装计量表的方式，将固定费用转化为半固定费用、固定费用。

3. "避轻就重"的核算原则

与销量直接相关的销售费用应重点进行核算，如销售人员的提成工资、运输费用、差旅费等，可采用按片区、按渠道进行辅助核算；一些全年发生金额较小、不进行重点分析的费用，采用简要核算。

4. 替代型费用的处理建议

如利用商场开具的销售发票，报销商超的推广费，并附有相关的签呈作为附件，从附件可以看出，此费用实际是为了在商场上架而变相支付的"管理费"。建议对替代型费用的附件单据进行清理，确保附件形式合规，如需进行核算分析，可以专门"核算项目"进行区分，并编制备查账簿进行核算管理。

5. 销售人员差旅费报销

按80%、100%的比例报销，存在工资性支出之嫌；同时，销售人员找票报销，存在票据不合规的可能。因此，对后续的差旅费报销业务必须进行改进，逐步释放到工资中，并按缴纳个人所得税处理。

6. 销售人员工资费用的处理建议

销售人员的绩效工资在内账反映，其他费用基本在外账反映，为实现内外账合并，必须将绩效工资在外账进行完整释放。在制定工资考核制度方面，充分考虑均衡处理、按月确认、年底发放的原则，尽量降低个人所得税税负率。

四、核算流程的重塑

（一）成本核算流程重塑

1. 建立配方成本分析系统

配方成本的确定是一个产品进行成本核算的关键因素，配方成本与实际成本进行对比分析，将是成本核算准确性的重要保障，必要时，在不影响产品质量的情况下，可以对部分配方进行调整。

加强配方成本的跟踪分析，如图9所示。

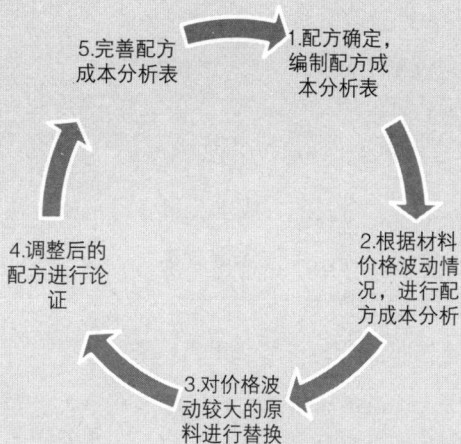

图 9　配方成本跟踪分析

2.将边际成本法运用到各工序环节

以下为根据边际成本法制定"标准成本"，按工序、成本构成要素进行成本分析。

（1）正确区分各生产工序

如香辣产品生产线划分为：初配班组、炒制班组、上料冷却组、灌装组、包装组。

（2）划分各生产线的固定成本

梳理各生产线的机器设备、产房占用，计算出相应的折旧、租金及其他费用分摊，生产管理成本的分摊，计算出各班组应分摊的固定成本。

（3）计算标准的动力耗用成本

此费用处于固定与变动之间，应通过单独安装计量表方式进行计量，确定一个基本生产量的动力耗用成本。

（4）根据岗位确定固定的人工成本

指针对计时工部分。

（5）根据岗位确定标准的人工计件成本

指针对计件工部分。

（6）根据配方成本计算单位原料耗用成本及包装物耗用成本

此成本根据配方成本及配方成本分析表得出成本耗用量，再根据采购价格的波动情况，得出单位固定成本。

（7）其他不可预计成本

如划袋处理、返工料投入等成本占比金额。

3.利用上述边际成本法结果，制定标准成本，并与实际入库成本进行分析比对，分析其差异原因：

产品名称	标准成本构成						实际入库成本构成						差异原因分析
	直接材料		直接人工	动力成本	变动制造费	固定制造费分摊	小计	直接材料		直接人工	动力成本	变动制造费	固定制造费分摊	小计	
	主料	包装物						主料	包装物						
×产品															

　　如通过分析，标准成本与实际成本差异金额较大，则我们应进一步利用因素分析法分析具体原因，是量还是价的因素，是返工因素还是工作效率，是真实原因还是成本分摊原因。分析原因后才能正确地制定相应的应对策略，真实地反映各产品的真实毛利。

（二）核算制度的建立

1.按《企业会计准则》的相关规定制定相关核算制度

分期核算的原则、核算方法应采用一致性原则，成本费用与收入的配比性原则，成本费用的归集、分配、核算应当考虑重要性原则。

2. 核算制度的建立与公司的发展相吻合

核算所反映的信息为公司的决策提供有用信息；核算制度的建立应考虑虚拟集团的统一性，即根据产业布局应充分考虑如下信息的统一性原则：

（1）收入类核算制度中销售产品收入的确认应涵盖生产基地、办事处、品牌管理公司。

（2）费用类核算制度中销售费用的确认，除应采用权责发生制、及时性原则外，还需要考虑各主体的有效衔接，如品牌管理公司的管理费用，最终在合并的销售费用中反映，因此此部分费用应与生产基地的销售费用核算有效衔接，办事处是同样的道理。

（3）收入与成本科目对应的衔接，如贸易公司、农业公司所反映的收入确认原则应与生产基地所反映的存货确认原则具有对等性，不因为主体公司的不一致而产生较大差异。

3. 必须建立的核算制度

"收入核算制度"及"成本费用核算制度"是目前企业必须制定的，是财务管控制度必不可少的组成部分。而且，根据"节税工程系统"方案的确定及实施，各主体公司必须按新的核算制度进行核算，以实现数据的有效合并。

（三）成本费用控制流程的确定

1. 采购成本控制流程确定

（1）控制进价

——计划价控制

供应部每年年初根据上一年实际采购价，预测市场价格变动趋势后提出各类材料计划价，经生产财务部、财务部审核，分管副总经理批准后，作为考核、评价采购成本高低的标准。

——询价控制

对大宗或价值高的物料采购，可以实施询价程序，对采购环节实施监督。

（2）经济批量控制

采购批量与采购批次成反比。采购批次多，可以降低现金支付压力，加快周转，但会提高采购费用和入库成本；采购批次少，可以降低采购费用，但现金支付压力增大，同时存货资金占用量会增加，降低周转速度。经济批量，也称经济采购批量或最佳采购量，它是在采购批次和采购批量之间寻找一个最合理、最经济的平衡点。

经济批量由财务部根据生产计划、库存定额、储存费用来制定，供应部每次采购按批量控制，以降低采购成本。财务部利用经济批量对供应部实施监督考核。

经济批量只是相对而言，对于季节性材料，应在大量上市、售价最低时集中采购。

（3）仓储成本控制

仓储成本控制的要点是各级库房加强库存物资的管理，搞好库房安全、卫生工作，严格执行收、发、盘点制度，防止库存物资出现霉变、毁损、被盗等损失，保证其安全完好，降低库存成本。

（4）分析考核

对采购环节的分析考核，可以用计划成本作参照，也可以用标准成本作参照进行对比，分析原因，为下一步降低成本找到突破口。对比见下表：

材料名称	计量单位	采购数量	计划单价（标准单价）	实际单价	标准成本（计划成本）	实际成本	差异额	差异率
1	2	3	4	5	6=3×4	7=3×5	8=6-7	9=8÷6

2. 销售费用控制流程确定

（1）预算控制

销售费用实行总额控制，费用控制绩效将作为营销部门的重要考核指标。

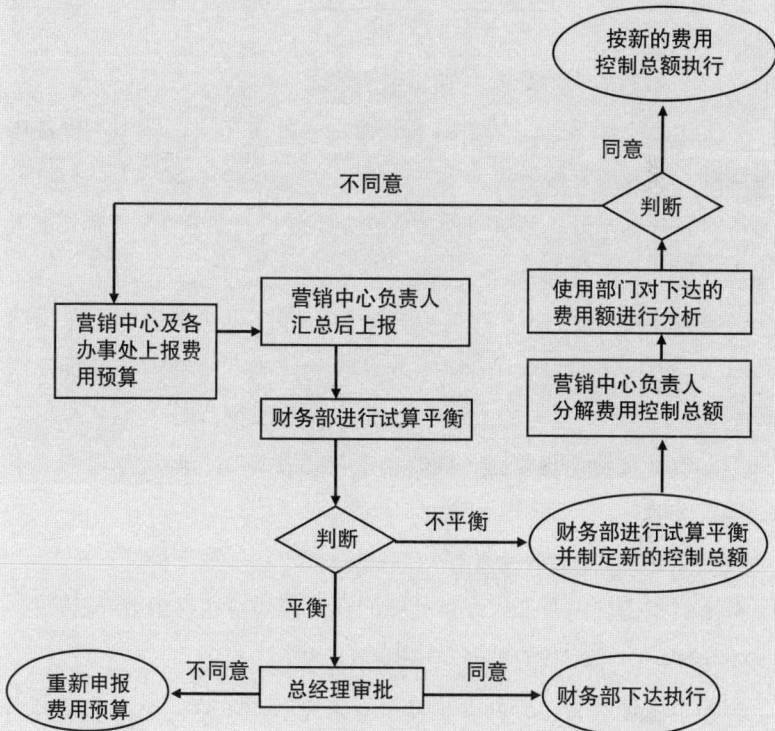

图10　销售费用编制

每年年末，销售部门应分月编制预算，填报销售费用年度预算申请表，经财务部试算平衡，报上级批准后执行。销售费用预算应采用弹性、滚动编制的方法。

销售费用年度预算申请表

明细项目	上年实际	各月计划支出量												合计
		1月	2月	3月	4月	5月	6月	7月	8月	9月	10月	11月	12月	

（2）实行收支两条线、强化报销管理

禁止坐支销售款，销售收入一律汇入公司账户，费用实行备用金制度，实现收支两条线。

对驻外办事处（后续可能会成立办事处进行管理），费有开支可以实行如下管理：

各办事处每月 25 日前报（先报销售部，再由销售部汇总报财务部）下月资金预算（按程序纳入整个公司筹资管理和资金使用计划）；

办事处报资金预算时，同时报下月借款计划，经批准后作为下月借款依据。

大额支出（10000 元以上），通过总部银行转账支付。

及时报销。财务部对办事处寄回或带回的费用报销单严格审核，对不合规定、不完备的单据一律拒收。

如果条件具备，驻外办事处可以实施电脑远程控制，办事处支付款项可以通过远程报批。

（3）月末分析

在每月月末，财务部对各部门发生的销售费用进行分项统计、分析，填写销售费用分析表，为本年度考核及今后费用定额指标的制定提供依据。

销售费用分析表

费用明细项目	预算数	实际数		差　额	原　因
		金额	比重		

第五部分　内控平衡系统

一、内控平衡系统的特点

本部分所说的内控平衡特点如下：首先，内控平衡是为经营服务的；其次，内控平衡是既重生产经营，又重视管理控制，两者是一体的；最后，该平衡系统不是要照搬标杆企业，而是结合MT企业实践而产生的工具、流程、制度等，关键是能增加有效的产出效益。

二、内控平衡系统的必要性

（一）委托代理观

1. 企业要上市而成为一家上市（公众）公司，必然涉及所有权和经营权分离，进而产生委托代理关系，要使得这种委托关系维持下去，并维持正常的运转，完善、有效的内控平衡系统就成为受托人和委托人之间相互信任的一种机制。

注：《证券法》明确要求控制人（控股股东）与上市公司间必须人员独立、资产完整、财务独立、机构独立、业务独立。

2. 委托代理还体现在企业高层与执行层之间。试想：一个总经理每天还为差旅费报销、办公用品报销等签批？再试想：本来收入不高的员工为企业垫付费用却几天不见总经理签批？

所以，建立一套有效、代理成本合适的内控系统，是管理上授权的需要，也是解放老板个人的需要。

（二）提高运营效率的需要

我们都知道，要保证公司高效率运转，必须投入足够的管理成本，如各种管理人员的工资、各种办公费用等等；但如果成本过高，则直接制约其快速发展和经济效益提高。那么，如何才能既节约和减少管理成本又使管理流程更加流畅，大大提高管理效率呢？

平衡内控系统，能提高企业管理的程序化、例行性和规范性，使得企业的管理行为能够成为一种可以重复进行的例行性工作，可以按照某种操作规范和程序自觉、习惯性地进行下去（可以把所有管理工作和工作流程以制度的形式确定下来），而不需要借助前人的经验和其他人的亲自指点（比如岗位操作手册，再比如订货流程改变等）。

（三）优良企业文化和管理思想固化的需要

经了解和观摩，MT 味业有着优良的企业文化——软实力，并深入人心，多年以来不曾有过员工诉讼等。对企业管理者和下属的要求及个人行为、作风等，如何在经营中体现呢？平衡内控系统，可以让优秀的经营理念和文化软实力融合在工作思想里，沉淀在工作流程中，落实到工作岗位上，体现在实际行动中，落实到考核与激励机制的制定与实施中。

三、内控平衡系统的目标

通过建立健全内控平衡系统，从经营、相互制约与控制等方面出发，达到以下目标：

1. 保证企业经营管理合法、合规；

2. 资产的安全与完整；

3. 财务报告及相关信息真实、可靠与完整；

4. 有效提高经营效率和效果；

5. 促进企业实现发展战略；

6. 全价值链的利益动态平衡。

上述目标需要结合公司近期的规划进行汇总提炼，比如涉及登陆资本市场、兼并合作等，目标将更集中、思路更清晰。

四、"平衡"的支撑和体现

（一）以顾客利益为关注焦点

内控平衡体系首先要体现的是"以顾客利益为关注焦点"，只有这样才能实现上述内控平衡系统的目标。作为中国调味品行业的优势企业，MT味业不但要为经销商（一级顾客）提供优质、安全的产品和服务，还要向前一步为顾客（经销商）的顾客（终端客户）提供必要的调味整体解决方案、特定服务等。

具体做法包括但不限于：

1. 建立完善快捷服务流程和顾客服务体系，确保在最短时间内给予顾客（经销商）优质（适合市场的）的产品（鸡精系、味精及冬调等）和服务。

2. 客户梳理与管理：利用制度约束、市场细分，识别每种产品的不适用顾客（包括有效的规模、带来的利润及市场占坑与利用情况等指标），将顾客（经销商）划分三六九等（或A、B、C级），敢于调整、优化不满足公司利益要求的顾客（经销商）。

3. 建立针对商标权被侵权、不正当竞争等的监督、投诉、处理机制，从刑事、行政、民事等方面打击假冒伪劣产品，维护顾客（经销商）及终端消费者的利益。

4. 增强顾客订货的方便度。比如现有的接单模式为：顾客打电话说要多少某某规格产品，汇到什么账户，然后营运部进行处理，客户提货等，必要的情况下还需要财务进行收款确认。但是假设我们采用网络订货、收款，那么客户可以凭网络密码（下订单后给予的数字串）+ 付款凭证 + 指定车牌（并可约定其他行驶证件），在公司仓库确认已经收款后就能打印出库单，经过上述核对后，那么整个营运部可以减少大部分人甚至整体撤销而将少部分人整合到其他部门（比如财务部），客户的效率将大大提高，公司也节约了大部分成本。

（二）以股东利益为出发点

公司存在的重要使命是为股东创造价值。尽管 MT 味业现在大股东持股在 98% 以上，但是仍旧有小股东，而且日后进入资本市场将有更多的中小股东，到时的 MT 味业将不仅仅是 W 总一家的，而变成公众公司，现有股东更多的会转变为职业经理人，现有的评价体系等也将随之改变。

通过内控平衡体系建设，不断完善公司治理结构，健全内控制度，充分发挥公司治理的作用，可使公司股东大会、董事会、监事会、管理层合规、有序运作，保障股东的决策权和知情权，最终形成"资本收益"与"股息分红"双驱动的股东价值回报体系，保障股东稳定、高效的回报，维护股东根本利益。

（三）以员工利益为根本

员工是企业重要的利益主体，甚至可以说员工是公司的第一客户，而客户（经销商）等才是第二客户。经了解，公司在"人性管理"方面很有一套，多年来能保持不出现一起劳资纠纷就是最好的证明，但这并不是说就使公司价值得到最大化体现。越来越多的事实证明，公司和员工的关系在逐渐转为"合作"甚至"合伙"关系，如何处理好这层关系值得进一步思考。

经过了解，公司部分员工对于业务只清楚自己岗位的一部分，比如财务人员只做其中一部分工作，最后导致的就是不能做出一个完整的财务分析（本身数据就不完整，再加上所在位置的局限），丧失了财务应有的价值，进而要让该岗位创造出新的价值将是不可能的事情（其他岗位同样）。

所以，公司应逐渐放开岗位"隔离"，逐步利用制度进行相互监督，让制度代替人去控制风险，比如落实员工的知情权、参与权、表决权和监督权，利用岗位不相容制度、回避制度等保护员工权益，杜绝腐败和舞弊，同时逐步地使之感受到"规范"和"制度"将带来更好的利益，进而也使公司成为员工发展得更好的平台。

（四）注重上下游利益

上下游同样是企业重要的利益相关方。内控平衡系统中会考虑到上下游的利益，甚至逐步构建长期的战略合作关系，坚持"合作、共赢"的理念，将保护供应商、经销商的合法权益贯穿于采购、营销活动的各个环节，促进供需双方的共同发展。

比如，我们可以进一步强化与供应商的合作。本身公司部分原辅料为农产品初级产品，有很多税收优惠政策，同时也是落实支农、惠农的路径，把供应商看成我们的一个业务部门进行管理，指导其进行经营管理、技术支持等，最终的效果将是整个供应链总承包最低，市场竞争力增强。

经了解，公司在下游的毛利率足够高，但是在全国的市场占有率并不高，很多地方甚至是空白，有太多地方需要去开发。那么谁去开发最好呢？将某个地方的一个经销商发展为地区（省或者以上）的经销商，甚至成为公司的一个部门将是开拓疆土的有效办法之一。当然，要足够明确和关注下游（经销商）的利益。

（五）维护社会利益

企业是社会的细胞，内控平衡体系的建设要维护社会利益，进而为企业发展创造良好的社会环境，比如发展绿色生产，注重环境保护、节约能源，落实生产安全、产品安全、公共卫生责任。同时在构建内控体系时，足够重视来自政府管理的风险，按时申报纳税、上交各项费用，承担起建设维护和谐社会的责任。

在资本市场上，绿色、环保、节能等是机构投资者追逐的，公司市值的提高，对公司资金融通（包括银行借款、定增、发债等等）、后期市场的发展提供资本支持，不可小觑。

（六）关注竞争者利益

在和业务部门相关人员的沟通中，我们发现，业务部门很关注市场，关注竞争者（也许提竞合更好），经常申请促销费用，相互拼促销，而这些看似在维护市场，其实是在吞噬"毛利"，而毛利率代表着公司的竞争力，更是资本市场估价的重要指标。

故在内控平衡体系建设中，我们要站在战略全局和长期发展的角度处理与竞争对手的关系，深入研究竞争者市场（比如 TTL、HG、GTSM 等），细分竞争者顾客群体，并设计内控制度和流程，有效识别竞争对手市场分布、产品特点、顾客嗜好、竞争态势。毕竟，营销的本质是理解消费者，营销战略则是在合适的时间做合适的事情［比如经营重点从公司转向价值链，通过降低成本和有效增长（比如价格战带来市场占有率可能是无效的或者临时的）来创造利润，倡导健康消费理念进而让产品承载"精神"（这一点在 MT 文化等内容中已经有部分体现，尽管未上升到较高层次）等等］。

同时，将理性竞争理念化为制度流程，贯彻于营销人员行动中。常言道："伤人一千，自损八百。"在行业竞争中，不应打烂仗、开展低价竞争、损害行业利益，应抛弃"冷战思维""零和观念"。现在是竞争对手，以后说不定要相互吸收兼并。

最后，需要注意：一是，因为风险点的出现总是动态的，故企业需要对内控平衡工作保持敬畏的心态，及时总结、发现并解决问题；二是，公司只有建立起强大而正面的企业文化，内控平衡系统才有可能有效，风险防范才不会停留在制度层面上。

五、内控平衡手册

本手册是基于调研中发现的问题而制作的，由具体问题、可能的风险及应对措施构成。

（一）财务组织建设

在"第四部分 精细化核算系统"中结合产业布局及管理规划，对财务核算体系的调整作出了建议，现就财务组织建设中存在的问题作出建议（后期还将随着产业布局的确定及节税方案的具体实施情况进行调整）。

1.岗位调整

目前财务中心负责人岗位为中心经理，岗位下设财务总监等职务，虽然是因为公司设立营销中心、生管中心、财务中心及行政中心而来，也仅仅是一个岗位称呼而已，但显示出对财务部的组织安排、定岗定位等的不明确，甚至将"供应部"纳入财务部门管理（尽管实质为老板娘分管）。

建议调整现有方案为：

财务中心改为"财务部"（没有必要一定带有"中心"二字），对应的财务中心负责人岗位直接定为"财务总监"，而老板娘则是直接分管财务的副总经理（或者总经理助理），然后在财务部下设核算组组长、财务管理组组长、税务管理组组长和资金管理组组长，中间设财务经理一职或者总监助理一职；将审计部调整为与财务部平行甚至高一层次部门（将财务监控的一部分职责转移到审计部），并且只对总经理负责，同时将"供应部"调整到"生管中心"，依旧为总经理助理分管或者直接管理。

2. 财务部内部分工与岗位职责重分

财务部内部划为四个小组后，相应的岗位职责和具体分工如下：

核算组主要负责内外账（后期只有一套账）的处理，编制各种财务报表，同时在财务处理过程中进行相关管理数据的收集；设总账会计（兼核算组长）、销售会计（可以分别针对经销商、农贸及商超分设）等岗位。

财务管理组负责编制与优化管理类报表，并深入进行经营分析、动态监控运营状况，对各种异常等提出建设性处理意见；设财务分析组长（兼）、信息会计、生产统计等岗位。

税务管理组则负责公司税收筹划、涉税管理等，同时对公司现有核算、资金收付、经营模式、重大投融资涉税等相关的税收安排进行分析。

资金管理组则负责公司资金融通、银企关系维护、资金收支管理等。

3. 财务内部信息畅通

在财务部内部保持信息沟通方向是平行（一般各小组组长为兼任，收入级别可以不同）的，犹如企业组织在财务部体现一样。在内部数据传递（也可以成为内部供应链）过程中保持"损耗率"低，比如数据统计到分析应用等有效性高、返工率低。

4. 团队执行力

（1）落实详细的工作计划并匹配以具体的考核指标

提及考核首先要明确的就是"考核什么"，比如在哪一天验收单据录入必须结束，哪一天销售、成本费用必须入账，什么时候管理报表需要上报，何时申报纳税与缴税，等等，甚至体现在每一笔业务中，避免月底忙、月初忙的无计划、堆工作现象的发生。

然后按周对各项岗位指标进行考核，并与收入、职位晋升、年度评优等挂钩。

（2）加强对应用软件的应用

经了解，成本核算需要 10 天甚至更长时间才能完成，具体包括工资核算、费用摊销等事项，而我们认为这是未定好规则并按时执行，且对软件开发和应用不足造成的。比如在收发存系统进行相应的设定，对出库定义好类型，包括"销售出库""半成品出库""原材料出库"等，甚至对原材料出库的方向进行定义，比如××车间××产品领用，那么在仓库出入库过程中就把产品的"直接材料"计算好了。同样，在核算人工的时候，对既定产品线进行规划，对应的人工成本表格化，分配标准既定化。工时已统计或者计件数已经统计，那么对于产品分配的结果就出来了，保证能够在次月 2 日前完成成本计算与成本分析，从而不必花过多的时间去做数据收集和整理，进而转变为对数据流的方向、性质进行定义。

（3）明确的授权管理

在明确岗位员工特性与能力、可否授权、具体授权范围等后，大胆授权处理，一则提高工作效率，二则让员工努力与公司的发展协调统一。

5. 财税核算手册的制定

经了解，公司财务部有一定的离职率，但是如果新同事的到来还需要长期的适应则是公司较大的浪费。

建议解决方案：

对公司生产经营等流程化、表格化，再将这些东西嵌入到财税核算（甚至相关软件）中，形成财税核算手册（即工作标准化），新财务同事一到，见图和手册即会，大大提高工作效率，从而将更多的工作时间用于思考问题。

（二）现有具体内控问题及解决措施

1. 财务未嵌入生产环节，未产生有效监控

在生产环节，经了解和观察，生产车间下计划单后直接去库房领取原材料，然后库房月底将数据发成本核算会计，成本核算会计再通过领料汇总单及返工单（内部产品调单还未考虑）等进行该岗位核算操作。

该环节存在的问题：财务对成本控制未涉入，最后只是算一下产品成本而已，那么凭什么说现有成本就合理、耗费就有效呢？在现场我们看见很多职员身着"精益"字样，但经了解财务对精益生产涉入较少，包括"配方成本"的不断更新。

生产计划单的下达，不是仅仅因为客户下单汇总并结合库存量（现有存量产品及原辅料存量）考虑，还要考虑该单子包括的具体情况，比如客户是谁，信用是否足够好，客户分类在公司 ABC 分类中处在哪个级别，是否符合公司战略性调整的需要，该单子的生产批量是否是经济批量（赚取产品差价的时代将一去不返或者差价越来越小，竞争力在转向"客户价值"），客户的款项是否收到，现有原材料的价格或者期货价格考虑等。而目前较好的业绩可能掩盖存在的问题。

参考解决方案：

（1）不相容岗位相互分离、制约和监督的履行

如前所述，订单是否应该生产，不仅仅是生产部门的事情，也不是说营销部门反映市场需求就应该生产，而应该综合各种情况具体考虑。虽然说企业管理最终还是对人的管理，但是也有客观因素的限制，所以应该将对人的管理（包括信任、信任依赖等）写入制度，然后在岗位之间形成相互分离、制约和监督。如上述财务月底才拿到领料汇总单，过程控制全无。三个部门的参与总比两个部门参与

好，腐败滋生的可能性降低。再进一步说，库管看见仓库已经无原材料而要求供应部（采购部）购买，他能知道现有的行情？有时候推迟生产可能是更有利的。据我们现场了解，库管的工龄超过5年的较多，一方面是工作得到认可或者值得信赖，但另一方面，对于市场的把握，生产人员和库管又有多少跟进？

故建议在生产领料环节加入财务部门的审核权。

（2）财务要嵌入业务，实现有效监控。

在这里监控不是对业务进行限制，而是围绕经营进行，让业务健康持续运转。比如上述生产环节中让财务在领料环节有一次审核权（当然财务人员要去生产了解业务、熟悉业务甚至精益业务，形成有效的判断指标），这样在每生产一次，投入产出、单批成本构成、每个（批）订单获利、成本异常等，甚至生产完成后，经济效益管理报表就可以呈报给管理层，进而用于决策参考。

2. 经营信息共享与财务分析层次扩展

就上述生产环节而言，我们已经看出，MT味业财务对生产环节的信息加工能力相当滞后，其有效性大打折扣，而其财务岗位应有的监督作用也未起到。

信息（数据）是否有价值，前提是要有有效的数据提供，包括必要的分类、统计、整理、筛选等，财务与业务数据要有连接、共享，各自在专业方面提供建设性意见。

信息共享，除了内部数据的共享外，还包括不断获取外部数据，包括但不限于行业经营数据、竞争者数据、上下游经营数据等（逐渐地，企业的竞争不再只体现在单个公司，而体现在整个供应链价值的竞争）的获取。

对于财务分析层次的扩展，MT味业现有的分析基本是以财务报表等为起点，观察公司业务经营的结果，但是由于财务对业务数据的涉入不深、渗透不够，甚至对行业情况更不知情，故而难以站在经营模式的角度，分析出公司的竞争力和未来的成长空间，甚至为后期战略的实施提供评价依据。

问题解决建议：

（1）除经营机密外，相关数据应逐步放开到相关岗位的人员，让数据产生价值（当然，前提是需要有有效的数据，否则再聪明的人＋再先进的工具都无法让应有的价值尤其是公司潜在的价值得到合适的释放）。

（2）财务分析从关注"知其然"（比如事后分析中对资产完整性、盈利性及稳健性的关注，分析盈利的来源与结构，盈利能力的持续性及现金流量状况等），逐步过渡到关注"知其所以然"（比如还需要财务关注国家产业政策对公司的影响、公司在产业链上的位置、在目标市场的空间、在行业中的地位以及竞争优势的持续性、现有治理结果的影响等等），以期望发现公司独特价值的驱动因素等等。

（3）财务上掌握更多的分析工具，包括基本的 PEST 分析、波特的五力竞争战略分析、价值链分析及 SWOT 分析等，甚至可以考虑 STP（市场细分—目标市场选择—定位）、生命周期理论、行业生命周期理论、EVA 等工具在财务分析中的应用。

（4）参与重要业务会议，动态了解公司的运营，进而再从公司战略、重要经营资产的管理、竞争力（含以存货为核心的上下游关系管理）、经营效益和质量（重在分析利润实现的过程与质量）、公司制度的建立健全与完善、成本决定机制（包括从决策方面、管理方面及核算方面考虑）、各种业务过程中反映的风险（包括经营风险与利润结构、惯性依赖、外部竞争环境的变化等）等角度分析公司经营情况。

3. 财务的内部隔离

经了解，现有 MT 味业财务信息尤其是内外账信息相隔离，比如成本核算岗位平时只能看到入库数量（因为服务器分为两个，并隔离），而成本决定机制是一个公司竞争力构建的重要因素（在竞争如此激烈的今天，原材料成本日益透明，那么在同质化产品较多的完全竞争行业，能省下来的就可以增加广告费、促销费等）。

成本构成是成本分析的重要方面，一方面是其成本组成的具体要素比例，比如料工费等，如果能够分析出与竞争对手的差异，比如竞争对手是租用土地，那么其付出的现金成本将高于本公司，再比如本公司大批量采购（比如味精），同时又采用预付性质，因此将获得更大的折扣比例，这样在"直接材料"要素方面就比竞争对象具有优势，那么这些优势就可以用于营销，并且知道有多少金额，进而针对不同的区域进行有效发力。另一方面是动态成本构成的运用。成本构成的动态计量是很多企业所不能办到的，比如不同订单（批量）所耗用的单位动力成本、摊销的制造费用是不一样的、网销版或者区域版产品的成本构成是不一样的，不用付款方式采购的原材料（比如预付款性质、批量采购、期货交付等）的单位材料成本是不一样的。遗憾的是，现有的成本核算不仅核算滞后（月底才能获取全部存货发出信息）、非动态化（财务上对生产订单无监控与采集），对原辅料价格变动的关注及其他要素价格变化也未有分析体现。

4. 谨慎性原则的利用

经查阅，公司对外投资中包括对"MT 生态食品有限公司"投资 4644 万元等，该投资实际进度缓慢并且存在很多的不确定性（比如土地的获取等），但是未见财务对此有任何减值测试、计提减值准备。

参考解决方案：

（1）根据准则规定，对应收款项及其他投资进行减值测试，对预计有价值的，计提减值准备、确认减值损失。

（2）加强对投资方案的可行性研究，重点对投资目标、规模、方式、资金来源、风险与收益等作出客观评价。如果有必要还可以请中介机构进行评价。

（3）为进一步规避投资风险，公司可以聘请独立董事，就对外投资发表意见。包括但不限于投资方案可行性、投资项目是否符合国家产业政策及相关法律法规的规定，是否具有相应的资金能力、投入资金能否按时收回、预期收益能否实现，以及投资和并购风险是否可控等。

（4）对于不控股的投资，公司可以指定专门机构或人员对投资项目进行跟踪管理，及时收集被投资方经审计的财务报告等相关资料，定期组织投资效益分析，关注被投资方的财务状况、经营成果、现金流量以及投资合同履行情况，发现异常情况应及时报告并妥善处理。

5. 空袋换货类问题

经查询，仅2014年10月 B 票发生的空袋换货就达到105万元。根据我们现场观摩，从现有的生产流程来说，这是不应该出现的问题，比如封装之前都会过磅，基本能保持同一规格的每箱（或者每件）重量一致。

同样，在"制造费用—杂费"体现的是购票成本（实际有货，取得发票成本而已，并计入摊销）；

再者，将所有的税金（内账）都计在"营业税附加"里面。

存在的问题：

（1）成本费用的真实性问题。即使是内账，明确、具体的成本费用明细至关重要，尤其是成本（费用）结构构成，不仅体现了成本驱动机制，更反映了营销政策，而且还体现了"机制和政策"的有效性（如，增加了销量，边际利润是否增加，市场占有率是否持续，现金流是否增加，等等）。

（2）数据之间的可比性变差。

参考解决方案：

（1）增加和完善管理报表体系，同时合理运用这些数据（包括分摊等）。

（2）还原为真实的科目进行反映，比如在内账核算中科目名称为"取票成本""销售折扣"等，同时加强审核工作；此外，对相应的空袋数量等进行合理的消化。

6.付款规范性问题

经查询，现有情况下的付款，只有入库单，无检验单，无对方出库单、发运单。

参考解决方案：

（1）对付款流程的审批进一步完善，包括审批表格等，将付款的标准提升到必须附付款申请单、入库单、检验单（验收单）、订货单等。

（2）逐渐转到制度管理上来，将人性的制度和必要的相互制约嵌入制度中。

（3）坚信规范也能带来收益，甚至更多的收益。

（三）财务内控流程及制度

根据公司提供的内控文件，以及后续"节税工程系统"的实施，财务内控流程及制度详见表十三。

《财务内控流程及制度》目录（表十三）

行次	类别	相关制度及流程	必要性说明
1	新增	货币资金管理制度	含现金、银行存款、货币资金管理规定。并涵盖办事处的、品牌管理公司货币资金的有效管理
2	新增	备用金（含办事处）管理办法	主要针对备用金借支管理及核销规定
3	修订	费用报销制度	含差旅费报销
4	修订	销售费用报销规定	根据"节税工程系统"实施的必要性要求，进行修订
5	保留	社会保险的管理规定及报销流程	可暂不考虑修订
6	保留	员工出差管理规定	可暂不考虑修订
7	新增	费用报销流程	应满足"节税工程系统"的实施
8	保留	借款流程规定	可暂不考虑修订
9	新增	付款申请单（经营类）	主要为经营性采购的付款申请单，暂不考虑非经营性的付款申请单
10	新增	付款审批流程（经营类）	主要为经营性采购的付款审批流程，暂不考虑非经营性的付款审批流程
11	新增	固定资产管理制度	各主体的编码规则、管理规则、申购程序等口径应保持一致性
12	新增	低值易耗品管理制度	根据低值易耗品申购流程进行完善
13	新增	财产盘点管理制度	主要指固定资产、纳入台账管理的低值易耗品的盘点管理制度
14	新增	固定资产清查流程	

行次	类别	相关制度及流程	必要性说明
15	新增	办事处管理制度	后续业务发展需要以财务为主导,制定相关的管理制度
16	新增	薪酬管理制度	"节税工程系统"的实施,必须配套相吻合的薪酬制度
17	保留	技术研发人员薪酬激励办法	暂不修订
18	保留	驾驶员工资方案	暂不修订
19	新增	工资核算流程	根据节税"工程系统实施"的必要性要求,应进行修订,并与新增的薪酬管理制度相吻合
20	新增	运营部开单流程	根据运营部相关文件及开单作业指导书、"节税工程系统"的要求,应进行修订
21	修订	商超对账及结款流程规定	根据"节税工程系统"实施的必要性要求,应进行修订
22	新增	票据管理制度	加强对增值税专用发票、银行支票、内部销售单等的统一管理
23	新增	财务审批权限流程图	根据重新梳理的财务组织架构制定权限流程
24	修订	物资管理制度	物资包含原料、包装物、产品等的相关管理制度
25	修订	物资出入库流程	根据"物资出入库办理程序"进行修订
26	新增	存货盘点工作流程	
27	保留	内部审计工作流程规定	暂不修订
28	保留	劳保用品管理制度	暂不修订

续表

行次	类别	相关制度及流程	必要性说明
29	保留	办公用品管理办法	暂不修订
30	修订	采购管理制度	"节税工程系统"实施后，必须制定相吻合的采购管理制度
31	新增	成本费用核算制度	应充分考虑企业会计准则及虚拟集团数据合并，在节税工程方案实施前应制定相关核算制度
32	新增	收入核算制度	

二、某餐饮综合服务企业节税工程案例（节选）

说明：A公司从事餐饮、婚庆、婚纱等综合服务，每年销售收入8000万元，全部收入打在个人卡上，基本上没有交税，现在银行卡被监控，面临巨大的逃税风险。其中，餐饮采购能够取得少量进项发票，婚庆、婚纱基本上无法取得进项发票。我们从模式创新角度，提出节税方案，下面是方案节选。

A公司最核心的问题，是营业款如何收取。目前的收款方式属于隐瞒收入，是典型的逃税行为，风险巨大。除了将业务切分为餐饮、婚庆、婚纱三个板块，采取基本分流方式外，我们从模式创新层面提出更高端的节税技能。

A公司经营主体依然放在南昌，同时，我们在重庆税收优惠N区，成立两个平台公司B公司和C公司，享受N区的税收优惠政策。

378

一、联营模式

A 公司与 B 公司、C 公司达成联营合作。A 公司经营餐饮，B 公司经营婚庆，C 公司经营婚纱。A、B、C 公司同时与客户签订服务协议，即四方协议，服务款项由 A 公司代收，也可以 A、B、C 公司分别收。如果 A 公司收取了应属于 B、C 公司的款项，则由 A 公司采用代收代付方式转给 B、C 公司。营业收入分别计入 A、B、C 公司核算，各自履行纳税义务。如果客户需要发票，则 A、B、C 公司分别给客户开具发票。

在这一模式下，将婚庆、婚纱收入转移到了 N 区，享受税收优惠政策。

二、分包模式

A 公司统一对客户收款和开发票，A 公司接单后，将婚庆、婚纱分包给 B、C 公司，B、C 公司按收款额给 A 公司开具发票。

在这一模式下，B、C 公司是"右手"，给 A 公司（"左手"）提供进项发票，加大了 A 公司的成本，从而降低了 A 公司的税额。B、C 公司则享受 N 区的税收优惠政策。

三、分流模式

该模式类似于联营模式，但 A、B、C 三个公司不达成联营，均直接与客户签订双方合同。在这里，我们可以降低餐饮收费，提高婚庆、婚纱收费，逐步培养并引导客户重视婚庆、婚纱品牌价值。A 公司在当地纳税，B、C 公司在 N 区纳税。

四、平台模式

将 A 公司转为一个平台，成立若干个小规模纳税人餐饮主体（年营业收入 500 万元以内），这些小规模企业和 B、C 公司均有偿使用 A 公司的平台来为客户服务。

如此，A 公司按服务业在当地纳税，B、C 公司在 N 区纳税，若干个小规模主体在当地享受小规模小微企业税收优惠政策。

五、委托模式

餐饮板块采购发票取得难，这是一个长期存在的问题，除了建立餐饮采购农业基地外，也可以采取客户"来料加工"方式。客户采购，或者客户委托 A 公司采购，A 公司只收取加工费并以加工费作为纳税基数，从而降低了纳税基数，绕开了采购发票缺口问题。

上述五种模式，可以选其一，也可以全部采用。

"财税顶层设计"咨询服务

企业顶层、战略、管控、财税一站式解决服务

两账合一，税收降低，消除风险，终生平安

一、服务内容：五大再造

1. 顶层：顶层架构再造

2. 管控：管控模式再造

3. 财务：财务体系再造

4. 税收：税收体系再造

5. 财富：财富安全再造

二、服务方式：五大阶段

1. 集中训练，思维涅槃（4天3夜）

2. 持续咨询，精细诊断（6至12个月）

3. 天天辅导，时时解难（6至12个月）

4. 财富密训，财富安全（3天2夜）

5. 持续顾问，一生平安（无限期）

三、客户价值：五大收益

1. 战略收益：顶层架构，十年领先

2.管控收益：企业自转，解放老板

3.财务收益：核算精确，利润翻番

4.税收收益：降低税收，消除风险

5.财富收益：永续传承，落袋为安

邱庆剑课程精彩言论

邱庆剑，中国文学界财税水平最高的作家，中国财税界文学水平最高的财税专家。听作家讲财税，真是一种享受！他用世界上最通俗的语言，讲述世界上最复杂的税收问题！

1. 企业家

什么是企业家？

多年来，没有认真履行纳税义务，逃税漏税，现在国家管得严了，今天看身边这个被抓了，明天看身边那个被抓了，晚上吓得睡不着，老是起床——

起夜家！

2. 看家本领

国家治税已经进入信息化时代、智能化时代，而企业老板逃税手段还处于原始社会旧石器时代！老板们除了会买发票（虚开发票），就只会隐瞒收入；除了会隐瞒收入，就只会买发票。

隐瞒收入逃税，最多判刑七年，买发票最多判五年！

你们这些老板，如此精明的人，和别人谈合同时，为一毛钱两毛钱争得脸红脖子粗的，但在选择坐牢方面，绝大部分人不约而同地选择了五年徒刑——买发票！

3.二保费

税收是什么？税收就是保护费啊！国家保护我们，我们能不交税吗？

另外，国家还为我们提供各种服务，以保障我们的经营，所以，税收也是保姆费。

保护费、保姆费，统称"二保费"。

所以，税收应该交，而且必须交！有些老板，你让他交税，他想不通："我赚的钱，凭什么交税？"国家不保护你，你的公司一天被人打砸抢一百次，你赚什么钱？国家不服务你，你家门口红绿灯天天坏，堵得你出不了门，你上哪儿赚钱去？

4.老婆是固定资产

我调查一下：公司里做了内外两本账的老板，请举手！

没几个举手啊！

我知道，很多同学没有举手，是有原因的。我问的是内外两本账，那些没有举手的，家里不止两本账，至少有五本账！

第一本是给税务局看的，长期不赚钱，甚至长期亏损。几十年来，你的企业亏损，竟然没有倒闭，而你呢，几十年为一个亏损企业斗志昂扬，周末还辛辛苦苦来听课！你图什么呀？

第二本是给银行看的，利润很多，几亿几十亿，为了骗点贷款嘛！

第三本账是老板自己看的，非常真实！年利润5000万元！

第四本账呢？是给老婆看的！利润只有500万元！

如果哪一天，和老婆搞不好了，你怎么做的？你对老婆说："亲爱的，谢谢你陪我这么多年，我们家赚了500万元，我全部给你，我净身出户！"

第五本呢？据说是给小三看的，利润只有 50 万元！

好男人啊，给老婆看的有 500 万元，给小三看的只有 50 万元，为什么啊？

有位同学曾经悄悄地告诉我：老婆是家里的固定资产，小三是外面的流动资产！

5. 干儿子，亲儿子

以前啊，国家搞计划生育，很多国家公职人员又想多生一个。于是，在祖国大地，有很多孩子有干爸没亲爸，干爸经常来看干儿子。

后来啊，国家放开二胎了，这些孩子一夜之间都转正了，抱回了家，干爸成了亲爸。

我们国家以前外资企业和内资企业税收政策不一样，外资企业税收相当优惠，于是，很多老板把钱汇到国外，找一个或虚构一个外国人再把钱汇回来，就成了中外合资了。

后来啊，外资企业没有优惠政策了，这些老板又想尽一切办法要变成内资企业。这也是干儿子变成亲儿子。

6. 谈恋爱

谈恋爱的时候，对身高总是有要求的。一个一米八的小伙子，通常不会找一个一米八的姑娘。而一个一米六的姑娘，也不会找一个一米六的小伙子。两个人身高一定要有落差，才好看，最好是"最萌身高差"：一米九的配一米五的！

我们找节税合作对象，也要讲究落差。比如，你的税收是 13%，而你下游的税收是 9%，你们整合在一起，就能够节税。比如，一家生产装修涂料的企业（增值税税率 13%，还有消费税），和一家装修企业（增值税税率9%）整合在一起，涂料通过装修包工包料出去，税率就降低了。

7. 剥洋葱

你们有剥洋葱的经历吗？

是不是很刺激眼睛啊？是不是剥到最后什么都没有啊？

税收体系，也是一颗洋葱！目前有六大类十八种税收，它们共同构成一颗"洋葱"。洋葱最外一层叫流转税（以及特定目的的税），我们称之为"有流就有税"，这一层剥掉后，是企业所得税，我们称之为"企业有得就有税"。再剥掉一层，是个人所得税，称为"个人有得就有税"。交了个人所得税，就没税了吗？你去买东西，每一样东西都有税，买到的东西形成财产，还有财产类税收，比如房产税，所以称为"有财就有税"。早晚有一天，我们还得离开这个世界，你有遗产得交遗产税（目前还没有恢复遗产税），这就是洋葱最里一层了，称为"有遗就有税"。

剥完啦，里面什么都没有，空留你被刺激得泪流满面！

8. 雁过拔毛

一只大雁飞过来，我们拔一支毛，再飞过来，我们再拔一支，再再飞过来，我们再再拔一支……终于有一天，雁突然掉下来了，因为毛给拔光了！

最高明的税收，就是雁过拔毛式的征收。

今天拔一点，明天拔一点，后天拔一点，不断有拔的，但又不会让雁感觉很痛苦，不至于扑下来反对！印花税就是最具艺术水准的拔毛税。

不能拔过火了，否则，雁掉下来了，你以后还去哪儿拔毛啊！

9. 私房钱

多年前，有一帮专家脑袋进水了，建议把全国老百姓的银行存折给监管起来，不让老百姓藏钱！我们英明的管理层没有采纳这个进水建议：把老百姓的存折管起来，就如同一个家庭主妇把男人的私房钱管起来一个道理！

男人没私房钱，他还拼命挣钱吗？正因为全国人民有机会藏钱，大家才加班加点工作，才带来了 30 多年的繁荣！"两本账"其实是一种时代产物！

在座的男老板，你们之所以做老板，潜意识中就是想藏私房钱嘛！如果你在打工，就一张工资卡，发了工资就上交老婆，你怎么藏钱？你当老板了，收入线路和支出线路都多了，藏私房钱的机会就多多了！

10. 下水道

一组的同学，一、二、三、四、五位同学，早上起来沿着马路跑步，突然之间，这位姓王的同学不见了，他去哪儿啦？

他掉进下水道里了！

人可以地面跑，税收也可以地面跑啊！

你们看，第一组的同学把商品卖给第二组，不想交税，于是不开发票。第一组不开发票，第二组不能抵扣税收，第一组没有交的税收转嫁到了第二组。

第二组的同学也不想交税，他们把产品卖给了第三组，不开发票。第二组不开发票，第三组就不能抵扣税收，第二组没有交的税收转嫁到了第三组。

第一组把第二组坑了，第二组把第三组给坑了，第三组的同学，你们该怎么办呢？

你们坑第四组呀！

第四组的同学高风亮节：第一组坑第二组，第二组坑第三组，第三组坑第四组，但第四组的同学说，我们不怕坑，因为我们自己就是一个坑！

什么意思？

第一组属于工业企业，第二组属于工业企业，第三组属于贸易企业，第四组是从事农业的，农业免税！下水道就是一个"凶"字！

节税工程，就是让你找到一个"凶"！

税在地面跑，掉进下水道！

11. 玩气球

有很多老板，企业做大了，就把企业分成几家，相互开发票。比如，建筑公司去开一家贸易公司，贸易公司给建筑公司开发票。

你傻啊，建筑公司拿到发票了，抵了税了，难道贸易公司不交税吗？

这就像我们小时玩气球，气球吹大了，把这边捏下去，那边鼓起来，把那边捏下去，这边鼓起来！问题只是挪了一个地方，并没有得到解决！

我们节税工程，就是要拿一根大头针，把气球扎一个小孔，把气给放掉！

12. 节约的人傻

这次参加会议，如果你花了一万元钱，可以拿回一万元（不含税价）增值税专用发票回去，发票上的费用名目是"会议费"。这张发票，可以抵增值税 600 元（税率 6%），抵企业所得税 2500 元（税率 25%），因为少了这一万元，将来不用分这一万元的红利，又少了个人所得税 1500 元，即（10000–2500）×20%=1500。总共抵税 4600 元。

但是，你是一个节约的人，你舍不得花钱，只花了 100 元，取得 100 元的专用发票，可以抵税 46 元。

你看看，本来可以花 1 万元，你只花 100 元，结果多交多少税啊？ 4554 元！即 4600 元 – 46 元 =4554 元！节约 9900 元，多交税 4554 元！

节约的人，傻啊，钱花了才是你自己的。越节约，交税越多。以后就大吃大喝吧，多多花钱，拉动内需！

13. 解决就业的人傻

解决就业，是我们企业应尽的责任。

可是，你招聘员工发了工资，员工给你开发票吗？如果你是做制造业的，你每多发一百元工资，就要多交 13 元增值税（100 元 ×13%=13 元）！

建议大家以后都买机器人吧，有增值税专用发票，而且可以提折旧，折旧费可以抵企业所得税！招啥人啊，没发票不说，一个"小鲜肉"熬成"老腊肉"，也不让提点折旧！

14. 金盆洗手用开水

现在，有很多老师在讲"两账合一"，但就没有看到几个人合起来了。

两账合一，不是技术问题，而是税收问题。要合账，就要找到做两本账的原因。

请问各位企业家朋友，你们在创业之初，在规划企业使命和愿景时，有没有在里面写一条"要逃税，要做两本账"？

没有？那为什么后来又做两本账了呢？是不是税收太高，想逃点税啊？

所以，两账合一，首先要把税收合理、合法地降下来！如果不考虑降税，你愿意多交税，两账合一就简单了，直接把内账收入做到外账上，照章纳税就是了。可是这样一来，你就有可能承受不了，一下子就垮了。这样的老师，让你金盆洗手，却给你一盆开水！

15. 税收红线

这位同学，你家孩子是男的还是女的？

女的啊？多大啦，身高多少？18岁啊，身高一米六八。那你女儿谈对象时，你对男方身高有没有要求？有啊，一米八以上。

那你怎么考察男方身高呢？难道每次你女儿带一个男孩子回来，你都拿卷尺量一下吗？

做老爸的，都是聪明人！这位同学是怎么做的呢？他在客厅门框上画了一条红线，画在一米八的地方。每次有男孩子来家里，做老爸的，首先不是看人家脸，而是看人家鞋跟！再看头顶！一瞬间就把身高算出来了！如果身高达到了红线，就笑脸相迎，如果没达到，就冷脸逐客！

但是，如果身高不够，又很优秀呢？那不还是可以做你家女婿嘛！

这位同学为了方便考察准女婿，画了一条红线。

税务局为了方便管理企业，也画了一条红线，税收红线。

当你的税负低于红线，税务局就关注你，但不表明低于红线就是坏人啊，只要你的税收核算与缴纳是规范的，低于红线也是可以的！

16. 孝敬父母少交税

转让股权，一般情况是要交税的。下面这些人除外：配偶、父母、子女、祖父母、外祖父母、孙子女、外孙子女、兄弟姐妹，以及对转让人承担直接抚养或者赡养义务的抚养人或者赡养人。

现有两个人，是隔代表亲关系，表哥和表弟要转让股权，这显然不在上述关系当中，假如按税法规定计算下来要交个税 100 万元。但间接转让可以绕开这笔税收，比如表哥转让给表哥的父亲（不交税），表弟转让给表弟的父亲（不交税），两位父亲再转让给"父亲的父亲"（不交税），隔代表亲关系中，这里两个"父亲的父亲"就是亲兄弟了，两人自然也不交税。看看，家里有老人，多好呀，省下 100 万元！

可惜有些人不孝敬父母，父母早亡，到他们转让股权时就后悔了！

图书在版编目（CIP）数据

节税工程 / 邱庆剑 著 . —北京：东方出版社，2020.2
ISBN 978-7-5207-1282-8

Ⅰ.①节…　Ⅱ.①邱…　Ⅲ.①税收筹划—研究—中国　Ⅳ.① F812.423

中国版本图书馆 CIP 数据核字（2019）第 270137 号

节税工程

（JIESHUI GONGCHENG）

作　　者：邱庆剑
责任编辑：申　浩
出　　版：东方出版社
发　　行：人民东方出版传媒有限公司
地　　址：北京市朝阳区西坝河北里 51 号
邮　　编：100028
印　　刷：万卷书坊印刷（天津）有限公司
版　　次：2020 年 2 月第 1 版
印　　次：2020 年 2 月第 1 次印刷
开　　本：880 毫米 ×1230 毫米　1/32
印　　张：12.75
字　　数：340 千字
书　　号：ISBN 978-7-5207-1282-8
定　　价：98.00 元
发行电话：（010）85924663　85924644　85924641